普.通.高.等.学.校
计算机教育"十二五"规划教材

U0686007

办公自动化技术与应用

（第 2 版）

OFFICE AUTOMATION
(2nd edition)

李岚 ◆ 编著

人 民 邮 电 出 版 社
北 京

图书在版编目（CIP）数据

办公自动化技术与应用 / 李岚编著. -- 2版. -- 北京 : 人民邮电出版社, 2017.8（2022.12重印）
普通高等学校计算机教育"十二五"规划教材
ISBN 978-7-115-45433-1

Ⅰ. ①办… Ⅱ. ①李… Ⅲ. ①办公自动化－高等学校－教材 Ⅳ. ①C931.4

中国版本图书馆CIP数据核字(2017)第152217号

内 容 提 要

本书全面介绍了办公软件在办公工作中的具体应用，内容包括办公自动化概述、制作邀请函与打印文档、制作长文档范本、制作员工工资管理表、制作贷款模拟运算表、PowerPoint 与广告宣传、常用办公软件的使用、局域网组建及 Internet 应用、计算机的使用和维护，以及常用办公设备的使用和维护。

本书内容丰富，案例典型，以图析文，实用性强。在介绍实际操作和应用案例的过程中，每一个操作步骤都配有对应的图示，便于读者理解和掌握。为帮助教师使用本书进行教学工作，编者还准备了本书的教学辅导课件及相关素材，可从人邮教育社区（www.ryjiaoyu.com）免费下载。

本书可作为高等院校本科和专科非计算机专业办公自动化课程以及各类办公自动化培训班的教材，还适合各行各业需要使用计算机办公的用户自学参考，也可作为参加全国计算机等级考试二级MS Office 高级应用考试的参考书。

- ◆ 编　著　李　岚
　　责任编辑　刘　博
　　责任印制　陈　犇
- ◆ 人民邮电出版社出版发行　　北京市丰台区成寿寺路 11 号
　　邮编　100164　　电子邮件　315@ptpress.com.cn
　　网址　http://www.ptpress.com.cn
　　天津翔远印刷有限公司印刷
- ◆ 开本：787×1092　1/16
　　印张：14.25　　　　　　　　2017 年 8 月第 2 版
　　字数：371 千字　　　　　　2022 年 12 月天津第 7 次印刷

定价：39.80 元

读者服务热线：**(010)81055256**　印装质量热线：**(010)81055316**
反盗版热线：**(010)81055315**
广告经营许可证：京东市监广登字 20170147 号

前言

随着计算机科学技术的发展，以提高办公效率为目的的办公自动化技术已经被越来越多地应用于企事业单位的各类日常办公领域。因此，企事业单位对办公室工作人员的办公处理能力也提出了更高的要求。

本书从教学和办公行政、文秘工作的实际需要出发，以办公室中进行的日常事务处理为依据，将办公工作中常用的办公软件（如 Word2010、Excel2010、PowerPoint2010）的应用、局域网组建和网络资源共享（局域网中文件及打印机共享等）、系统的安全与优化，以及常用办公设备的使用维护有机地结合在一起，涵盖了现代办公过程所涉及的绝大部分知识。通过学习本书，读者在掌握办公软件应用、网络资源共享和办公设备使用等知识点的同时，还能提高实际的工作应用能力，更好地为工作学习服务。

本书在第 1 版基础上，将办公软件运行环境都改为 2010 版，并增加了"全国计算机等级考试二级 MS Office 高级应用"的相关考试知识点和课后习题，增加了幻灯片素材前期制作软件（如格式工厂、会声会影、声音编辑软件和 Photoshop 软件照片处理等）功能的介绍，强化了无线局域网的组建及应用。本书案例来源于实际，操作步骤详细，由浅入深，并结合全国计算机等级考试二级大纲，循序渐进地讲解计算机办公的基础知识和常用操作，便于读者在学习过程中能够直观、清晰地看到操作效果，易于理解和掌握。

本书在编写过程中，得到了中山大学林卓然教授的大力支持和帮助，薛春香老师和何丁海老师对本书的编写也提出了宝贵的意见和建议，同时还得到了中山大学新华学院各位老师的支持和帮助，在此表示衷心感谢。

本书在编写过程中，还参阅借鉴了大量的与办公自动化有关的图书报刊和网络资料，在此也向相关作者一并致谢。

编　者

2016 年 12 月

目　录

第1章
办公自动化概述

办公自动化（office automation，OA），是 20 世纪 70 年代中期发达国家为解决办公业务量急剧增加的问题，发展起来的一门综合性学科。随着产业结构的变化、劳动力结构的变化、资源结构的变化以及组织结构与管理模式的变化，社会信息化的进程在全球范围内已逐渐显示出其特征和重大影响，是信息化社会最重要的标志之一，它将人、计算机和信息三者结合为一个办公体系，构成一个服务于办公业务的人机信息处理系统。伴随着电子商务、电子政务的发展，办公自动化（OA）与企业资源计划（MRPII/ERP）、客户关系管理（CRM）、产品数据管理（PDM）等系统一起掀起了新一轮的信息化浪潮。

1.1 办公自动化的发展状况

1.1.1 人类办公活动的发展

人类办公活动是随着人类的生产活动产生和发展的。人类社会不同时期生产力的发展都推动了办公活动的变革。随着生产力和科学技术的发展，人类办公活动经历了 3 次变革，办公工具也从人类正式办公活动开始的农业时代使用的"老三件"（纸、笔和算盘），发展到第二次工业革命时代使用的"老三机"（打字机、电话机和电传机），第三次工业革命时代使用的"新三机"（复印机、传真机和微缩设备），再到如今信息时代的计算机、各种通信设备以及功能强大的智能化办公设备。

办公活动第一次变革是用"老三件"（纸、笔和算盘）抛弃了原始落后的铁制、石制的雕刻、绘画文字的工具，使信息和文字的生成、存储和输出发生了巨大变化。支持这种巨大变化的技术是造纸术和印刷术。第二次大变革是以"老三机"和"新三机"为代表，是人类社会进入工业时代的标志，也是近代人类文明的象征。第三次大变革是以信息社会的"3A"革命——办公自动化（office automation）、工厂自动化（factory automation）、家庭自动化（home automation），以三大类办公自动化设备和四大支持技术为代表。三大类办公自动化设备是指计算机、通信设备和办公设备，四大支持技术是指计算机技术、信息技术、通信技术和软件科学。这次变革不但促成了信息生成、采集、存储、处理、加工、传输和输出方式的改变，还促进了办公活动的核心——管理与决策手段、方式的改变，实现了管理科学化。

1.1.2 国外办公自动化的发展概况

办公自动化是现代信息社会的重要标志，它涉及管理学、社会学、系统工程学和人机工程学等学科基本理论，以及计算机、通信、自动化等技术。美国是最早研究办公自动化系统的国家。美国的办公自动化发展可概括为单机—联网—综合应用 3 个阶段。

1. 以数据处理为中心的传统办公系统阶段（1977 年以前）

该阶段以单机设备完成单项办公业务的自动化，如文字处理机、复印机、传真机等在发达国家的部分办公室应用。

数据处理的目的是：把数据转换成便于观察、分析、存储、传送及进一步处理的形式；把数据去粗取精，消除不必要的冗余和符合信息系统要求的形式。

数据处理的基本内容包括数据转换、数据组织、数据存储、数据筛选和分类、数据运算及数据输出。

数据处理的特点是：数据量大、数据结构复杂、时间性强。但它的最大特点是应用基于文件系统和关系型数据库系统，以结构化数据为存储和处理对象，强调对数据的计算和统计能力。其贡献在于把 IT 技术引入办公领域，提高了文件管理水平。

2. 以工作流为中心的办公自动化系统阶段（1977—1982 年）

这一阶段以采用部分综合设备为手段，办公自动化系统日趋成熟。随着微型计算机应用的普及，专用交换机、程控技术和局域网技术的成熟，已能将计算机、传真机、电话机和其他办公设备连成网络，实现了以工作流为中心的信息综合处理。这种方式彻底改变了早期的办公自动化的不足之处，以 E-mail、文档数据管理、目录服务、群组协同工作等技术作支撑。第二代办公自动化系统包含了众多的使用功能和模块，它以网络为基础，实现了数据、文字、图形和声音的综合处理，实现了对人、对事、对文档、对会议的自动化管理。

3. 以知识管理为核心的办公自动化系统阶段（1983 年至今）

第三阶段办公自动化系统的核心是知识管理。知识管理是一个系统工程，目标是帮助企业发现潜在的知识，定位拥有专门知识的人，传递知识和有效利用知识。知识管理意味着在恰当的时间，将正确的知识传给正确的人，使他们采取最适合的行动，避免重复错误和重复工作。知识管理可以帮助企业解决知识共享和再利用的问题。第三代办公自动化系统的显著特点是信息和资源共享，实时通信，以及与短信平台的完美结合。

1.1.3 我国办公自动化的发展

我国的办公自动化相对于技术先进的国家，发展较为缓慢。经过从 20 世纪 80 年代中期至今 30 多年的发展，已从最初的以单机应用为基础的辅助办公产品，发展到今天以网络技术为依托的面向实际应用的现代办公系统，大致也经过了 3 个阶段。

第一阶段：1985 年以前，是我国办公自动化发展的准备期。办公自动化只是以数据和文档处理为中心，使用面向单机的辅助办公设备，完成了办公信息载体从原始纸介质方式向比特方式的飞跃，但信息仍然是高度孤立。该阶段主要是引入复印机，汉化微型计算机软、硬件系统，解决汉字的输入输出，汉化了部分应用软件，制定规划。

办公自动化在我国发展的第一个阶段的主要标志是办公过程中普遍使用现代办公设备，如传真机、打字机、复印机等。

第二阶段：1985—1990 年，是我国办公自动化系统的发展期。这一阶段办公自动化系统的建设，主要是单机和微机局域网的应用和中文文字处理系统，是以工作流为中心。该阶段主要是开始试点开发，一批技术骨干开发了许多汉字系统，如 CCDOS、希望汉字 UCDOS、联想汉字系统等。开发了大量的汉字输入法，如五笔字型、自然码、拼音、郑码等。同时还开发了一些著名的文字处理系统，如方正排版、华光排版、WPS 系统、CCED 系统等。并且从 1985 年以后，传真技术、复印技术、局域网技术在我国得到普及，办公自动化系统以网络为中心，大量使用 C/S 结构、对象关系型数据库和数据包裹，增强了信息的通用性和可用性。通过建立和完善各个职能部门之间的沟通和信息共享机制，建立协同工作的环境，实现了信息大规模共享和交互协调。

办公自动化在我国发展的第二个阶段的主要标志是办公过程中普遍使用计算机和打印机，通过计算机和打印机进行文字处理、表格处理、文字排版输出和人事财务等信息的管理。

第三阶段：1990 年至今，是我国办公自动化系统的完善普及期。办公自动化以知识管理为核心，是集信息处理、业务流程和知识管理于一体的应用系统，能够提供丰富的学习功能与知识共享功能。如现阶段市场上流行的升蓝办公自动化系统，采用 B/S 结构，用户只要与互联网连接，就可随时随地地利用此系统进行正常的办公。

1992 年以后，自动化技术在我国银行、保险业、邮政业、航空业等各个行业都有了巨大的发展，人们可以实现存款通存通兑、异地存取、柜员机存款与取款，以及持卡购物、计算机订票等。同时，我国国家级、省级图书馆，高校大中型图书馆基本上实现了计算机管理。而全国大多数单位也实现了不同程度的计算机财务、人事管理等。

办公自动化在我国发展的第三个阶段的主要标志是办公过程中网络技术的普遍使用，这一阶段在办公过程中通过使用网络，实现了文件共享，网络打印共享，完成网络数据库管理等工作。

1.2　办公自动化的定义、特点与模式

1.2.1　办公自动化的定义

办公自动化目前有两个权威定义：一是季斯曼定义，二是我国专家的定义。

1. 季斯曼（M. C. Zisman，美国麻省理工学院教授）定义

办公自动化就是将计算机技术、通信技术、系统科学与行为科学应用于传统的数据处理技术难以处理的数量庞大且结构又不明确，包括非数值型信息的办公事务处理的一项综合技术。

2. 我国专家的定义

办公自动化是利用先进的科学技术，不断使人的办公业务活动物化于人以外的各种设备中，并且这些设备与办工人员构成服务于某种目标的人机信息处理系统。

一般来说，一个完整的办公自动化系统，应当包括信息采集、信息加工、信息传输和信息保存 4 个环节，分为 3 个层次：事务型、信息管理型和决策支持型。

事务型为基础层，只限于单机或简单的小型局域网上的文字处理、个人日程管理、行文管理、邮件处理、人事管理、工资管理、资源管理以及其他有关机关行政事务的处理等。信息管理型为中间层，是将事务型办公系统和综合信息（数据库）紧密结合的一种一体化的办公信息处理系统。综合数据库存放该有关单位的日常工作所必需的信息。例如，在政府机关，综合信息包括政策、法令、法规，有关上级政府和下属机构的公文、信函等政务信息；公司企业单位的综合数据库包括工商法规、市场动态、产品宣传、用户信息等。决策支持型为最高层，它建立在信息管理级办公自动化系统之上，以事务型和管理型办公系统的大量数据为基础，同时又以其自由的决策模型为支持，针对所需要做出决策的课题，构造或选用决策数字模型，结合有关内部和外部的条件，由计算机执行决策程序，做出相应的决策。决策支持型办公系统具有决

策或辅助决策功能的最高级系统。

现在有一种普遍的偏见，认为办公自动化系统仅仅是诸如公文流转、收发文管理、档案管理、会议安排、文献检索、电子表格、电子邮件等这些非结构化数据的处理和交换过程，面向的用户群也只是机关办公室或企业的职能部门、文秘部门。其实，近年来随着计算机技术和通信技术的飞速发展，办公自动化系统的概念也已经远远超过了办公事务和文档处理的范围，从文字处理机、复印机、传真机、PC，扩展到以网络为平台，以数据库技术、计算机技术和通信技术为核心的网络办公自动化系统，有了更丰富的内容和层面，更广泛的用户群。

从功能方面来讲，办公自动化系统应该是一个企业除了生产控制之外的一切信息处理与管理的集合。它面向不同层次的使用者，因此具有不同的功能表现。

（1）对于企业高层领导而言，办公自动化系统是决策支持系统（DSS）。办公自动化系统运用科学的数学模型，结合企业内部、外部的信息，为企业领导提供决策参考和依据。

（2）对于中层管理者而言，办公自动化系统是信息管理系统（MIS）。办公自动化系统利用业务各环节提供的基础"数据"，提炼出有用的管理"信息"，把握业务进程，降低经营风险，提高经营效率。

（3）对于普通员工而言，办公自动化系统是事务/业务处理系统。办公自动化系统为办公室人员提供了良好的办公手段和环境，使之准确、高效、愉快地工作。

从技术范畴来讲，办公自动化系统应该是计算机技术、通信技术、科学的管理思想等多个方面的有机结合。

1.2.2　办公自动化的特点

随着三大核心支持技术网络通信技术、计算机技术和数据库技术的成熟，办公自动化系统已进入到新的层次，因此，办公自动化的特点有以下几方面。

（1）集成化。软硬件及网络的集成，人与系统的集成，单一办公系统同社会公众信息系统的集成，因此组成了"无缝集成"的开放式系统。

（2）智能化。面向日常事务处理，辅助人们完成智能性劳动，如汉字识别、辅助决策等。

（3）多媒体化。包括对数字、文字、图像、声音和动画的综合处理。

（4）运用电子数据交换（EDI）。通过计算机网络，在计算机间进行交换和自动化处理。

办公自动化的目的是尽可能充分利用信息资源，提高生产率、工作效率和质量，辅助决策，取得更好的经济效果，以达到既定的目标。

1.3　办公自动化系统的要素、目标和技术核心

1.3.1　办公自动化系统的要素和目标

1. 办公自动化系统要素

办公自动化系统组成要素有办公人员、技术工具、办公机构、办公制度、办公信息和办公环境六要素。

办公人员：在办公自动化系统中，办公人员按其在系统中的作用可以分为 3 类。第一类是信息使用人员，属于上层决策人员及中层管理人员，使用系统提供的信息进行科学决策或对决策的

执行过程进行控制管理。第二类是使用系统的设备完成自己办公业务的人员，在办公活动中多数属于办事员和秘书层次。第三类是为系统服务的人员和提高系统效率的人员，如系统管理员、软硬件维护人员和训练有素的录入员。

技术工具：技术工具是指组成办公信息系统的各种设备和技术手段的总和。在技术手段中，用于实现本部门办公要求的各类软件占相当大的比重。硬件设备通常是按总体设计来购置和安装的，而软件一部分可以购置，另一部分则需根据不同部门的实际需要自行研制。这种需要的提出同办公人员特别是管理决策人员的领导业务素质密切相关。

办公机构：办公机构的设置和划分直接影响到办公自动化系统的总体结构。例如，行政机构可以按管理职能、管理区域、管理行业、服务对象进行划分。

办公制度：办公制度是指要建立的各项办公流程，部门中各个单位的业务范围和各层次办公人员的岗位责任制度。办公过程中有许多不确定因素必须由办公人员来解决。办公过程的制度化、规范化可以使许多办公活动实现自动化，这是办公自动化系统应具有的特殊功能。

办公信息：各类办公信息是办公自动化系统的工作对象。从信息处理的角度来看，办公活动就是对各类办公信息进行采集、存储、处理、传送和输出的过程。信息的类型有数据、文字、声音、图形和图像等。在组织办公机关中，文字类信息、计划和统计部门数据类信息是处理的主要对象。办公信息格式的标准化，是建立办公自动化系统的基础性工作。

办公环境：与本组织存在各种联系的社会组织，构成了办公的外部环境。外部环境作为组织机构之外的实体本来并不包括在系统之内，但它对系统的功能和运行给出了约束条件，因而也是办公自动化系统的一个组成要素。作为办公环境的社会组织，有的是上下级关系，有的是业务关系，也有的是服务与被服务的关系。

2. 办公自动化系统目标

由于各个机关单位的业务和职能各不相同，因此对于办公自动化系统需求也存在差异。一般而言，机关办公自动化系统均以公文处理和机关事务管理为核心，同时提供信息通信与服务等重要功能，因此，典型的办公自动化应包括收发文审批签发管理、公文流转传递、政务信息采集与发布，以及档案管理、会议管理、领导活动管理、政策法规库、内部论坛等。总的来说，办公自动化系统应满足以下要求。

（1）提供电子邮件功能。信息是办公自动化、决策科学化的基础，电子邮件系统作为信息传递与共享的工具和手段，可满足办公自动化系统最基本的通信要求。

（2）支持协同工作和移动办公。随着网络技术的发展，异步协作方式（如电子邮件、网络论坛等）和同步协作方式（如网络实时会议）正在逐渐成为除了人们面对面开会之外的新的工作方式，它们打破了时间、地域的限制，使人们完全可以随时随地参与到协同工作中去，大大提高了工作效率。

（3）完整的安全性控制功能。办公自动化系统所处理的信息一般涉及机关的机密，而且不同的办公人员在不同的时刻对办公信息的处理权限也是不同的，因此安全性控制功能成为办公自动化系统得以投入使用的先决条件。

（4）满足公文及会议程序要求。公文处理是办公自动化系统的主要内容，发文及收文的流转顺序必须严格执行国家规范。

（5）具有完善的档案管理功能。文件处理完成后要存档，完善的档案管理为查阅者提供方便，同时具有严格的权限控制。

（6）集成 Internet。办公自动化系统作为 Intranet 的重要应用必须能够与 Internet 相连，包括电子邮件、Web 发布等，这不仅沟通了机关内外的信息，对外宣传了机关单位，而且还可以进一步提供以数据为核心的网络办公服务。

（7）系统界面友好，使用方便。一个成功的应用系统首先应该满足用户的基本需求，其次应是用户使用方便，才能充分发挥作用。

目前各级政府和很多企业都在为实现办公自动化系统而努力，但现有的成果仅仅是在某些环节、某些方面部分地实现了办公自动化系统的功能，与真正的办公自动化系统尚有差距，差距的根本在于应用系统对管理思想的理解和实现方面。

1.3.2　办公自动化系统的技术核心

随着计算机技术日新月异的发展，各种先进的开发工具不断涌现，开发和运行办公自动化系统的环境也各有不同，各有特点。

1. 开发平台分类

目前，以数据为核心的流行网络办公自动化系统开发平台主要有以下 3 类。

（1）基于数据库管理系统的开发平台。

FoxPro、VB、Delphi、PB 等开发工具加上后台关系数据库（SQL Server、Oracle 等）作为开发平台。

① 优点：数据处理能力强，访问速度快，开发工具适用范围广。

② 缺点：数据库系统不提供工作流控制、用户权限和用户安全的管理，其实现必须由软件工程师自己开发完成，不仅工作量大，而且实现和维护都非常困难；在通信手段、广域网方面支持不够，系统的可伸缩性和扩展性较差；对非结构化数据的表示和处理先天不足，限制了办公自动化系统的功能扩展。

（2）基于 B/S 结构和关系数据库结合的开发平台。

基于浏览器/服务器（Browser/Server，B/S）结构和关系数据库结合的方式，利用 CGI（Common Gateway Interface，通用网关接口）、ASP（Active Server Page，活动服务器网页）等技术进行系统开发。

① 优点：采用标准 Internet 技术，技术人员只需要开发和维护服务器端应用程序，而无需考虑客户端程序，大大降低了软件维护开销；该平台特别适合信息的查询和组织，用户只需熟悉浏览器操作即可，且界面一致、简单；易于与 Internet 上的其他系统结合，客户端只需装有浏览器即可访问系统。

② 缺点：开发手段有限，数据安全性问题，对服务器要求过高，数据传输速度慢，对于复杂的工作流和权限设置等要求显得力不从心。

（3）基于群件的开发平台。

基于群件的开发平台是目前最流行的选择，主要的群件系统有 Lotus 公司的 Domino/Notes 和 Microsoft 公司的 Exchange Server。

① 优点：系统提供了强大的安全和权限以及工作流管理机制，开发工具完备，开发周期短，稳定可靠；完善的通信手段和强大的非结构化数据支持能力，以及较好的系统可伸缩性和扩展性；程序和数据一般放在服务器上；对非结构化数据的表示和处理能力强大，特别是用于事务性处理时。

② 缺点：处理结构化数据能力较弱，不擅长数据的计算、分析和统计，运行效率较低。

2. 办公自动化系统使用的技术分类

就现在开发办公自动化系统的技术来说，主要集中分为三大类：基于 C/S 结构的应用程序开发，结合 C/S 结构和 Web 技术的复合应用程序，基于 B/S 结构的动态网页技术。

（1）C/S（Client/Server，客户机/服务器）结构系统是传统的开发模式，一般以数据库和客户端的两层结构实现，也有加入中间件的三层或多层结构。在办公自动化系统早期是标准的系统模式，但在特定的应用中无论是 Client 端还是 Server 端都还需要特定的软件支持。由于没能提供用户真正期望的开放环境，C/S 结构的软件需要针对不同的操作系统开发不同版本的软件，加之产品的更新换代十分快，已经很难适应百台计算机以上的局域网用户同时使用。随着计算机技术的发展和网络的发展，它已经无法满足现在的远程网络办公和移动办公需要，在逐渐被取代。

（2）C/S+Web 技术是为了补充 C/S 结构的不足，在 C/S 基础上加入 Web 技术来实现对远程数据的获取，但拥有一定的局限性，如数据及时更新、软件升级等问题就无法很好地解决。

（3）B/S（浏览器/服务器）结构系统采用动态网页技术，是一次性到位的开发，能实现不同的人员，从不同的地点，以不同的接入方式（如 LAN、WAN、Internet/Intranet 等）访问和操作共同的数据库；它能有效地保护数据平台和管理访问权限，服务器数据库也很安全。特别是在 Java 这样的跨平台语言出现之后，B/S 架构管理软件更是方便、快捷、高效。加入办公自动化系统的开发理念，完全适应网络办公和移动办公需求，也是现代办公自动化系统的首选技术。

就 B/S 结构的开发，具体技术又有多种选择：JSP+Java EE、ASP+IIS、ASP.NET+Microsoft.NET Framework、PHP+Apache。这些技术各有其特点。

ASP 优点：①无需编译；②易于生成；③独立于浏览器；④面向对象；⑤与任何 ActiveX Scripting 语言兼容；⑥源程序码不会外露。

ASP 缺点：①Windows 本身的所有问题都会一成不变地也累加到了它的身上。安全性、稳定性、跨平台性都会因为与 Windows NT 的捆绑而显现出来；②ASP 由于使用了 COM 组件所以它会变得十分强大，但是这样的强大由于 Windows NT 系统最初的设计问题而会引发大量的安全问题，只要在这样的组件或是操作中一不注意，那么外部攻击就可以取得相当高的权限而导致网站瘫痪或者数据丢失；③由于 ASP 还是一种 Script 语言，所以除了大量使用组件外，没有办法提高其工作效率，它必须面对即时编译的时间考验，同时我们还不知道其背后的组件会是什么样的状况；④无法实现跨操作系统的应用，当然这也是微软的理由之一，只有这样才能发挥 ASP 最佳的能力，可是正是 Windows 限制了 ASP，ASP 的概念本来就是为能让系统运行于一个大的多样化环境而设计的；⑤还无法完全实现一些企业级的功能，即完全的集群、负载均横。

ASP.NET 优点：①设计和实施简洁；②语言灵活，并支持复杂的面向对象特性。

ASP.NET 缺点：数据库的连接复杂。

JSP 优点：①一处编写随处运行；②系统的多台平支持；③强大的的可伸缩性；④多样化和功能强大的开发工具支持。

JSP 缺点：①与 ASP 一样，Java 的一些劣势正是它致命的问题所在；②缺少系统性的资料；③速度慢。

PHP 优点：①一种能快速学习、跨平台、有良好数据库交互能力的开发语言；②简单轻便，易学易用；③与 Apache 及其他扩展库结合紧密；④良好的安全性。

PHP 缺点：①数据库支持的极大变化；②不适合应用于大型电子商务站点；③安装复杂；④缺少正规的商业支持；⑤无法实现商品化应用的开发。

1.4 办公自动化系统的功能

办公自动化将许多独立的办公职能一体化，并提高了自动化程度，从而提高了办公效率，方便了办公室工作，可以获得更大的效益，创造了无纸化办公的优越环境。办公自动化系统的基本功能如下。

1.4.1 文字处理

文字工作是办公室的主要工作之一，文字处理就是利用计算机来处理文字工作。文字处理的主要功能有以下几点。

1. 录入、编辑文字

在文字处理软件中可以任意输入中、英文，并对输入的文字进行各种编辑操作。常见的操作主要包括增加、更改、删除、复制、剪切、粘贴、查找与替换等。并可对已输入完成的段落进行各种版式的设置，还可以进行各种边框和底纹设置，增加文字的观赏性。

2. 文档版式编排

当一篇文档的基本输入和编辑完成后，为了更好地进行打印，还需要对该文档进行版式的设计。版式的设计主要包括对文档页面中各种参数的设定、页码格式的设定、分栏的设计以及页眉页脚的设计。

3. 表格制作

表格是一种非常直观的表达方式，使用一个表格有时比一段文字更能清楚地说明一个问题，这种简明、直观的表达方式还可以大大增加文档的说服力。在办公自动化系统中不仅可以大量、方便地使用表格，而且可以对使用的表格进行格式化，使表格具有优美的外观。

4. 文档的智能检查

在常见的各种文字处理软件中，都内置了基本字典以及自定义的字典，还有各种用户自定义的词库，通过使用这些工具可以对文档进行拼写检查和语法检查，用户可在使用的过程中及时发现错误进行纠正。另外这些工具还可以对文档的格式进行检查。

5. 使用模板文档

多个样式通过自由组合形成各种模板。模板是各种文字处理软件的核心功能之一，是多个样式根据实际应用需要自由组合而成。使用模板可以快速改变一个文档的各种格式，Microsoft Office或者 WPS 系列软件都包含应用模板，如报告、备忘录等，极大地方便了日常使用。

1.4.2 数据处理

数据处理最初是指在计算机中加入单位、企业的信息和数据，现在常用来泛指非科技工程方面的对任何形式的数据资料的各种计算、管理和操作。办公室的中心任务就是处理信息，而最大量的信息就是数据信息。

数据处理是信息处理的基础，它指的是把来自科学研究、生产实践和社会经济活动等各个领域的原始数据，用一定的设备和手段，按一定的目的加工成另一种形式的数据，即利用计算机对数据进行收集、存储、加工、传播等一系列活动的组合。

1. 方便快捷的数据录入

一个电子表格可以完成数据的快速录入，而且在录入的过程中还可以灵活地插入数据行或列，对有规律的数据实现自动生成，根据函数生成特定的基于数据表的数据，自动计数等。

2. 根据数据快速生成相关图形或图表

图形或者图表能更好地表达数据统计的结果，使统计的数据一目了然。对于有数据的电子表格，可以根据电子表格强大的内嵌功能进行图形或者图表的生成，自由地选择模板生成相关的图形或图表，而且当表格中的数据发生变化时，图形或图表也会根据新的数据发生相应的变化，有利于数据更新。

3. 强大的数据统计功能

除了能对数据表进行简单的统计外，电子表格中还设计了各种统计数据的方法。通过使用这些统计方法，可以很方便地制作出工作中需要使用的各种数据统计文件。

1.4.3　语音处理

声音同文字一样是办公活动中最重要的信息形式，具有速度快、使用方便、人人可用等优点。语音处理技术是计算机应用人工智能技术将人的语音自动转换为文字和指令，使计算机具备听觉功能的技术方法。办公自动化系统里语音处理功能如下。

1. 声音输入

通过人直接对计算机或其他录音设备讲话，去发布命令或输入文件、数据等信息。

2. 语音合成

语音合成是计算机模仿人的语音生成过程，使计算机控制音响设备合成人工语音。目前人工合成语音的可懂度、自然度和保真度都相当好，因此这项技术广泛应用于计算机产品中。

3. 语音识别

语音识别是计算机应用人工智能技术将人的语音自动转换为文字和指令，使计算机具备听觉功能的技术方法。语音识别技术可以通过发音方式，发音时的孤立词、连接词或自然语言的连续语音等对语音进行识别。其可识别字符的范围分为大、中、小不同类型；适用对象分为特定人和非特定人系统。特定人系统是指训练与识别适用于同一人，非特定人系统则是指语音样板能适应一组人进行识别，即训练时为特定人，而识别时能适应一组人。

1.4.4　图形和图像处理

将信息转换成图形来描绘，有助于理解复杂情况，加深印象，提高速度。图形是指静态图形或影像，图像则是指随着时间而不断变化的动态图形。图形和图像处理基本功能如下。

1. 图形和图像的输入

图形和图像的输入是处理功能的基础。图形和图像输入的方式有很多种，最常见的图形输入方式有：鼠标、数字化图形板、扫描仪等。常见的图像输入方式有：扫描仪、数码相机等。

2. 图形和图像的存储和编辑

图形和图像的存储是把经过设备输入的图形或者图像存储到计算机的特殊位置，存储到计算机后就可以对图形或者图像进行编辑，编辑包括图像大小的剪裁、色调的调整、格式的转化等。

3. 图形和图像的输出、传送

把图形或者图像在计算机中经过一系列的处理后，需要将它们输出到终端，常见图形和图像的输出方式有打印机等。

4. 图形的识别

图形识别指对图形的判定和区分，是图像处理的重要功能，如文字符号的识别、指纹鉴定、癌细胞识别等。

1.4.5　通信功能

办公自动化系统的通信功能实现了办公自动化系统的各个部门真正的即时协同工作，和传统的办公系统相比，可以大大提高办公效率。办公自动化系统的通信功能主要包括以下几个方面：即时提醒、远程通信、远程监控和屏幕互换。

当工作人员远离办公室或出差，而又需要了解单位的某些数据信息时，即可通过网络连接远程计算机，完成相关的办公事宜。

1.4.6　文件处理

文件处理主要是指对文件这一整体形式进行的各种处理，如收发文件管理、文件的输入和存储、邮件处理和文件传输等。

1. 收发文件管理

收发文件管理主要负责公文的拟定、收发、审批、归档、查询检索和打印等工作流程的全过程处理。收发文件管理实现内部文档从拟稿、批阅、签发，到最后的整理、归档的发送文件流程的计算机自动化控制，达到文档发送自动化。

2. 文件输入和存储

文件输入和存储就是实现对文件的自动输入，并将输入的信息存储起来。典型的文件输入和存储是通过缩微处理设备实现的。

3. 邮件处理和文件传输

通信工作是办公活动中工作量最大的一项活动。通信在办公活动中具有非常重要的作用，但又是最薄弱的一个环节。随着计算机技术、通信技术和网络技术的发展，目前，大部分单位的通信采用电子邮件的方式来完成。电子邮件综合了电话和邮政信件的特点，具有电话传递信息快的优点，又可以像信件那样提供文字记录复制的优点。

在企事业单位中，文件处理都是一项重要工作，其特点是繁琐、工作量大而且对文件有不同的保密级别要求，责任重大。然而传统手工的文件处理效率低、耗材大，并且占用工作人员大量的时间用于分发、追踪和催办等工作。随着办公自动化和远程办公的要求越来越高，传统方式已经远远满足不了工作的需要，办公自动化系统的文件处理系统真正实现了数字化办公，大大提高了工作效率，主要功能有以下两个方面。

（1）资源共享

利用办公自动化系统的网络可以使内部成员方便地共享文件，经过授权的用户可以快速访问网络资源来获取文件。

（2）文件处理流程系统化

在传统的文件处理流程中，需要经过专门的人员去分发或催办文件的处理，而在办公自动化系统的文件处理系统中，可以通过基于办公自动化系统网络的文件处理系统，真正实现网络化的流畅流程，大大缩减了文件处理的时间。

1.4.7　电子日程管理

电子日程管理是单位或公司对某个部门或个人的工作规划，是一个企业和单位工作中的重要部分。办公自动化系统中的电子日程管理主要包括：部门日程管理、职员日程管理、工作进程管理、工作周报、工作月报。

电子日程管理具有最优化的时间管理，合理安排会议时间，有效地指示人们使用日程表以及实现对会议室及其他办公设备的有效管理等优点。

1.4.8　电子行文办理

电子行文办理是办公自动化系统的重要组成部分，通过网络和计算机，借助于电子邮件和文字处理功能，实现对公文办理的电子化，大大提高了行文办理的效率。

一个行文传输过程应包括：文件的接收（又称收文）、登记、印刷、分办、交换、催办、传阅，以及拟稿、审校、发文、统计、归档、销毁等环节。

电子行文办理功能主要包括：行文无纸流转，实现行文自动转入和标引，实现会议计划，通知等功能，实现信息的采集功能，实现事务督办流程。

1.4.9　视频会议

视频会议系统是通过网络通信技术来实现的虚拟会议，是目前支持人们远距离进行实时信息交流与共享、开展协同工作的应用系统。它能实现不同区域的参与性、即时性、交互性、安全性和可靠性等。通过远程视频会议系统召开网络会议规模可大可小，灵活方便。对于大规模的会场型会议，可以通过投影仪和大屏幕显示系统显示各个会场的图像，可以在同一屏幕显示多方的视频图像，而且视频和语音都非常清晰、流畅。对于人数不多的小型会议，参会者无需到专门的会议室，通过使用自己的办公计算机就可开会，效果同样出色。

远程视频会议系统还提供强大的会议辅助功能，可以很好地支持包括 Word、Excel、PowerPoint、Access 等任何软件和桌面的共享以及远程控制，同时提供强大的电子白板和文件分发功能。

视频会议应具有以下基本功能：①实时音视频广播；②能查看视频；③使用电子白板；④显示系统消息；⑤进行会议投票；⑥发送文件；⑦程序共享；⑧会议录制；⑨系统设置；⑩用户管理等功能。

视频技术带来的"便利、效率的提高、成本的控制"已经深入人心。随着中国宽带建设的推进，视频技术的更新发展，系统成本的进一步降低，视频会议将得到更广泛的普及。

1.5　办公自动化系统的层次模型

办公管理信息系统的层次可分为三级结构，即事务型 OA 系统、管理型 OA 系统、决策型 OA 系统。

1.5.1　事务型 OA 系统

事务型 OA 系统又可分为单机系统和可以支持一个机构各办公室之间基本办公事务处理活动的系统，即以计算机和通信技术为中心的网络系统两种。

事务型 OA 系统包括基本的办公事务处理系统和机关行政事务处理系统两大部分。基本的办公事务处理包括文字处理、日程安排、公文管理、信函处理、文件资料管理等方面；机关行政事务处理包括人事、工资财务、资源等的管理。

1.5.2　管理型 OA 系统

管理型 OA 系统除了具有事务型 OA 系统的全部功能外，主要增加了管理信息系统（Management Information System，MIS）的功能。MIS 主要是面向物质的信息流，即经济信息流或社会信息流的处理和加工，而办公信息系统要处理的是抽象的公文类型的信息流。从整体来看，经济信息与社会信息主要在操作层与管理层之间流动，公文信息则主要在管理与决策层之间流动，因此将两者结合起来完成信息从底层至顶层的平滑流动。

1.5.3 决策型 OA 系统

决策型 OA 系统（Decision Support System，DSS）除了应具有前两种模式的功能外，还具备决策或辅助决策功能。与决策支持密切相关的是建立各种模型，包括经验模型和数学模型。具有较高水平的决策支持系统除了以数据库为基础的管理信息之外，还应以数据仓库和决策工具为基础。

1.6 办公软件概述

办公软件是针对办公环境设计的软件，目前，在我国较具代表性的办公软件有 2 个，分别是微软公司的 Office 和金山公司的 WPS。

1.6.1 Office 2010

Office 2010 是微软公司开发的办公自动化软件，它是办公软件和工具软件的集合。为适应全球网络化需要，它融合了最先进的 Internet 技术，具有强大的网络功能。Office 2010 主要包括文字处理软件 Word 2010、电子表格处理软件 Excel 2010、演示文稿制作软件 PowerPoint 2010、数据库管理软件 Access 2010、电子邮件管理软件 Outlook 2010 等常用软件，还包括了主要针对企业高级用户的应用程序，如 InfoPath Filler 2010、Publisher 2010、OneNote 2010 等。

1.6.2 WPS

金山软件股份有限公司推出的金山 WPS 项目从 1988 年至今，走过了 29 年艰辛的历程。从无到有，从弱到强，金山 WPS 2008 更是历尽磨难。

WPS 已经被众人所接受，WPS Office 2010 成为办公软件中的翘楚。WPS Office 2010 是运行在 Windows XP/Windows 7 等简体中文环境下的一套图文并茂、功能强大的图文混排工具。WPS Office 2010 在加强编辑排版、文字处理、表格和图像功能的同时，将报告演示、多媒体、电子邮件、公式编辑、表格编辑、演示管理和图像编辑、语音控制等诸多办公功能融于一体，是一款各方面性能都比较突出的集成套件。由于 WPS 是由中国人自己开发的文字处理系统，因此在许多方面，如文字输入的习惯、制表、数学公式、化学公式、文字排版、打印输出等，都更能适合中文的需求。

本章小结

本章介绍了办公自动化的定义和发展特点，通过阐述办公自动化系统的要素、目标和技术核心，对办公自动化系统的功能以及办公自动化系统的层次模型，也做了较详细的阐明，使读者对办公自动化系统能够有较为全面的了解。

习　题　一

一、单项选择题

1. 一个完整的办公自动化系统应该包括信息采集、信息加工、信息传输和信息（　　）。

 A. 打印　　　　　　B. 查询　　　　　　C. 显示　　　　　　D. 保存

2. 办公自动化是以（　　）为主导，以系统工程学为理论基础，综合应用计算机技术和通信技术来完成各项办公业务。

 A. 管理科学　　　B. 人文科学　　　C. 行为科学　　　D. 人机工程学

3. 目前我国已建立的各类行政机关的办公自动化系统基本上是属于（　　）办公自动化系统。

 A. 管理型　　　　B. 决策型　　　　C. 事务型　　　　D. 辅助决策型

4. 数据处理是指利用计算机对数据进行收集、存储、（　　）、传播等一系列活动的组合。

 A. 输出　　　　　B. 显示　　　　　C. 查询　　　　　D. 加工

5. 数据处理的特点是：数据量大、（　　）、时间性强。

 A. 数据处理复杂　　B. 数据结构复杂　　C. 数据类型少　　D. 数据输出量大

6. 办公自动化系统的通信功能主要包括以下4个方面：即时提醒、（　　）、远程监控和屏幕互换。

 A. 远程通信　　　B. 远程桌面　　　C. 上网聊天　　　D. 电话传真

7. 办公活动第一次大变革主要表现在"老三件"——纸、笔和算盘，支持这一变革的主要技术是（　　）。

 A. 指南针和炸药　　　　　　　B. 造纸术和印刷术

 C. 计算机和网络　　　　　　　D. 电话机和复印机

8. 通过高速计算机网络和多媒体技术，办公自动化系统可以实现（　　）功能。

 A. 视频会议　　　B. 图文传输　　　C. 声音传输　　　D. 图像传输

二、填空题

1. 信息时代的"3A"革命是指_____、_____、和_____。

2. 办公自动化系统一般有3类模式：事务型、_____和辅助决策型。

3. 办公自动化是现代信息社会的重要标志，涉及系统工程学、_____、人机工程学、社会学等学科基本理论，以及计算机、_____、自动化等技术。

4. 第三代办公自动化系统的核心是_____。

5. 办公自动化在我国发展的第三个阶段的主要标志是_____。

6. 在我国较具代表性的办公软件有2个，分别是微软公司的_____、金山公司的_____。

三、简答题

1. 什么是办公自动化？

2. 简述办公自动化系统的组成及功能。

3. 简述办公自动化的发展。

4. 简述办公自动化的特点。

5. 办公自动化系统在我国的发展经历了哪几个阶段？各阶段的标志是什么？

6. 办公自动化系统的层次模型有哪些？

第2章
制作邀请函与打印文档

单位举办活动，需要向数十个或上百个地址发出内容相同的邀请函，或一封信。如果是传真出去，可以先把这些信打印出来，然后依次到传真机上将它们发送出去，工作量是非常大的。本章主要针对这种成批发送信件或传真的情况，介绍 Word 2010 中的格式编辑、模板的建立、邮件合并、文档的打印等功能。

2.1 邀请函的基本制作

当一个单位在对外书信往来时，都要使用自己单位特有的信纸。模式典雅、有自身特色的单位信纸，是单位形象的重要组成部分。

2.1.1 新建文档

新建文档的操作步骤如下。

步骤 1 新建 Word 文档。双击桌面 Word 2010 快捷图标"W"，或者选择"开始"|"所有程序"|"Microsoft Office Word 2010"命令，启动 Word 2010，新建 Word 空白文档。

步骤 2 录入文字。在打开的空白文档中输入图 2-1 所示的邀请函标题和内容。

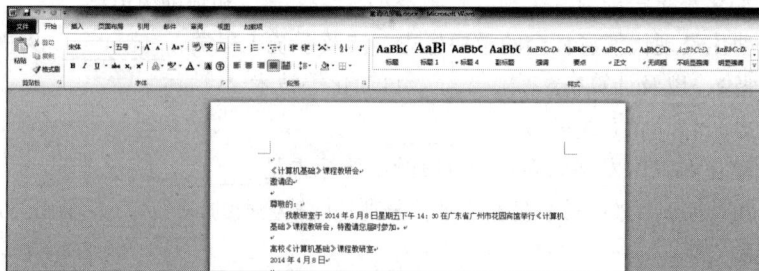

图 2-1 输入邀请函内容

2.1.2 文本格式设置

文本格式设置的操作步骤如下。

步骤 1 设置标题格式。选定"《计算机基础》课程教研会"文字，将其字体设置为"黑体"，字号设置为"小二"。再选择"开始"选项卡"段落"组中的"居中"按钮"☰"图标，或者选择"开始"选项卡"段落"组右下角"段落"显示窗口按钮"ⅎ"，在弹出的"段落"对话框中选择"缩进和间距"选项卡，单击"常规"选项组中的"对齐方式"下拉按钮，在展开的下拉列表中选择"居中"选项，使其居中。

步骤 2　设置文本格式。再选定"邀请函"字样，将其字体设置为"黑体"，字号设置为"一号"，"居中"显示，操作同上。

步骤 3　设置正文格式。选定正文文字，选择"开始"选项卡"段落"组右下角"段落"显示窗口按钮"ⅎ"，在弹出的"段落"对话框中选择"缩进和间距"选项卡，单击"间距"选项组中的"行距"下拉按钮，在展开的下拉列表中选择"1.5 倍行距"选项，设置正文的行距为 1.5 倍行距。并设置正文为"宋体""五号"字。

步骤 4　设置正文落款格式。选中文档中的最后两行，然后选择"开始"选项卡"段落"组中的"右对齐"按钮"☰"图标。或者选择"开始"选项卡"段落"组右下角"段落"显示窗口按钮"ⅎ"，在打开的"段落"对话框中选择"缩进和间距"选项卡"常规"选项组中的"对齐方式"下拉按钮，在展开的下拉列表中选择"右对齐"选项，使其靠右对齐。再将日期调整到适当位置。设置完成后的邀请函如图 2-2 所示。

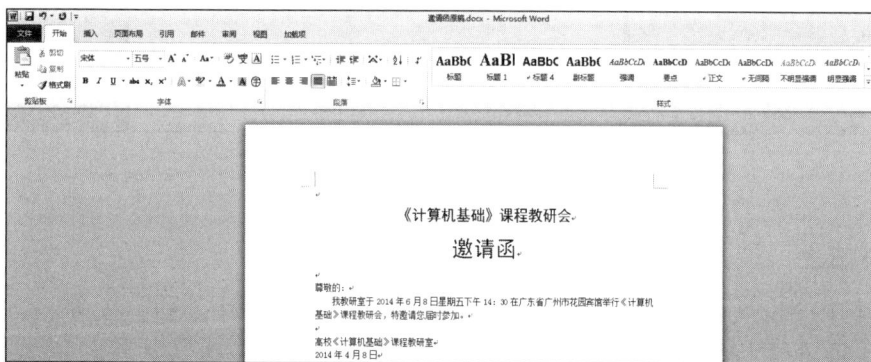

图 2-2　设置完成后的效果

2.2　添加水印背景

邀请函是要给别人观阅的，根据邀请函正文内容的不同，其设计版式要求不同。可以给邀请函添加背景、水印等。设计新颖、独特、美观典雅的邀请函，会让人第一眼就留下深刻的印象。

步骤 1　选择"水印"图片。单击"页面布局"选项卡，在展开的功能区中单击"水印"下拉按钮，在弹出的菜单中，选择"自定义水印"选项，在打开的"水印"对话框中选定"图片水印"，再单击"选择图片"按钮，在出现的"插入图片"对话框中，选择一幅图片，或利用"查找范围"下拉选项，选择自己喜欢的图片的位置，再单击"插入"按钮，如图 2-3 所示。

步骤 2　设置图片缩放大小。返回"水印"对话框，设置所需图片显示的缩放比例。系统默认"缩放"参数为"自动"，并默认勾选"冲蚀"复选框，选择"缩放"下拉列表中的"200%"选项，如图 2-4 所示，再单击"确定"按钮即可。

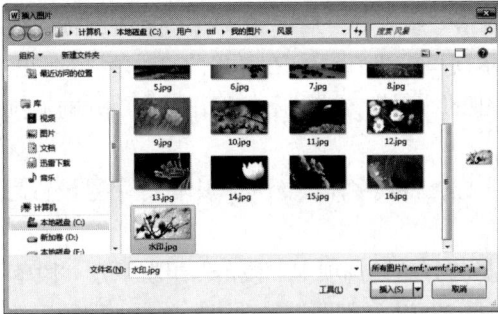

图 2-3 "插入图片"对话框

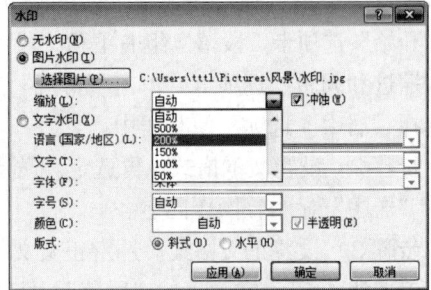

图 2-4 设置缩放比例

步骤 3 设置完成后，返回文档中，所选的图片以水印的格式已插入在文档正中位置。完成效果如图 2-5 所示。

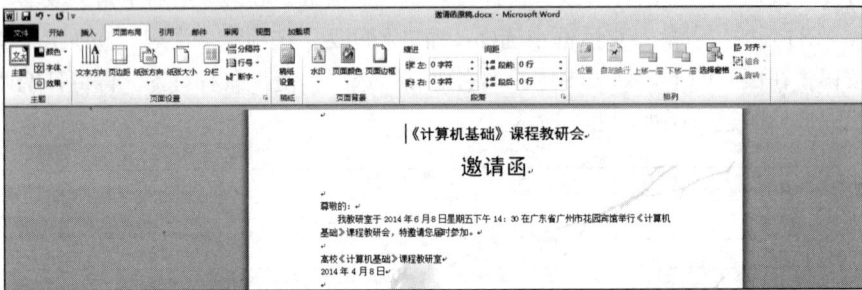

图 2-5 插入水印图片效果

✎ **小贴士**

若是制作单位的信纸也可，将图 2-4 "水印"对话框中的"图片水印"改为"文字水印"，在"文字"文本框中输入"邀请函"文本，"字体"设置为"华文行楷"，"字号"设置为"40"，如图 2-6 所示。"文字"选项中也可输入单位名称等内容，"字体"选项中可选择字体，根据需要还可改变字号和颜色。完成后效果如图 2-7 所示。也可插入单位或公司的 LOGO 作为水印。

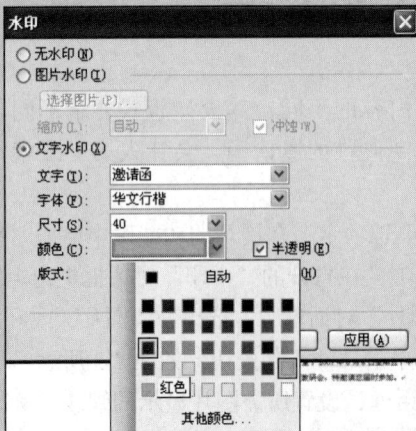

图 2-6 文字水印选项

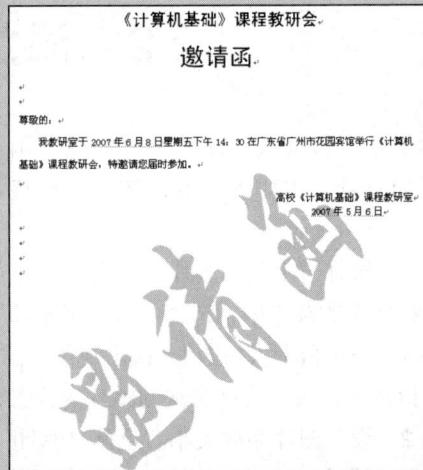

图 2-7 文字水印效果图

2.3　插入剪贴画和艺术字

在邀请函中插入背景图片可改善信函的美观度。

2.3.1　插入剪贴画

插入剪贴画的操作步骤如下。

步骤 1　选择命令。单击"插入"选项卡，在展开的功能区"插图"组中，单击"剪贴画"按钮，弹出右边的"剪贴画"任务窗格，设置"搜索范围"。单击"搜索"按钮，在右边窗口出现的剪贴画中选择所需要的图片，双击，将其添加到文档当前光标位置。调整图片大小，并移至合适的位置。

步骤 2　设置图片格式。单击"图片工具"的"格式"选项卡，在"排列"组中单击"自动换行"按钮（或右击图片，在快捷菜单中选择"自动换行"命令），在展开的下拉列表中单击"衬于文字下方"选项。

步骤 3　设置图片亮度。在图 2-8 所示的图片工具选项栏中单击"调整"组中的"更正"下拉按钮，在展开的"亮度和对比度"列表框中选择所需样式，如设置亮度为"+40%"，对比度为"+20%"。

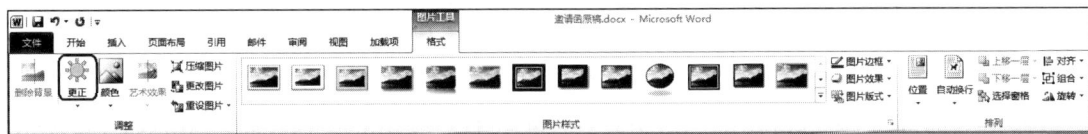

图 2-8　"图片工具"选项栏

步骤 4　调整图片大小。选中图片，将指针移到图片 8 个控点中的任一个，当指针变成双向箭头形状时按住鼠标左键进行拖动，拖至所需大小后释放鼠标即可。若要对图片大小进行精确调整，可单击"图片工具"的"格式"选项卡，在"大小"组中"高度"和"宽度"框中设置其具体数值即可。

步骤 5　设置好的文档效果如图 2-9 所示。

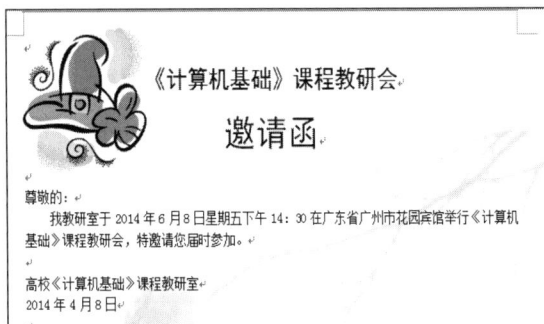

图 2-9　添加剪贴画并设置完成后的效果

2.3.2　插入艺术字

插入艺术字的操作步骤如下。

步骤1 编辑艺术字。选择"插入"选项卡，在展开的功能区"文本"组中，单击"艺术字"按钮，在打开的库中选择所需要的艺术字样式，然后再在出现的"请在此放置您的文字"文本框中输入"敬请光临"，再设置字体为"华文行楷"，字号为"48"，斜体，单击"确定"按钮。

步骤2 设置艺术字格式。在文档中将艺术字调整到适当的位置，并将其设置为"衬于文字下方"。完成后的效果如图 2-10 所示。

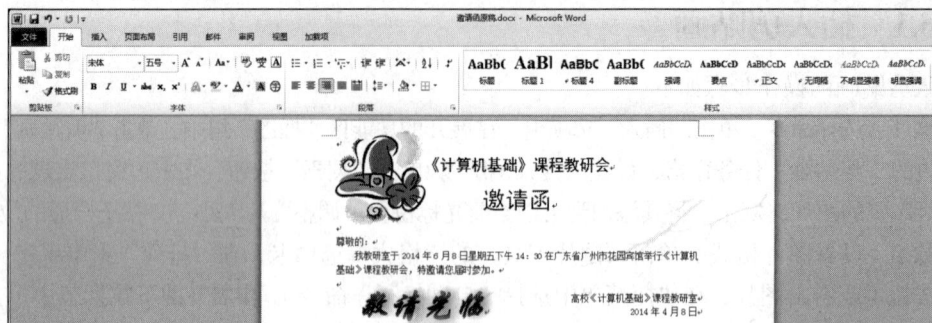

图 2-10 完成后的效果图

2.4 设置页眉页脚信息

典型的页眉和页脚的内容往往包括文档的标题、单位或部门的名称、日期和作者的姓名以及页码等。也可以在页眉和页脚中插入文本或图形。

步骤1 选择命令。选择"插入"选项卡，在展开的功能区"页眉和页脚"组中，单击"页眉"按钮，并在弹出的下拉列表中选择"编辑页眉"命令，打开"页眉和页脚工具"功能区，如图 2-11 所示。

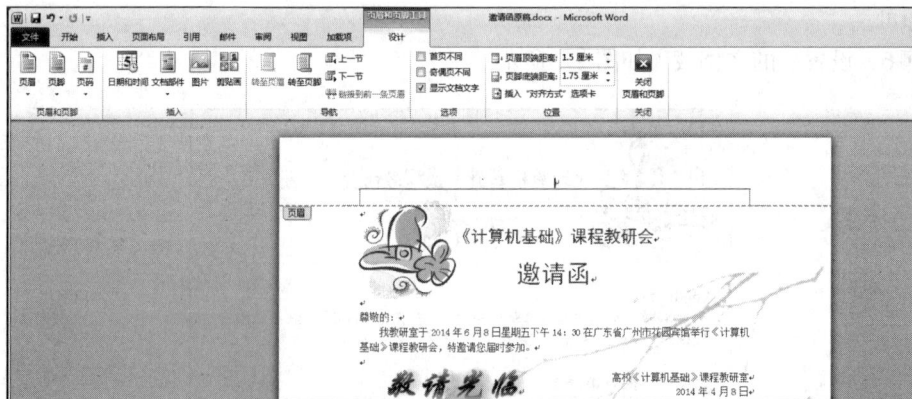

图 2-11 "页眉和页脚工具"功能区

步骤2 录入页眉并设置格式。在页眉中输入"邀请函"文本，并移动图标到适当位置，设置单位名称的字体、字号和颜色和下划线。下划线设置：选择"页面布局"选项卡，在"页面背景"组中单击"页面边框"，打开"边框和底纹"对话框，选择"边框"选项，在"边框"选项中设置相应的下划线和颜色，如图 2-12 所示。

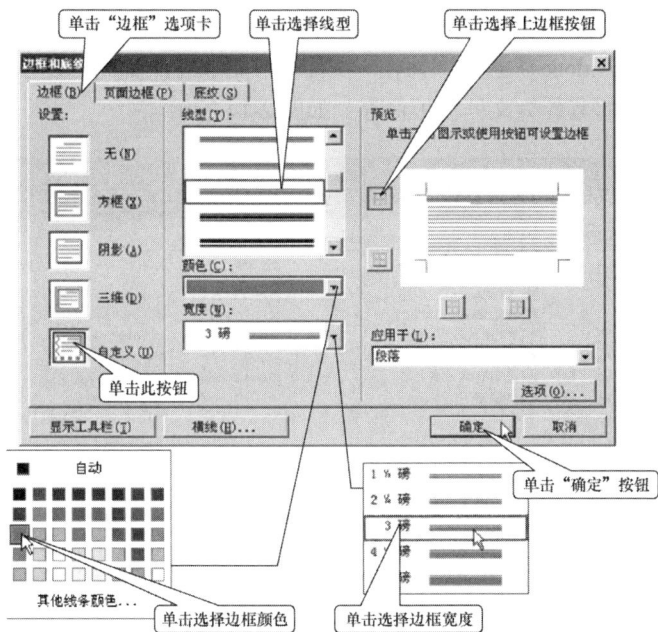

图 2-12　"边框和底纹"|"边框"选项卡及其参数设置

步骤 3　录入页脚并设置格式。在页脚中输入单位的地址和电话等，并设置好其字体、字号、颜色及下划线。

步骤 4　设置好的效果如图 2-13 所示。

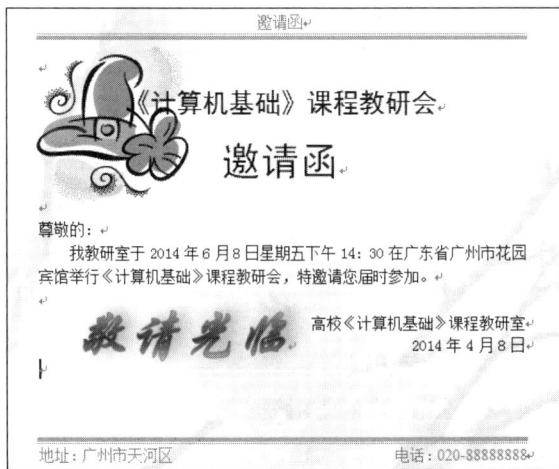

图 2-13　设置完成后的效果图

2.5　建 立 模 板

如果工作中要经常使用此邀请函，则可将这个邀请函保存为模板，以后可直接调用此邀请函模板创建新的邀请函。

步骤 1　选择命令。单击"文件"|"另存为"命令。

步骤2 设置保存位置及相关参数。在弹出的"另存为"对话框中，单击"保存类型"下拉列表中的"Word 模板（*.dotx）"选项，并在"文件名"文本框中输入模板名称为"邀请函模板"，然后单击"保存"按钮将其作为文档模板保存，如图 2-14 所示。

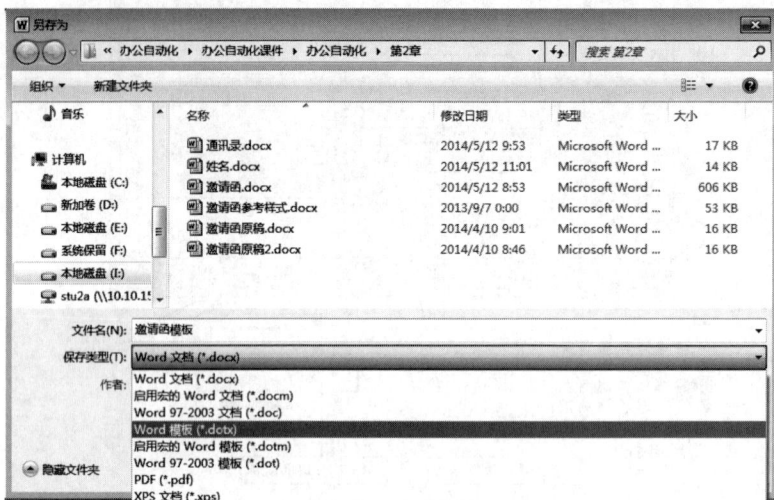

图 2-14　保存为模板

2.6　邮件合并

2.6.1　创建表格——通讯录

这里的通讯录，是指存放发送邀请函对方的一些信息，如姓名、职称、学院名称等，便于在邮件合并时使用。

创建通讯录有两种方法：一是通过邮件合并功能，向通讯录中输入数据；另一种是使用 Word 表格功能或 Excel 等软件创建一个通讯录表格，便于使用邮件合并功能时进行表格数据导入。

现介绍使用 Word 表格功能创建通讯录。

步骤1 调整页面方向。Word 默认是使用纵向页面，若要制作较宽表格时，则要根据表格的宽度来调整页面的方向。新建一个 Word 文档，单击"页面布局"选项卡，在展开的功能区"页面设置"组中单击"纸张方向"下拉按钮，在弹出的菜单中，选择"横向"选项即可，如图 2-15 所示。

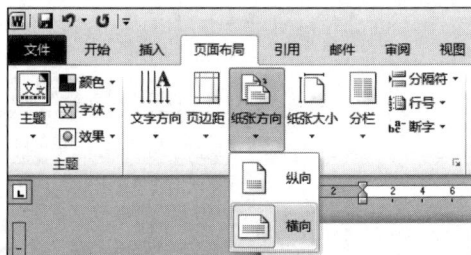

图 2-15　设置纸张方向

步骤2 选择命令。光标定位表格要插入的位置，然后单击"插入"选项卡，在展开的功能区"表格"组中单击"表格"下拉按钮，在弹出的菜单中单击"插入表格"命令，如图 2-16 所示。

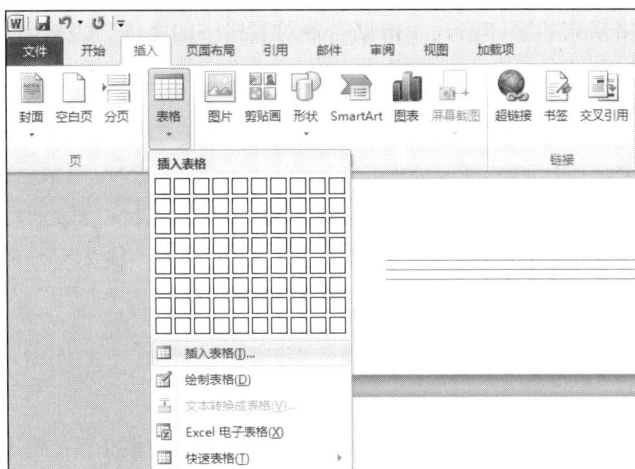

图 2-16　打开"插入表格"对话框

步骤 3　设置表格参数。在弹出的"插入表格"对话框中，在"列数"微调框中输入表格的列数，在"行数"微调框中输入表格的行数，其他则使用默认设置，完成后单击"确定"按钮，如图 2-17 所示。

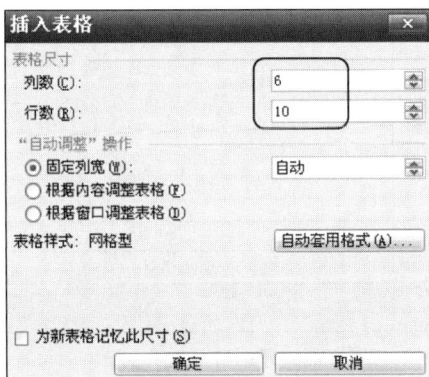

图 2-17　设置表格插入的行数和列数

步骤 4　录入表格记录。即在新建表格第一行输入字段名（列标题），如姓名、性别、职称、学院名称等。

步骤 5　调整表格行与列。光标定位到要调整宽度的表格线上，当光标变为图 2-18 所示的形状"＋"时，单击并拖动鼠标即可调整表格列宽。同样操作，也可调整表格列宽。完成后如图 2-18 所示。

姓名	性别	职称	学院名称	邮编	地址
沈朝晖	女	教授	中山大学	510000	广州市海珠区新港西路 188 号
陈阿鑫	男	教授	华南农业大学	510000	广州市天河区五山路 266 号
张梦琳	女	副教授	广东华南师范学院	510000	广州市天河区中山大道 100 号
李浩海	男	教授	广州工业大学	510000	广州市越秀区东风路 200 号
陈晖	男	副教授	中山大学	510000	广州市海珠区新港西路 188 号
丁君玲	女	副教授	华南农业大学	510000	广州市天河区五山路 266 号
黄小峰	男	教授	广东华南师范学院	510000	广州市天河区中山大道 100 号
杨柳	男	教授	广州工业大学	510000	广州市越秀区东风路 200 号
朱海若	女	教授	广东华南理工学院	510000	广州市天河区五山路 166 号

图 2-18　设置表格列宽

步骤6 设置表格格式和字体格式。根据需要对表格中的字体、表格属性等进行设置，完成后以"通讯录.doc"为文件名保存在指定位置。

小贴士

由于创建表格时采用的是系统默认的"固定列宽"选项，输入文本时会因为文本的长度和单元格大小不一致而导致文本出现自动换行等情况，根据表格中输入文本的长度调整表格单元格的大小，需手动调整表格行与列的大小，使表格更美观。

选择整个表格有两种方式：一是按住鼠标左键进行拖动选择；二是单击表格左上角的"⊞"符号。

在 Word 中，除了通讯录、成绩表等规则表格外，还可创建如个人简历等不规则表格，如图 2-19 所示。

图 2-19　个人简历表

在图 2-19 中，照片一栏是通过 Word 表格中拆分单元格及合并单元格来实现的，而个人简介、爱好特长等栏是通过合并单元格来实现的。具体操作如下。

步骤1 新建文档。启动 Word 2010，新建一空白文档。

步骤2 选择命令。将光标定位表格要插入的位置，然后单击"插入"选项卡，在展开的功能区"表格"组中单击"表格"下拉按钮，在弹出的菜单中单击"插入表格"命令，如图 2-16 所示。

步骤3 设置表格参数。在弹出的"插入表格"对话框中，在"列数"微调框中输入表格的列数如"4 列"，在"行数"微调框中输入表格的行数如"11 行"，其他则使用默认操作，完成后单击"确定"按钮。若表格的行列数较多的话，也可先设置大概的行列数，在表格操作过程中进行行列数的增减。

步骤4 输入内容。输入图 2-20 所示的文字内容，并设置字体格式。

步骤5 拆分单元格。选定"性别""身高""民族""毕业院校"和"专业"右侧等列，切换到"表格工具"的"布局"选项卡，单击"合并"组中的"拆分单元格"命令，如图 2-21 所示。在弹出的"拆分单元格"对话框中设置拆分的列数如"2 列"和行数如"5 行"后，单击"确定"按钮，完成单元格的拆分。本例只拆分列数。

姓名		性别	
出生年月		身高	
籍贯		民族	
政治面貌		毕业院校	
学历		专业	
联系电话		电子邮件	
邮编		地址	
个人简介			
爱好特长			
相关证书			
社会实践			
工作经历			

图 2-20　输入文字内容

图 2-21　选定并拆分单元格

步骤 6　平均分布各列。由于拆分后单元格列数宽度不同，影响表格整齐美观，可通过平均分布各列命令来完成。选定要平均分布的列数，切换到"表格工具"的"布局"选项卡，单击"单元格大小"组中的"分布列"命令，即可按要求实现"平均分布各列"功能，如图 2-22 所示。完成后手动调整单元格，使之与图 2-19 相同。

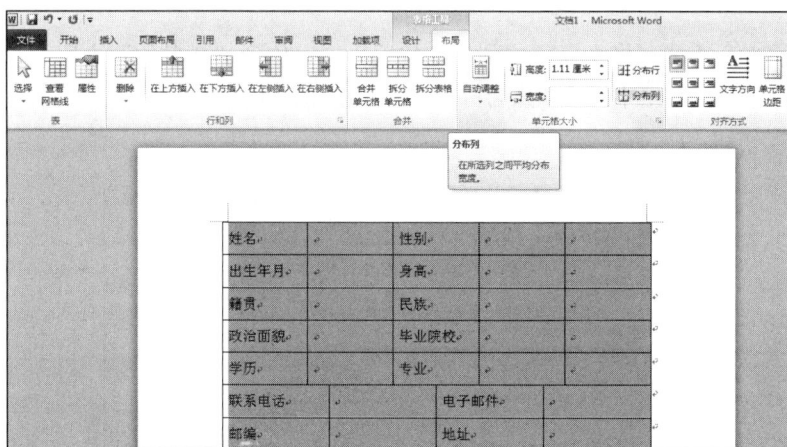

图 2-22　平均分布各列

步骤7 合并单元格。选定图2-19中的"照片"所需列数，单击右键，在弹出的快捷菜单中单击"合并单元格"命令。选定合并的单元格，单击右键，设置其"单元格对齐方式"为水平居中和垂直居中，即"表格属性"中的"单元格"的"垂直对齐方式"为"居中"，并输入"照片"文本。

同步骤7合并单元格一样，将图2-20中的"个人简介""爱好特长""相关证书"和"社会实践工作经历"等行进行合并。并按Enter键设置"个人简介"一行的行数。完成后效果如图2-19所示。

2.6.2 邮件合并

邮件合并应用于要处理一批信函时，信函中有相同的公共部分，但是又有变化的部分，如要将信函发送给一批人，信函的内容大同小异时，便可使用邮件合并来简化工作。单位邀请函就可利用邮件合并的功能。

步骤1 选择收件人。在制作好的邀请函文档中，单击"邮件"选项卡"开始邮件合并"组中的"选择收件人"按钮，在打开的下拉列表中选择"使用现有列表"命令，如图2-23所示。

步骤2 选取数据源。在弹出的"选取数据源"对话框中，用户可以使用默认的表（已建好的 Word 表格、Execl 表格和 Access 表），也可以自定义表的列。本例选取已存在的 Word 文件——通讯录，如图2-24所示。

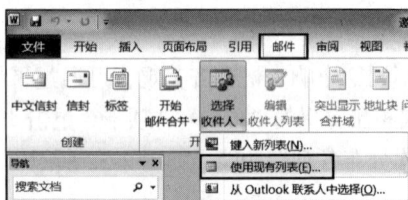

图2-23　选择收件人

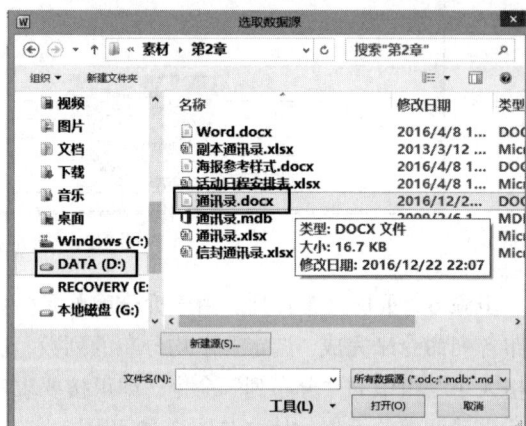

图2-24　"选取数据源"对话框

步骤3 插入合并域。将光标定位到指定位置，如定位到"尊敬的"文字后，单击"邮件"选项卡"编写和插入域"组中的"插入合并域"下拉按钮，在打开列表框中，单击"姓名"字段，如图2-25所示，再单击"职称"字段。

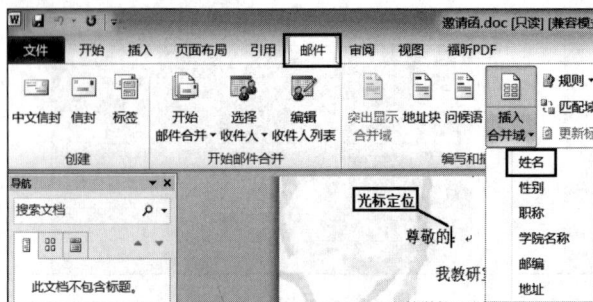

图2-25　插入合并域

步骤 4 完成插入合并域。完成后，"姓名"和"职称"字段就插入到指定位置了，如图 2-26 所示。

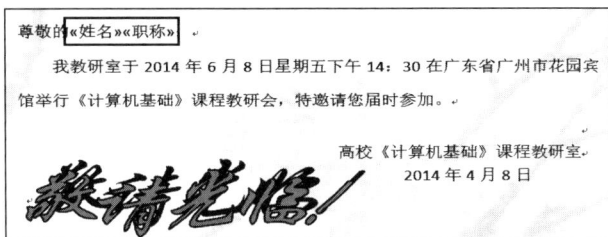

图 2-26 插入"姓名"和"职称"字段

📝 **小贴士**

若是需要在文档指定的位置插入"先生/女士"称谓，则可单击"邮件"选项卡"编写和插入域"组中的"规则"下拉按钮，在打开的下拉列表框中单击"如果…那么…否则"命令，如图 2-27 所示。

在弹出的"插入 Word 域:IF"对话框中，设置"域名"为"性别"，"比较对象"为"男"，再在"则插入此文字"文本框中输入"先生"，在"否则插入此文字"文本框中输入"女士"，如图 2-28 所示。

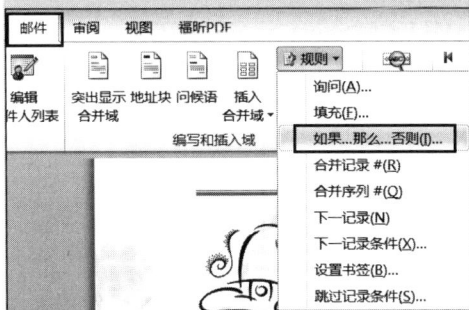

图 2-27 选择规则命令

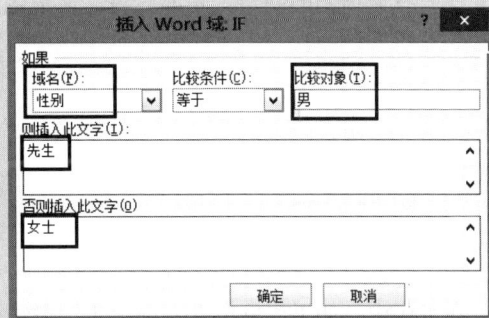

图 2-28 设置"插入 Word 域:IF"对话框

设置完成后，性别为"女"则显示"女士"，性别为"男"则会显示"先生"，效果如图 2-29 所示。

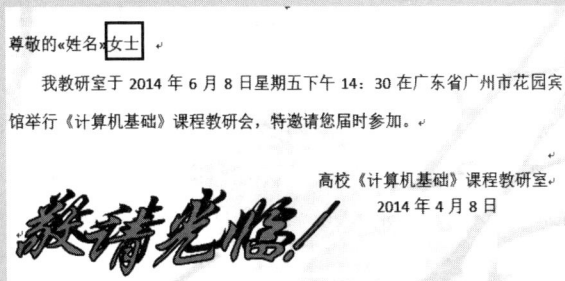

图 2-29 规则设置完成效果图

步骤 5 预览信函。单击"邮件"选项卡"预览结果"组中的"预览结果"按钮，如图 2-30

所示，即可查看邮件合并后的效果。

图 2-30   预览效果图

步骤 6   完成合并。若对预览效果满意，没有要更改的地方，则单击"邮件"选项卡"完成"组中的"完成并合并"下拉按钮，在打开的列表框中选择"编辑单个文档"命令，如图 2-31 所示。在弹出的如图 2-32 所示的"合并到新文档"对话框中，选择"全部"，再单击"确定"按钮，即可完成所有邀请函的制作，完成后将"邀请函"保存在相应位置。

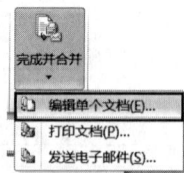

图 2-31   选择"编辑单个文档"命令

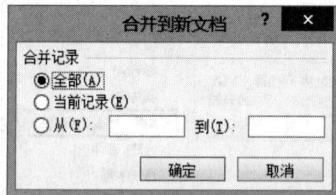

图 2-32   "合并到新文档"对话框

在工作中，如果要发出上百或上千封邀请函或其他如通知书、催款单之类的文件，使用邮件合并功能可以大大地减轻工作负担，且提高工作质量。其他的邮件合并类型应用于其他不同的场合，其操作方式与上面邀请函合并类似。

2.7   打 印 文 档

邀请函制作完成后可以将其打印出来。文档的排版与打印是密不可分的。对文章或书籍进行排版，是为了得到一个较美观的打印效果。但 Word 打印输出效果与打印环境有关。

"打印环境"是指所采用的操作系统，所安装的打印字库，所利用的打印机，包括打印页面、版心等有关参数。

2.7.1   页面设置

页面设置就是设定文档版心，它是文档基本的排版操作，在排版过程中，页面设置是文档最经常用到的排版操作，如设置页边距、方向、打印纸和打印版式等。

Word 提供了两种页边距选项，分别是使用默认页边距和指定自定义页边距。

步骤 1 设置页边距。单击"页面布局"选项卡，在展开的功能区"页面设置"组中单击"页边距"下拉按钮，在弹出的菜单中，选择"自定义边距"命令，打开"页面设置"对话框。默认是"页边距"选项卡，有页边距选项和纸张的方向选项等，如图 2-33 所示，根据排版需要进行设置。

步骤 2 设置纸张大小。在图 2-33 所示的"页面设置"对话框中，单击"纸张"选项卡，切换到"纸张"选项卡对话框，如图 2-34 所示。默认纸张大小为 A4 纸。可根据排版需要进行设置。本例"纸张大小"选择"自定义大小"，根据邀请函的实际大小（可用直尺量）来确定。

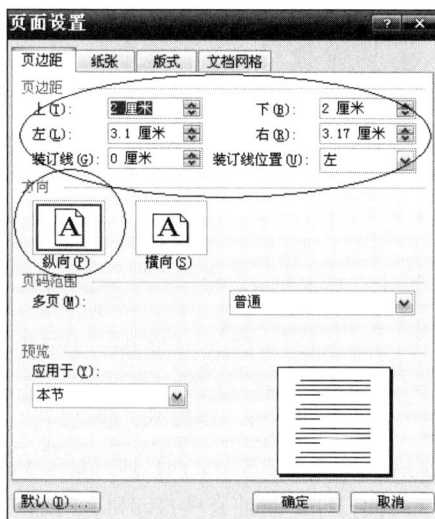

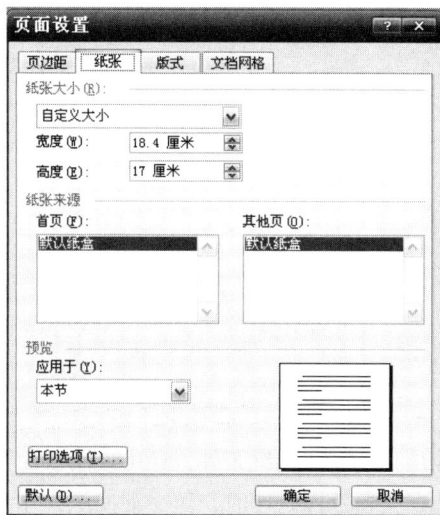

图 2-33　"页面设置"对话框　　　　图 2-34　"纸张"选项卡

小贴士

当纸张大小不规则时，可用直尺直接度量出纸张的长和宽，在"自定义纸张"下方"宽度"和"高度"微调框中直接输入。若纸张大小规则，则按规则纸张选择对应的纸张大小，如用 A4 纸，则选择对应的 A4 纸张大小类型即可。

2.7.2　版面设置和双面打印

对于一些非正式文档，特别是一些供大家提出修改意见的文档，可以将几页缩在一张纸打印出来，既不影响工作，又可节约纸张。

步骤 1 设置每页版数。单击"文件"按钮，在展开的菜单中单击"打印"命令，在右侧"打印"菜单中，单击"每版打印 1 页"下拉列表中的"每版打印 4 页"选项，如图 2-35 所示，表示每页打印的版数为 4 版，可根据实际情况来选择。

步骤 2 设置纸张缩放大小。若在打印时，发现 A4 纸用完了，则可以使用"缩放至纸张大小"功能。"缩放至纸张大小"选项就是将 Word 文档按比例缩放在不同的纸型上的功能。如图 2-36

所示，按已有纸张的规格选择"16 开 195×270"纸型（也可根据需要选择其他纸型），将 A4 版面的文档内容缩小到 16 开纸上打印。

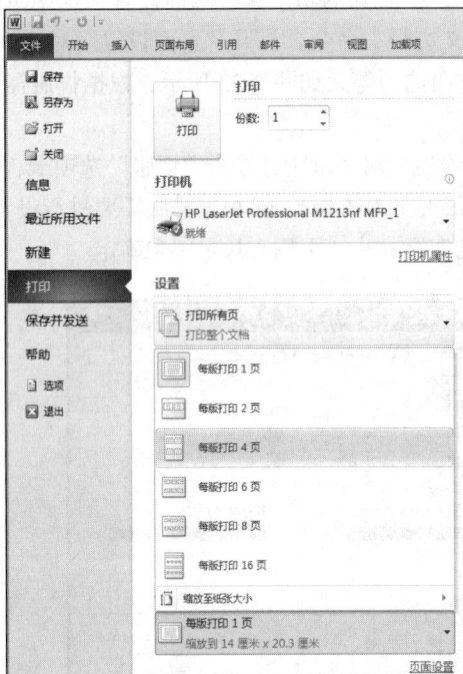

图 2-35 "打印"菜单

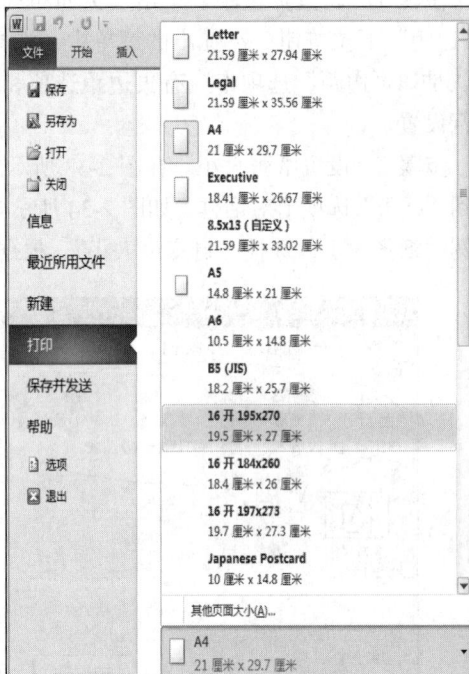

图 2-36 设置纸张缩放大小

除缩放功能可节约纸张外，还可使用双面打印实现节约纸张。由于目前打印机多为单面打印机，因此在实行双面打印时，需手动换纸，才能实现双面打印。目前有些打印机已有自动双面打印功能，若有此功能，则选择"双面打印"即可。

步骤 3 设置纸张双面打印。在"打印"对话框中，选择"手动双面打印"复选框，如图 2-37 所示。

图 2-37 选择"手动双面打印"复选框

2.7.3 打印份数及打印顺序设置

当需要打印多份文件时，若逐次打印就显得很麻烦，Word 2010 提供了打印多份文件的功能，用户可根据自己的需要选择打印文件的份数。

步骤 1 设置打印份数。若一份文件只有 1 页，要打印多份，则可在"打印"菜单中，根据需要设置要打印文件的份数，如"份数"设置为"4"，如图 2-38 所示。再单击"确定"按钮，即可一次打印 4 份。

图 2-38 设置打印份数

步骤 2 逐份打印。若一份文件有几十页，打印份数多时，可单击右侧"打印"菜单中"调整"下拉按钮，在打开的列表框中选择"调整"选项即可逐份打印，如图 2-39 所示，完成文件的打印，便于文件装订。

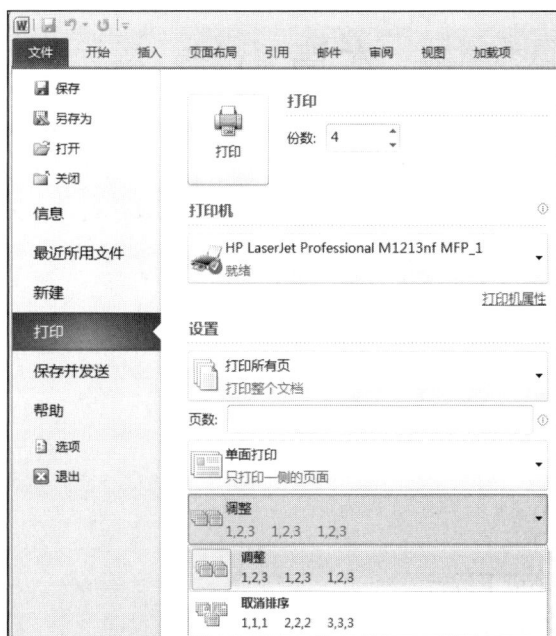

图 2-39 设置逐份打印

2.7.4　打印预览

文档录入和排版完成后，就可将它打印出来。在正式打印文档之前，最好预先浏览文档的打印效果。要预览文档的打印效果，操作步骤如下：单击"文件"按钮，在展开的菜单中单击"打印"命令，在最右侧即可出现"打印预览"窗口，在"打印预览"窗口中预览文档的打印效果，如图 2-40 所示。

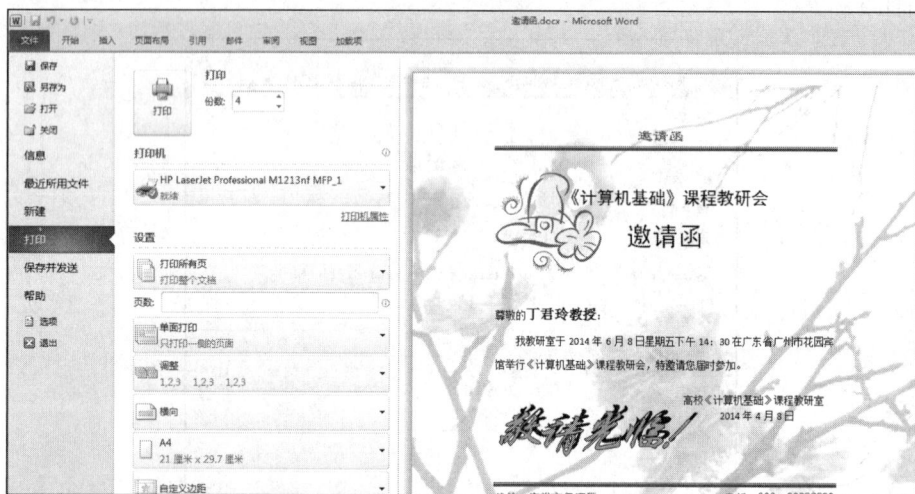

图 2-40　"打印预览"窗口中的文档效果

2.7.5　打印文档

安装好打印机后，打开打印机电源，就可以根据上述设置开始打印文档了。

本章小结

本章介绍了 Word 2010 的一些基本排版功能，通过制作邀请函，学习了如何设置字体、插入剪贴画、艺术字，如何建立模板，如何设置页眉页脚，如何使用邮件合并和文档的打印。通过本章的学习，应能更有效地完成许多复杂而又重复的工作。

习　题　二

一、单项选择题

1. Word 是文字处理软件，它（　　　）。

　　A. 在 DOS 环境下运行

　　B. 在 Windows 环境下运行

　　C. 在 DOS 和 Windows 环境下都可以运行

　　D. 可以不要环境，独立地运行

2. 在 Word 中，若要删除插入点所在的位置的前一个字或字符，应按（　　　）键实现。

　　A．ALT　　　　　　B．Backspace　　　C．Shift　　　　　　D．Del

3. 在 Word 窗口标题栏的右端，除了最小化按钮\最大化按钮\还原按钮外，还有（　　　）按钮。

　　A．控制　　　　　　B．打开　　　　　　C．工具　　　　　　D．关闭

4. 在 Word 中，段落的标志符是输入（　　　）产生的。

　　A．分页符　　　　　B．分栏符　　　　　C．Enter 键　　　　D．Space 键

5. Word 中的字符排版主要是指（　　　）的设置。

　　A．字体\字号　　　B．文本的对齐　　　C．行宽　　　　　　D．段间距

6. 默认情况下，要打印一张横向的纸张时，需要进行（　　　）页面设置。

　　A．页面方向　　　　B．页边距　　　　　C．使用的纸张　　　D．页眉与页脚

7. 在 Word 文档窗口中，若选定的文本块中包含有几种字号的文字，则"开始"选项卡"字体"组中的字号框中显示为（　　　）。

　　A．空白　　　　　　　　　　　　　　　　B．文本块中最大的字号

　　C．首字符的字号　　　　　　　　　　　　D．文本块中最小的字号

8. 要把图片的背景设为透明色，应选择（　　　）。

　　A．调整图片的叠放次序

　　B．把图片的填充颜色设置为"无填充颜色"

　　C．使用"图片工具"的"格式"选项卡"调整"组中"颜色"按钮下拉列表中的"设置透明色"命令

　　D．把边框的图文环绕方式设计为"衬于文字下方"

9. 插入图片后，若不影响在页面上输入文本，应选择（　　　）。

　　A．插入文本框，重新定位文本输入的位置

　　B．调整图片的叠放次序，把图片置于底层

　　C．把图片的填充颜色设置为"无填充颜色"

　　D．调整图片的填充颜色

10. 对插入的图片，不能进行的操作是（　　　）。

　　A．放大或缩小　　　　　　　　　　　　　B．从矩形边缘裁剪

　　C．移动位置　　　　　　　　　　　　　　D．修改其中的图形

11. 在 Word 文档中，有一个占用 3 页篇幅的表格，若要将这个表格的标题行都显示在各页面首行，最优操作方法是（　　　）。

　　A．将表格的标题行复制到另外的 2 页中

　　B．利用"重复标题行"功能

　　C．打开"表格属性"对话框，在列属性中进行设置

　　D．打开"表格属性"对话框，在行属性中进行设置

12. 小王计划邀请 30 位客户参加答谢会，并准备为客户发送邀请函。快速制作 30 份邀请函的最优操作方法是（　　　）。

　　A．发动同事帮忙制作邀请函，每个人写几份

　　B．利用 Word 的邮件合并功能自动生成

　　C．先制作好一份邀请函，然后复印 30 份，在每份邀请函上添加客户名称

　　D．在 Word 中制作一份邀请函，通过复制、粘贴功能生成 30 份，然后分别添加客户名称

二、填空题

1. 在 Word 中，按＿＿＿＿键可实现"插入"方式与"改写"方式的相互转换。

2. 作为排版对象，段落是指处于＿＿＿＿之间的内容。

3. 当需要对文本进行移动、复制或设置字体、字号等操作时，都要先＿＿＿＿。

4. Word 默认使用的模板是＿＿＿＿。

5. 对文档进行页面设置时，默认的页面方向为＿＿＿＿，纸型为＿＿＿＿。

三、上机操作题

1. 制作一份荣誉证书模板，并利用邮件合并的知识完成全学院 2016 学年度学院优秀学生的荣誉证书，完成效果如图 2-41 所示。

图 2-41　荣誉证书完成效果图

① 边框可以用"格式"|"边框和底纹"中的页面边框，也可从网上下载自己喜欢的边框图；图 2-41 使用的是页面边框。

② 若选择的边框是页面边框，则用 Word "页面布局"|"页面背景"|"页面色"|"颜色效果"中的"轮廓式菱形"图案作为填充效果，并将图片的前景色设置为"灰色-25%"，背景色使用白色。

③ 用 Word 或 Excel 建立一份优秀学生名单，优秀学生名单表如表 2-1 所示。并以"优秀学生表"为文件名保存在文件夹名为"第 2 章"的文件夹中。

④ 完成后，将文档以"荣誉证书.docx"为文件名保存在文件夹名为"第 2 章"的文件夹中。

表 2-1　　　　　　　　　　　　　　　　优秀学生名单

学　　号	姓　　名	性　别	专　　业	备　注
14011004	蒙红	女	汉语言文学	14 级
15052012	张健	男	计算机科学与技术	15 级
13033021	姚尧	女	统计学	13 级
16043032	黄河	男	工商管理	16 级
13041005	陈小城	男	法学	13 级
15011018	徐安宁	女	汉语言文学	15 级

2. 利用 Word 提供多种商务文件的制作向导，制作信封模板，建立通讯录，如表 2-2 所示。再批量制作信封。完成效果如图 2-42 所示，并以"信封.docx"文件名保存在文件夹名为"第 2章"的文件夹中。

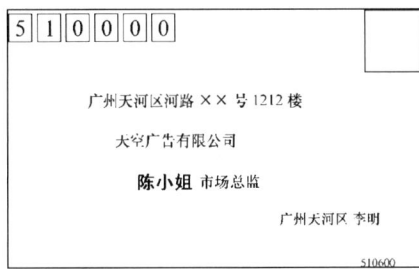

图 2-42　中文信封完成效果

表 2-2　　　　　　　　　　　　　　　　通讯录

姓　　名	性别	职　　称	单位名称	收件人邮编	收件人地址	寄件人地址	寄件人姓名	寄件人邮编
丁君玲	女	教授	中山大学	510000	广州市海珠区新港西路188号	广州天河区××公司	李明	510600
陈晖	男	副教授	中山大学	510000	广州市海珠区新港西路188号	广州天河区××公司	李明	510600
陈阿鑫	男	教授	华南农业大学	510000	广州市天河区五山路266号	广州天河区××公司	李明	510600
沈朝晖	女	副教授	华南农业大学	510000	广州市天河区五山路266号	广州天河区××公司	李明	510600
黄小峰	男	教授	广东华南师范学院	510000	广州市天河区中山大道100号	广州天河区××公司	李明	510600
张梦琳	女	副教授	广东华南师范学院	510000	广州市天河区中山大道100号	广州天河区××公司	李明	510600
李浩海	男	教授	广州工业大学	510000	广州市越秀区东风路200号	广州天河区××公司	李明	510600
杨柳	男	教授	广州工业大学	510000	广州市越秀区东风路200号	广州天河区××公司	李明	510600

续表

姓　名	性别	职　称	单位名称	收件人邮编	收件人地址	寄件人地址	寄件人姓名	寄件人邮编
朱海若	女	教授	广东华南理工学院	510000	广州市天河区五山路 166 号	广州天河区××公司	李明	510600
陈小姐	女	市场总监	天空广告有限公司	510000	广州天河区天河路××号 1212 楼	广州天河区××公司	李明	510600

提示

① 选择"中文信封"。信封的样式选择为"航空信封 2"，或选择"航空 2"。

② 向信封的"通讯录"文档添加一条新的收件人信息。

③ 批量制作信封。

④ 完成后保存在指定位置。

3. 某高校为了使学生能更好地进行职场定位和职业准备，提高就业能力，该高校学工处将于 2016 年 3 月 25 日（星期五）19:00 – 21:30 在该校国际会议中心举办题为"领慧讲堂——大学生人生规划"就业讲座，特邀著名企业家赵蕈先生担任演讲嘉宾。

根据上述活动描述，利用 Word 2010 制作一份宣传海报（宣传海报的参考样式请参考"素材\第 2 章"文件夹下的"海报参考样式.docx"），要求如下。

（1）调整文档版面，要求页面高度为 35 厘米，页面宽度为 27 厘米，页边距（上、下）为 5 厘米，页边距（左右）为 3 厘米，并将"素材\第 2 章"文件夹下的"海报背景图片.jpg"图片设置为海报背景。

（2）根据"海报参考样式.docx"文件，调整海报内容文字的字号、字体和颜色。

（3）根据页面布局需要，调整海报内容中"报告题目""报告人""报告日期""报告时间""报告地点"信息的段落间距。

（4）在"报告人："位置后面输入报告人姓名（赵蕈）。

（5）在"主办：校学工外"位置后另起一页，并设置第 2 页的页面纸张大小为 A4，纸张方向为"横向"，页边距为"普通"页边距定义。

（6）在新页面的"日程安排"段落下面，复制本次活动的日程安排表（请参考"活动日程安排表.xlsx 文件"），要求表格内容引用 Excel 文件中的内容，若 Excel 文件中的内容发生变化，Word 文档中的日程安排信息随之发生变化。

（7）在新页面的"报名流程"段落下面，利用 SmartArt，制作本次活动的报名流程（学工处报名、确认坐席、领取资料、领取门票）。

（8）设置"报告人介绍"段落下面的文字排版布局为参考示例文件中所示的样式。

（9）插入"素材\第 2 章"文件夹下的"Pic2.jpg"图片，调整图片在文档中的大小，并放于适当位置，不要遮住文字内容。

（10）调整所插入图片的颜色和图片样式，与"海报参考样式.docx"文件的示例一致。

第3章
制作长文档范本

在工作或学习中，我们常常需要对一些内容多、章节量大、有图有表的文章进行排版，如毕业论文、课题研究报告、学术论文以及产品的宣传手册等。本章以"劳动合同"文档为例，从样式设置、目录制作、页眉页脚、脚注、批注、修订等方面进行各功能的详细介绍，使读者掌握相应的方法和技巧，从而能熟练完成对长文档的排版。

3.1　样式与内建样式

样式是指一组已经命名的字符和段落格式。它主要可以分为：字符样式、段落样式。用户只要预先定义好所需的样式，就可以对选定的文本直接套用这种样式。如果修改了样式的格式，则文档中应用这种样式的段落或文本块将自动随之变化。下面我们通过对劳动用工合同的制作和编辑，来学习样式功能的使用。

3.1.1　利用内置样式快速格式化文档

Word 文档为了方便用户使用，提供了多种内置样式，以使用户能够方便地对文档进行样式的格式化。下面我们以劳动合同为例，进行样式的介绍。

步骤 1　打开文件。打开已创建好内容的劳动合同。

步骤 2　选择命令。单击"开始"选项卡"样式"组中"样式库"右侧"其他"按钮，打开"样式库"下拉列表框，如图 3-1 所示，根据标题需要选择相对应样式进行设置，如可以选择其中的"标题""标题 1""标题 2"和"标题 3"等内置样式对文档进行快速的格式化。

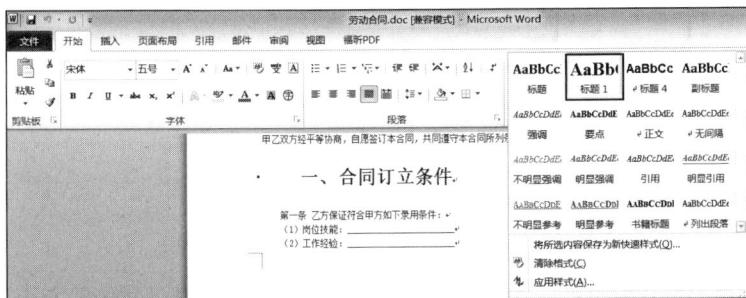

图 3-1　选择"样式库"样式

步骤3 设置各标题样式。选定"一、合同订立条件"文本，再单击图3-1所示"样式库"下拉列表框中的"标题1"样式，即可实现"标题1"样式的应用。同样操作，完成其他如"二、合同期限"等各标题的"标题1"样式应用，完成效果如图3-2所示。

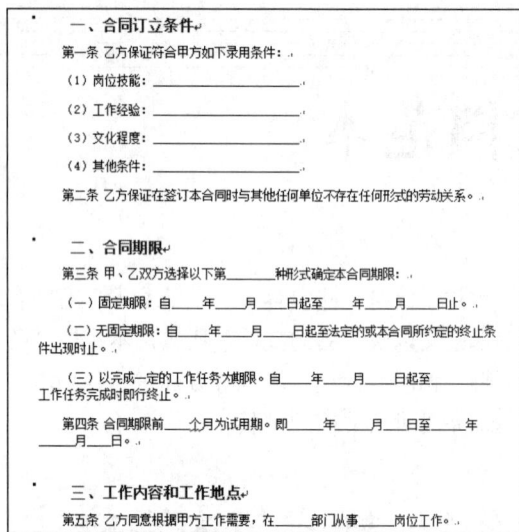

图3-2　应用"标题1"标题样式

📝 **小贴士**

除了使用"开始"选项卡"样式"组中的内置样式库来设置样式外，还可使用"视图"选项卡"文档视图"组中的"大纲视图"按钮，完成"劳动合同.docx"各级标题的样式设置，如图3-3所示。其完成最终效果如图3-2所示。

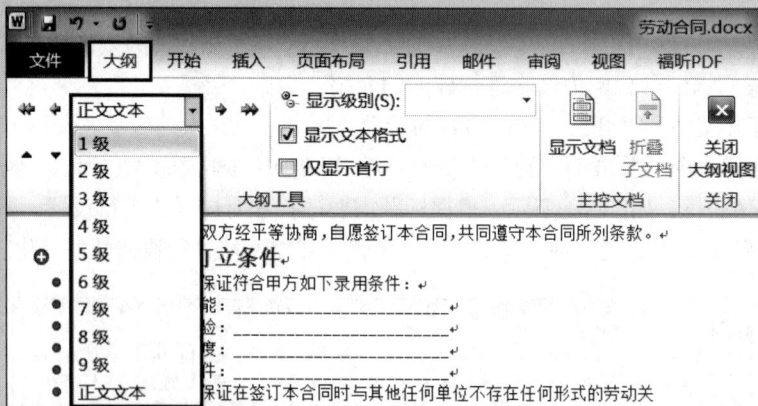

图3-3　使用"大纲"视图设置样式

3.1.2　修改内置样式

在Word文档的格式编辑过程当中，内置样式不一定能完全满足我们的需求。因此，我们可以对内置样式做一定的修改。如图3-4所示，右击"标题1"样式，弹出"标题1"的下拉菜单。在下拉菜单中选择"修改"选项，则弹出"修改样式"对话框，如图3-5所示。在其中可以对样式的格式进行修改，如将字体颜色修改为"黑色"等；同时，还可以单击其对话框左下角的"格式"命令按钮，对"字体""段落"等更多的格式进行修改。

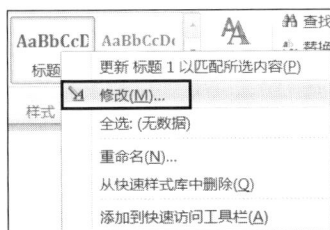

图 3-4　修改内置样式　　　　　　　图 3-5　"修改样式"对话框

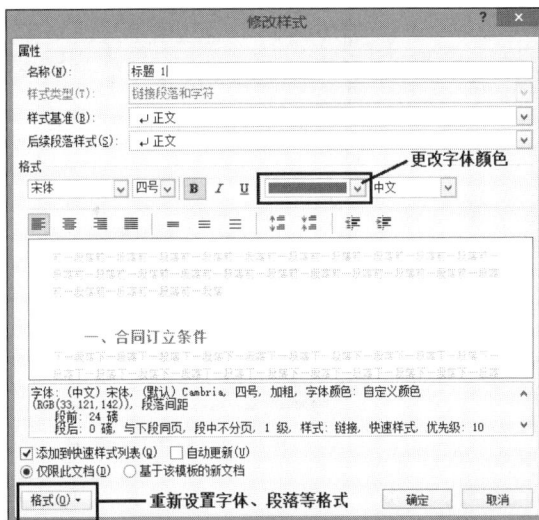

3.2　自定义样式

3.2.1　新建样式

如果 Word 文档提供的内建样式经过修改后，还是不能很好地满足我们的格式化要求，那么可以根据 Word 文档提供的"新样式"对话框，创建出我们所需要的新样式。

单击"开始"选项卡"样式"组右下角"样式"显示窗口按钮"⌐"，在打开"样式"显示窗口中选择"新建样式"按钮，如图 3-6 所示，弹出"根据格式设置创建新样式"对话框，如图 3-7 所示，在其中可以对"字体""段落"等，根据需要，定义出符合我们要求的格式加以使用。

示例：新建一个名称为"一级标题"的样式，其定义的格式为：黑体、四号字、左对齐，段前段后距 13 磅，1.5 倍行距。其操作步骤如下。

图 3-6　设置新样式

步骤 1　选择命令按钮。单击"样式"显示窗口中"新建样式"按钮"⌐"，如图 3-6 所示。

步骤 2　设置新样式格式。在弹出的"根据格式设置创建新样式"对话框的"名称"文本框中输入名称"一级标题"，如图 3-7 所示，并单击对话框左下侧的"格式"命令按钮，在弹出的快捷菜单中分别选择"字体"和"段落"，将字体格式设置为："黑体""四号"字，如图 3-8 所示，设置完成后单击"确定"命令按钮；段落格式设置为：左对齐，段前段后距 13 磅，1.5 倍行距，如图 3-9 所示，设置完成后单击"确定"命令按钮。

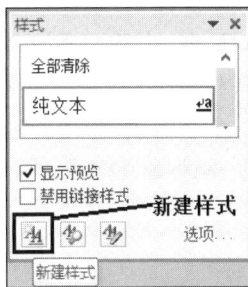

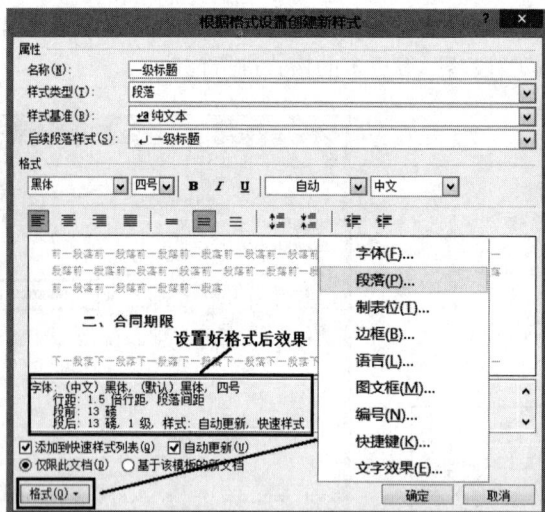

图 3-7　"根据格式设置创建新样式"对话框

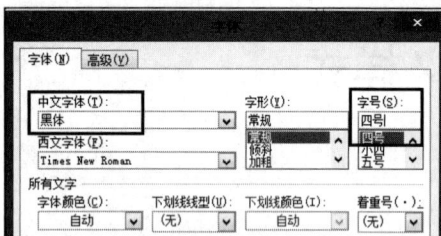

图 3-8　设置"字体"对话框

图 3-9　设置"段落"对话框

　　步骤3　完成新样式设置。完成"字体""段落"等设置后返回"根据格式设置创建新样式"对话框，勾选"添加到快速样式列表"和"自动更新"选项，再单击"确定"命令按钮。则在"样式与格式"任务窗格中就新增了一个"一级标题"样式。

　　步骤4　应用新建样式。选定"一、合同订立条件"文本，在右侧"样式"显示窗口中单击"一级标题"样式，则对选定的文本应用了新建的样式"一级标题"。完成效果如图 3-10 所示。

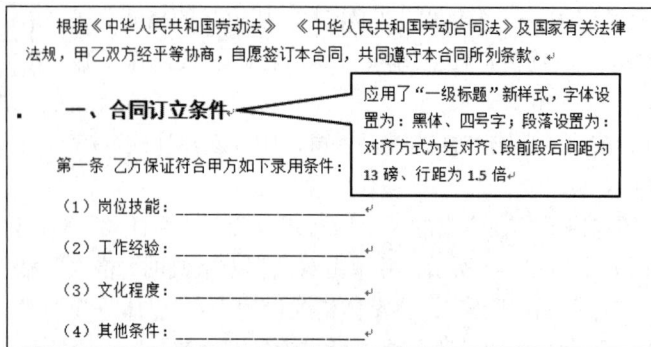

图 3-10　应用新样式后的劳动合同内容

3.2.2 管理样式

有时在一些文档中需要用到已经设置好的新样式，如在另一篇文档中要应用上面已经新建好的"一级标题"样式。则可以利用"管理样式"对话框中"导入/导出"功能来完成设置，方便对新文档进行样式格式化。

步骤 1 选择命令。单击"开始"选项卡"样式"组右下角扩展按钮"▫"，在打开"样式"显示窗口中选择"管理样式"按钮"▲"，如图 3-11 所示。

步骤 2 打开"管理样式"对话框。在打开的"管理样式"对话框中单击"导入/导出"按钮，如图 3-12 所示。

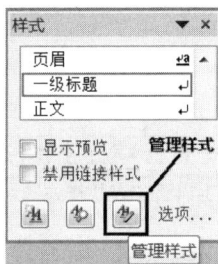

图 3-11 管理样式

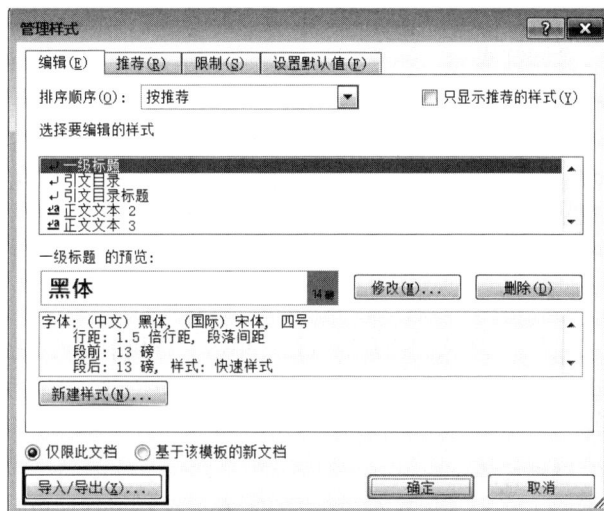

图 3-12 "管理样式"对话框

步骤 3 设置"管理器"。在"管理器"对话框左侧"在劳动合同.docx 中"列表框中，选定要应用的样式，如"一级标题"样式，再单击"复制（C）"按钮，就可以将"一级标题"样式复制到右侧"到 Normal.dotm:"列表框中了，如图 3-13 所示。

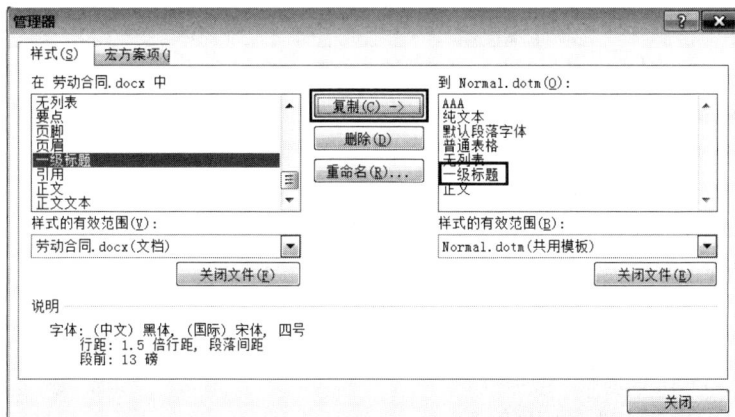

图 3-13 设置样式快捷键及保存位置

完成后，打开一个新文档，就可以在样式库中看到刚复制好的"一级标题"样式了。在新文档中可以直接应用该样式，不需要重新再新建"一级标题"样式了。

3.3　样式的高级应用

3.3.1　查找和替换样式

对于在 Word 文档中样式的设置，有时候我们需要去改变其文档当中的原有样式设置，并替换为新的样式。这时，我们可以根据前文所叙述的样式设置的方式，找到需要替换样式的内容，选择所要替换的样式，进行样式的替换操作。

1. 查找样式

步骤 1 选择查找命令。单击"开始"选项卡"编辑"组"查找"命令下拉按钮，在打开的下拉列表框中，单击"高级查找"命令，在弹出的"查找和替换"对话框中单击"格式"按钮，选择"样式"命令，打开"查找样式"对话框，如图 3-14 所示。

步骤 2 选择要查找的样式。从"查找样式"列表中选择"FA"样式，单击"确定"按钮，单击"查找下一处"按钮，单击"取消"按钮，Word 就自动将光标定位到了文档中使用下一处"FA"样式的地方。

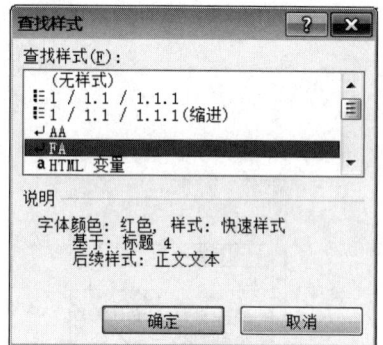

图 3-14　"查找样式"对话框

2. 替换样式

步骤 1 选择替换命令。单击"开始"选项卡"编辑"组中的"替换"命令，打开"查找和替换"对话框，单击"更多"按钮，如图 3-15 所示。

步骤 2 选择要查找的样式。将光标移到"查找内容"文本框中，再单击"格式"按钮。在弹出的菜单中选择"样式"命令，打开"查找样式"对话框，从"查找样式"列表中选择"FA"样式，单击"确定"按钮，如图 3-15 所示。

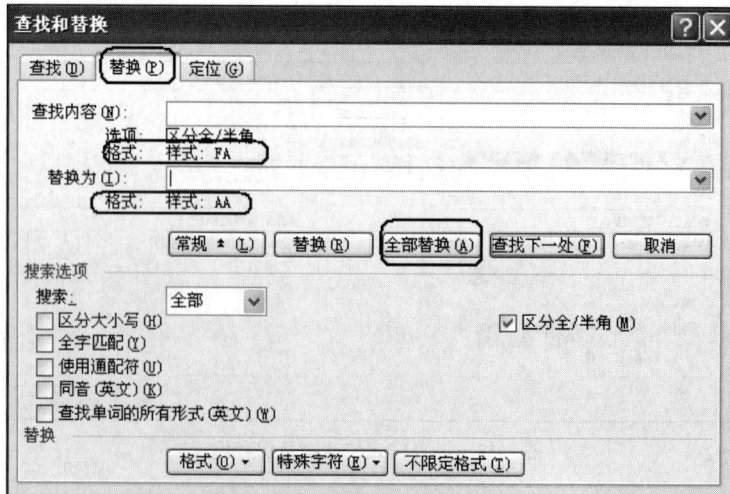

图 3-15　设置"替换"选项卡

步骤 3 选择要替换的样式。再将光标移到"替换为"文本框中，单击"格式"按钮，在弹出的菜单中选择"样式"命令，打开"查找样式"对话框，从"查找样式"列表中选择要替换的样式，如"AA"样式，单击"确定"按钮。

步骤 4 完成替换。返回"查找和替换"对话框，单击"全部替换"按钮，即可将"FA"样式替换为"AA"样式。

3.3.2 重命名和删除样式

在新建的样式当中，有时样式的命名不能顾名思义，那么这个时候，我们就需要对样式的名称进行修改，重新定义样式的名字。如图 3-16 所示，右击新建"AA"样式，或单击"FA"样式右侧下拉箭头"▾"，在出现的下拉菜单中选择"修改"选项，弹出"修改样式"对话框，在其中的"名称"文本框中将"AA"重新命名为"标题内容"，如图 3-17 所示。

如果样式不符合要求，不需要再使用的时候，我们可以对样式进行删除操作。如图 3-18 所示，右击"FA"样式，或单击"FA"样式右侧下拉箭头"▾"，在出现的下拉菜单中选择"还原为标题 4(R)"选项，在弹出的对话框中单击"是"按钮，即可删除"FA"样式。

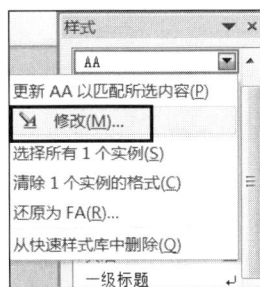

图 3-16 修改样式

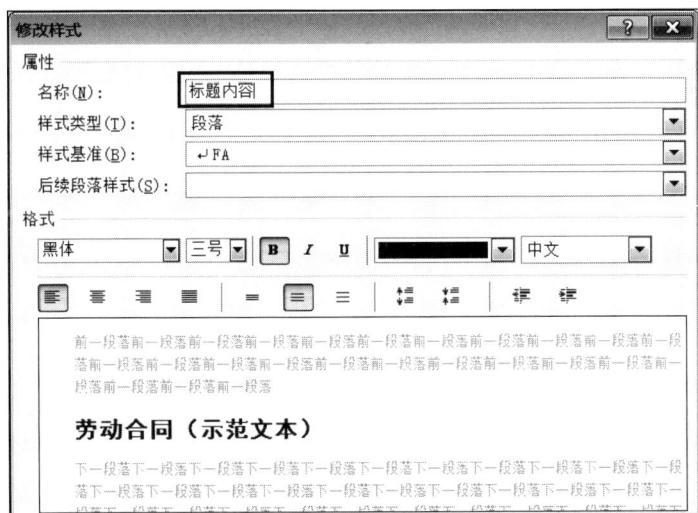

图 3-17 "修改样式"对话框

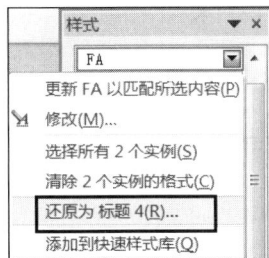

图 3-18 删除样式

3.4 制 作 目 录

目录通常是长文档不可缺少的部分，Word 提供了自动生成目录的功能。在生成目录之前，要确认文档中已经使用了标题样式，否则不能生成目录。

目录有使用大纲级别编制方式、自定义样式编制方式和用自己标记的条目编制目录 3 种方式，最简单的方法是使用内置的大纲级别格式或标题样式。

3.4.1　使用样式库内置样式创建目录

使用样式库内置样式创建目录操作步骤如下。

步骤 1　选择样式。选定要在目录中显示的第 1 个目录文本，如"一、合同的订立条件"，再单击菜单"开始"选项卡"样式"组"快速样式列表"库中的"标题 1"按钮，如图 3-19 所示。

图 3-19　选择"样式"库中样式

步骤 2　重复设置。将所有要显示的目录文本都设置"标题 1"样式。

步骤 3　定位并选择命令。将光标定位到要生成目录的位置，一般为文档开头，单击"引用"选项卡"目录"组中的"目录"下拉按钮，在打开的列表框中选择"自动目录 1"或"自动目录 2"命令，选如图 3-20 所示。

步骤 4　完成目录设置。选择"自动目录 1"后，Word 就自动将文章中所有要显示的目录文本提取出来，并列出这些目录文本所在的页码，在目录文本和页码之间加上前导字符。完成效果如图 3-21 所示。

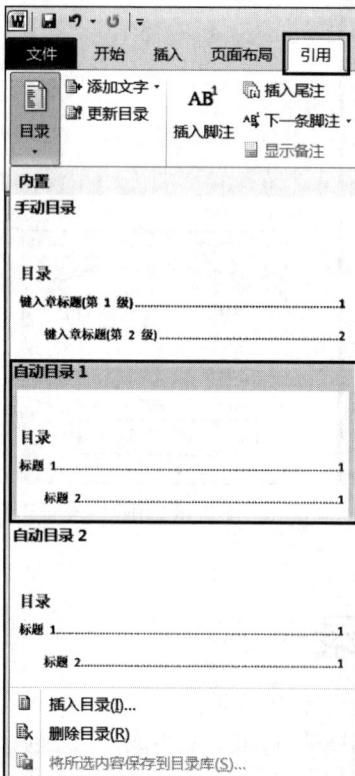

图 3-20　选择"自动目录 1"命令

图 3-21　目录制作完成后效果

　　若要使用"自动目录 1"或"自动目录 2"生成目录，必须要先应用样式库中"标题 1""标题 2"……"标题 9"等内置样式，应用其他样式则无效。

3.4.2　用自定义样式创建目录

　　若内置样式不能满足文章标题格式设置，则可以使用自定义样式来创建目录，创建自定义样式可参考 3.2 节的新建样式。

　　步骤 1　选定文本并设置样式。在打开的"劳动合同"文件中选定要显示的目录"一、合同订立条件"文本，再单击"样式"组"快速样式列表"库中的"一级标题"样式，如图 3-22 所示。

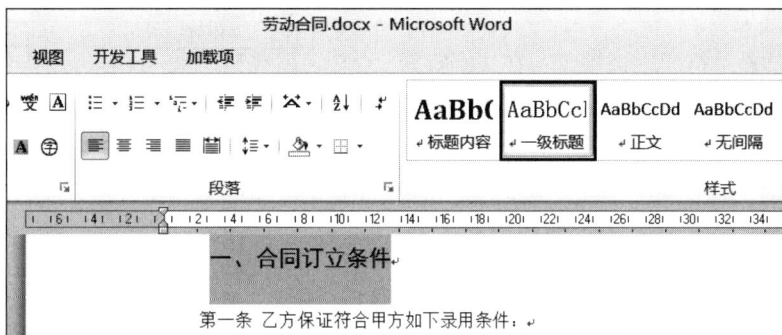

图 3-22　选择"一级标题"自定义样式

　　步骤 2　设置其他目录样式。选定其他要显示的目录文本如"二、合同期限"等运用"一级标题"样式。

　　步骤 3　光标定位并选择命令。将光标定位到要生成目录的位置，一般为文档开头，然后单击"引用"选项卡"目录"组中的"目录"下拉按钮，在打开的列表框中选择"插入目录"命令。

　　步骤 4　选择"目录"选项卡。在打开的"目录"对话框中单击"目录"选项卡中的"选项"按钮。

　　步骤 5　查找并选定样式。在弹出的"目录选项"对话框中，取消"大纲级别"复选框中的对勾，再在"有效样式"下查找应用于文档的标题样式框中选择"一级标题"样式，如图 3-23 所示。

　　步骤 6　设置目录级别。在样式名右边的"目录级别"下键入 1～9 的数字，表示每种标题样式所代表的级别，如输入 1。再将没有用到的"标题 1""标题 2"等样式的目录级别取消，只保留需要的目录级别。

　　步骤 7　完成目录创建。单击"确定"按钮。完成效果如图 3-21 所示。

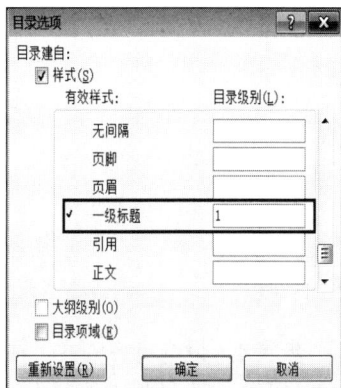

图 3-23　"目录选项"对话框

小贴士

如果仅使用自定义样式，请删除内置样式的目录级别数字，如"标题 1"的"目录级别 1"，"标题 2"的"目录级别 2"等。在"目录选项"对话框中的"有效样式"列表框中只显示自定义样式的名称和相应的"目录级别"。

3.4.3　利用提升字符的方法使目录的制表位居中

利用 Word 自动生成目录时，有时制表符是位于底部的，为适应排版要求，可将目录中的制表符设置为居中。

步骤 1　选定文本并选择命令。选中目录中的制表符"…"，单击 "开始"选项卡"字体"组右下角扩展按钮" "，打开"字体"对话框，选择"高级"选项卡。

步骤 2　设置字符间距选项卡。在"字符间距"选项中的"位置"下拉列表中，选择"提升"选项，并设置其"磅值"为"3 磅"，也可根据需要设置为相应的磅值，如图 3-24 所示。

步骤 3　完成设置并查看效果。单击"确定"按钮即可完成制表符提升。

其他制表符可利用工具栏上的"格式刷"来完成制表符的提升。

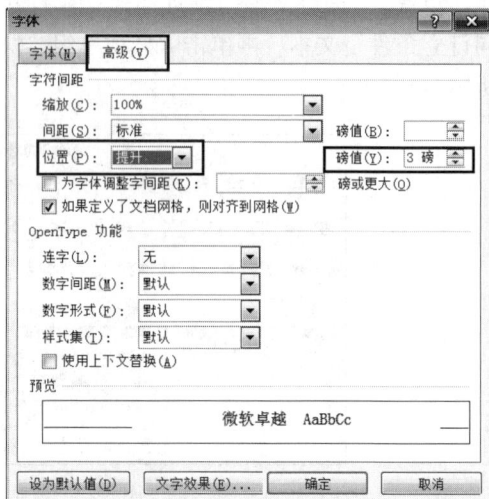

图 3-24　在"字体"对话框中制表符居中设置

3.4.4　设置目录分栏

在排版时，有时需要目录分为两栏，这样看上去较美观也便于查找。目录分栏的操作步骤如下。

步骤 1　选定目录。选中要分栏的目录。

步骤 2　选择命令。单击 "开始"选项卡"段落"组右下角扩展按钮" "，打开"段落"对话框，单击"段落"对话框左下角"制表位"按钮。

步骤 3　设置参数。在"制表位位置"文本框中，输入合适的数值，如"19 字符"等，如图 3-25 所示。

小贴士

若要将目录分为两栏，一般将制表位位置的字符大概设置为没有分栏前整个页面制表位位置数值的一半；若要分成三栏，则需要将没有分栏前整个页面制表位位置数值除以 3 取大概值即可。

步骤 4　设置对齐方式。在"对齐方式"选项组中，选中"右对齐"单选按钮。

步骤 5　选择制表符。在"前导符"选项组中，选择与已经存在的制表符相同的制表符。先单击"设置"按钮，再单击"确定"按钮，返回文档。

步骤 6　设置分栏参数。单击"页面布局"选项卡"页面设置"组中的"分栏"命令，在打开的下拉列表中，选择"更多分栏"选项，在"预设"选项中选择"两栏"，在"间距"微调框中输入数据"2 字符"，再选中"分隔线"和"栏宽相等"复选框，如图 3-26 所示。单击"确定"按钮，即可将目录分为两栏。若不需要分隔线可以不勾选"分隔线"复选框。

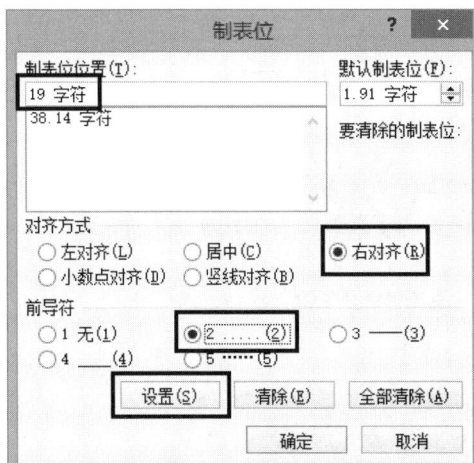

图 3-25　设置"制表位"对话框　　　　图 3-26　设置"分栏"对话框

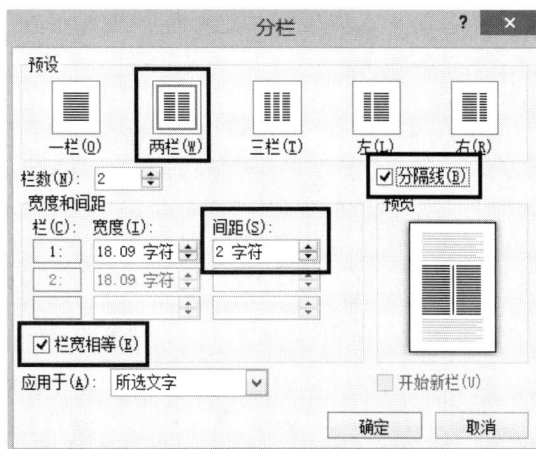

步骤 7　设置目录等长。若得到的目录不是等长栏时，可将光标移到目录的结尾处，单击"页面布局"选项卡"页面设置"组中的"分隔符"右侧下拉按钮，在打开下拉列表框中，单击"分节符"选项下的"连续"命令，即可完成目录等长效果设置，完成效果如图 3-27 所示。

一、合同订立条件	2	七、劳动条件与劳动保护	3
二、合同期限	2	八、劳动纪律	4
三、工作内容和工作地点	2	九、合同的变更、解除、终止、续订	4
四、工作时间和休息休假	2	十、经济补偿与赔偿	5
五、劳动报酬	3	十一、劳动争议处理	6
六、社会保险与福利待遇	3	十二、其他	6

图 3-27　目录分栏效果图

3.5　交 叉 引 用

由于长文档的内容非常庞大，如果能在文档中建立一些直接返回目录的链接，或是在图表中插入题注等，可以极大地方便文档浏览和查看。

3.5.1　使用标题进行交叉引用

交叉引用是对 Word 文档中其他位置的内容的引用，例如，可为标题、脚注、书签、题注、编号段落等创建交叉引用。

步骤 1　确定插入点。在图 3-28 所示的位置输入"（返回）"字样，并将插入点置于图中所示位置，选择"引用"选项卡"题注"组中的"交叉引用"命令，如图 3-29 所示。

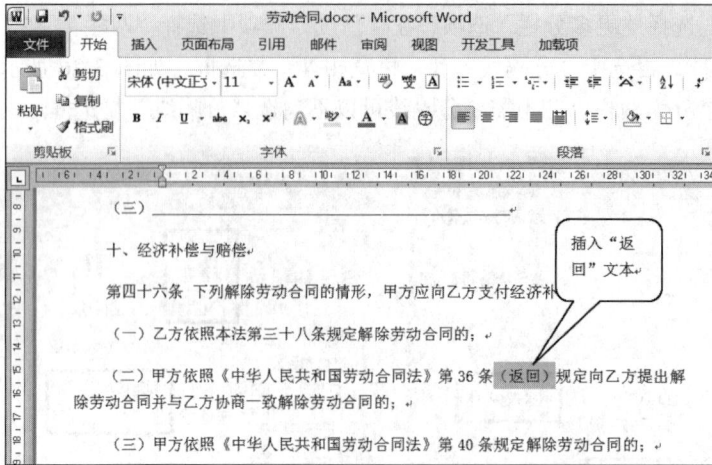

图 3-28　输入"返回"文本

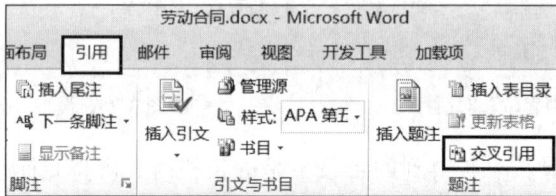

图 3-29　选择"交叉引用"

步骤 2　选择引用内容。在弹出的"交叉引用"对话框中，单击"引用类型"下拉按钮，在展开的下拉列表中可以看到，Word 可以对编号项、标题、书签、脚注、尾注、表格、公式和图表等内容进行引用，本例引用类型选择"标题"，如图 3-30 所示。

步骤 3　建立引用。在"引用哪一个标题"列表框中单击"九、合同的变更、解除、终止、续订"选项，最后再单击"插入"按钮，如图 3-31 所示，即可建立引用。

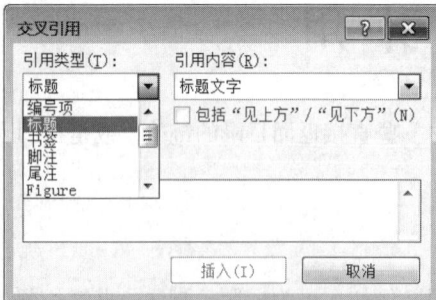

图 3-30　"交叉引用"对话框

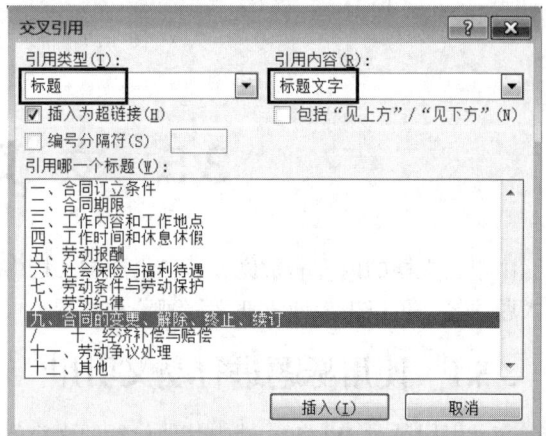

图 3-31　选择引用标题

步骤 4　测试引用。如图 3-32 所示，引用建立好之后，会自动插入标题内容到此处，按住Ctrl 键并单击此处即可返回到该部分。

交叉引用除了可以使用标题外，还能使用编号项、书签等选项。

第四十六条 下列解除劳动合同的情形，甲方应向乙方支付经济补偿金：

(一) 乙方依照本法第三十八条（返回九、合同的变更、解除、终止、续订）规定解除劳动合同的。

(二) 甲方依照《中华人民共和国劳动合同法》第 36 条规定向乙方提出解除劳动合同并与乙方协商一致解除劳动合同的。

(三) 甲方依照《中华人民共和国劳动合同法》第 40 条规定解除劳动合同的。

(四) 甲方依照《中华人民共和国劳动合同法》第 41 条第一款规定解除劳动合同的。

(五) 甲方依照《中华人民共和国劳动合同法》第 44 条第一项规定终止固定期限劳动合同的，甲方维持或者提高劳动合同约定条件续订劳动合同，乙方不同意续订的情形除外。

(六) 甲方依照《中华人民共和国劳动合同法》第 44 条第四项、第五项规定终止劳动合同的。

第四十七条 甲方向乙方支付的经济补偿金，以乙方本人解除劳动合同前十二个月的平均工资为标准，按乙方在甲方工作年限，工作每满一年支付一个月工资的经济补偿金，六个月以上不满一年的，按一年计算，不满六个月的，向乙方支付半个月工资的经济补偿，经济补偿金最多不超过十二个月。

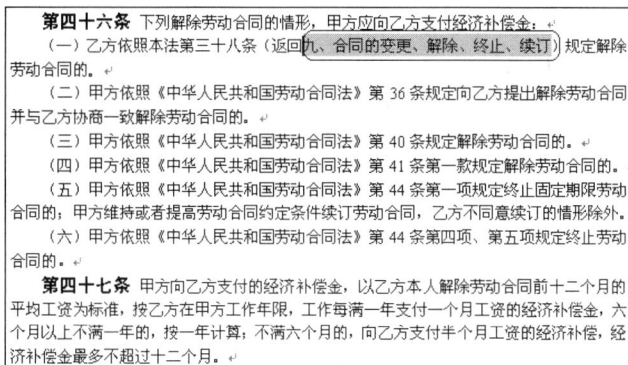

图 3-32　建立好的"交叉引用"

3.5.2　使用书签进行交叉引用

要使用书签进行交叉引用，则必须对文档内容先建立书签。用户在建立书签时，"书签名"可以和选中的内容不同，可以随意地为要插入的书签命名。在一篇长文档中，如果使用了大量书签，可以利用"书签"对话框中的排序功能进行"名称"或"位置"上的排序，方便用户查找。

步骤 1　插入书签。选定劳动合同文本中"一、合同订立条件"，然后单击"插入"选项卡"链接"组中的"书签"命令，如图 3-33 所示，弹出图 3-34 所示的"书签"对话框。

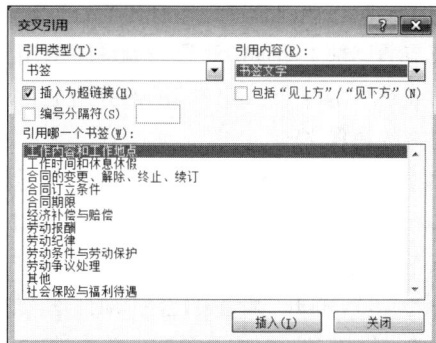

图 3-33　"插入"|"书签"命令

步骤 2　录入书签名内容。在"书签名"中输入要插入的书签名"合同订立条件"，如图 3-34 所示，单击"添加"按钮，完成书签的插入。根据需要可按上述步骤插入更多的书签。

图 3-34　"书签"对话框

图 3-35　插入书签

步骤 3　设置书签交叉引用。在书签插入完成后，就可以对它进行交叉引用操作。将插入定位在要插入交叉引用书签名的位置，选择"引用"选项卡"题注"组中的"交叉引用"命令，弹出"交叉引用"对话框，在"引用类型"中选择"书签"，在"引用内容"中选择"书签文字"，在"引用哪一个书签"选项中选择要插入的书签名，单击"插入"按钮，如图 3-35 所示。

步骤 4 设置引用类型并定位页码位置。设置好书签交叉引用后，再将插入点定位在插入书签名页码的位置上，选择"引用"选项卡"题注"组中的"交叉引用"命令，在弹出"交叉引用"对话框的"引用类型"中选择"书签"，在"引用内容"中先选择"页码"，在"引用哪一个书签"选项中选择对应的书签名，单击"插入"按钮，如图 3-36 所示。

步骤 5 完成效果如图 3-37 所示。

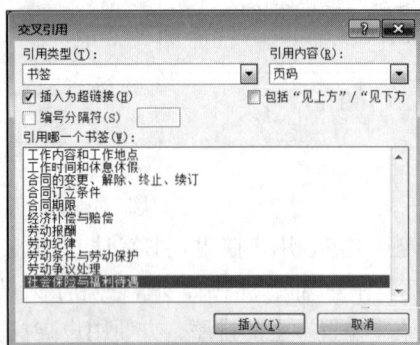

图 3-36　引用"页码"内容

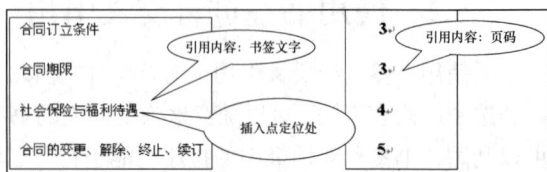

图 3-37　完成效果

按照文档要求在文档中建立多个这样的引用，可大大方便文档的浏览。

小贴士

交叉引用使用标题时，应先对标题进行定义样式等处理；同样，使用编号项、书签、题注等进行交叉引用也应先进行定义，否则不能进行交叉引用。

3.6　插入脚注和尾注

脚注和尾注用于在打印文档中为文档中的文本提供解释、批注以及相关的参考资料。脚注是在页面下端添加的注释，可用脚注对文档内容进行注释说明；而尾注则是在文档尾部（或节的尾部）添加的注释，如说明引用的文献等。

脚注或尾注由两个互相链接的部分组成：注释引用标记和与其对应的注释文本。

步骤 1 选择插入点。将插入点置于需要更改脚注格式的节中，如果没有分节，可将插入点置于文档中的任意位置。

步骤 2 选择命令。单击"引用"选项卡"脚注"组右下角扩展按钮"⌐"，打开"脚注和尾注"对话框，如图 3-38 所示。

步骤 3 设置对话框位置参数。单击选中"脚注"单选项，或"尾注"单选项。

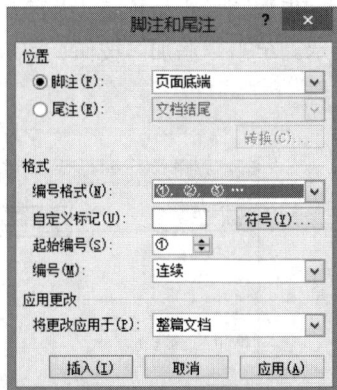

图 3-38　设置"脚注和尾注"对话框

步骤 4 设置对话框格式等参数。在"编号格式"框中，选择所需的格式类型。如果文档分为多个节，在"将更改应用于"下拉框中选择"本节"，将只更改本节的脚注格式；选择"整篇文档"，则会更改全文的脚注格式。设置好后单击"应用"按钮。

📝 **小贴士**

在 Word 中，带圈数字只有 1～10，超出 10 的带圈数字就无法利用键盘进行输入，带圈数字可用下列方法完成。

（1）带圈数字①～⑩在输入法中的小键盘"数字序号"中可找到。

（2）带圈数字⑪～⑳的输入方式为：

| 246a ⑪ | 246b ⑫ | 246c ⑬ | 246d ⑭ | 246e ⑮ |
| 246f ⑯ | 2470 ⑰ | 2471 ⑱ | 2472 ⑲ | 2473 ⑳ |

在需要的位置上输入前 4 个字符，再选中该字符，按 Alt + X 组合键即可。

（3）带圈数字㉑及以后数字可采用"域"的方式输入。在需要插入带圈数字的位置按下 Ctrl + F9 组合键输入域记号（一对大括号），如在域记号中输入代码："eq ⊔ \o\ac(o,21)"，并设置好字体、字号等。选中域代码，按 Alt + F9 组合键查看效果。若不满意则再按一次 Alt + F9 组合键，返回域代码状态，分别选中域代码中的字母"o"和数字"21"，单击鼠标右键，在弹出的快捷菜单中选择"字体"命令，在弹出的"字体"对话框中设置"字体"和"字符间距"，通过不断调整"缩放""间距"和"位置"的相关数字，来调整字母"o"和数字"21"的大小、间距和上、下位置。可通过反复按 Alt + F9 组合键查看效果，直到满意为止。

在输入域代码时，字符"eq"与后续字符应保留一个空格；在文档中若经常要进行这样的输入，可将调整好的代码添加到自动图文集中供以后调用和修改。

3.7 快速浏览长文档

长文档的查看是非常不方便的，文档过长，就不容易找到自己要查看的内容。而在处理长文档时应用样式就是为了方便后续的查看和处理。

步骤 1 选择命令。勾选"视图"选项卡"显示"组中的"导航窗格"选项，在打开的"导航"窗格中选择"浏览您的文档中的标题"按钮，则在窗口左侧"导航"窗格中显示出该文档中章或节标题，如图 3-39 所示，该窗口右侧显示文档具体内容。

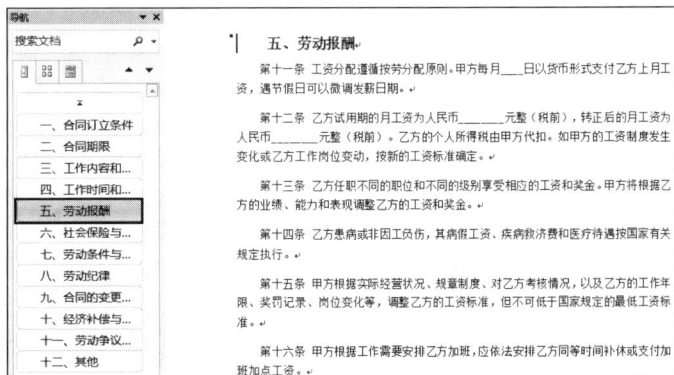

图 3-39 应用"导航"功能

步骤2 应用导航窗格标题级别。用鼠标单击"导航"窗格中对应的的标题，即可将窗口中的文档内容立即切换到相应的章节，这项功能使浏览文档变得非常方便。

✎ **小贴士**

在使用文档结构图时，所有的标题必须经过样式处理，即对所有标题进行样式设计，如应用"标题1"等内置样式；否则，使用文档结构图就达不到快速浏览的作用。

3.8 使用批注和修订

3.8.1 在文档中插入批注和修订

在合同或文件的定制过程当中，经常要通过多人修改，并需要对合同的某些细节进行说明、解释或者标注。这时，我们就需要在 Word 文档当中加入批注进行修订。

1. 在文档中插入批注

步骤1 选定文本。选定要为其插入批注的文本。

步骤2 选择命令。单击"审阅"选项卡"批注"组中的"新建批注"命令。

步骤3 设置批注及格式。在需要插入批注的地方插入相应批注，在批注框中输入批注的内容，要添加注释的文本和批注框中添加批注的内容将会被特殊的颜色圈选起来，如图 3-40 所示。

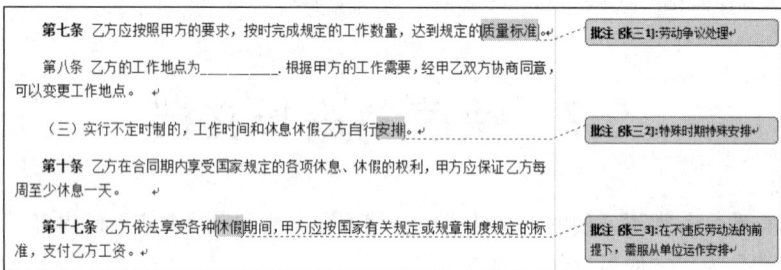

图 3-40 插入"批注"内容

2. 在文档中修订文本内容

步骤1 内容修订。选择"审阅"选项卡"修订"组中的"修订"按钮"🗹"，再将插入点移到要修订的位置进行修订。如要删除文本，则选定要删除的文本，按 Del 键删除内容，此时，删除的文字就会加上删除线，提示被删除的内容，如图 3-41（a）所示；若要插入文字，所添加的文本将会以红色和下划线的格式来显示，如图 3-41（b）所示。

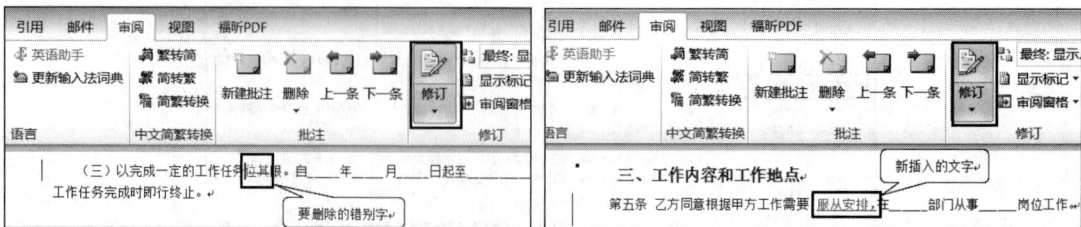

（a）　　　　　　　　　　　　　　（b）

图 3-41 修订要进行删除和插入的内容

　　步骤 2　接受修订。单击"审阅"选项卡"更改"组中的"接受"下拉按钮，在打开的下拉列表中选择"接受对文档的所有修订"命令，如图 3-42 所示，此时可完成对文档的修订。

　　3. 删除文档中的批注或修订

　　文档在完成上述的插入批注或内容修订后，通常在 Word 跟踪更改时，它会用删除线格式显示删除内容，而将插入内容显示为带下划线的文本。删除内容与插入内容以及批注（或"注释"）都可显示在页边上的批注框中。

　　有各种方法可以隐藏修改或批注，但使用修订功能所做的修改会一直打开，而所有插入的批注也一直是文档的一部分，直到它们被接受或拒绝（对于批注来说是删除）为止。

　　关闭修订功能并不会从文档删除修订标记或批注。关闭修订会使用户能修改文档而不存储插入内容与删除内容，以及将其显示为带删除线、下划线或批注框。

　　步骤 1　选择命令。单击"审阅"选项卡"修订"组"显示标记"命令。

　　步骤 2　设置"显示"下拉列表选项。在打开的"显示标记"下拉列表中，确保下列的每个项目旁边都勾选，如图 3-43 所示。

<table>
<tr><td>图 3-42　"接受"下拉列表</td><td>图 3-43　"显示标记"下拉列表</td></tr>
</table>

　　步骤 3　查看修订。在"审阅"选项卡"更改"组中，单击"下一条"命令，即可从文档最开始的一处修订或批注前进到下一处。

　　步骤 4　完成修订。在"审阅"选项卡"更改"组中，单击"接受"命令下拉按钮，则在其下拉菜单中，选择"接受并移到下一条"命令，完成修订。若对修订不满意，则可单击"拒绝"命令下拉按钮，选择"拒绝并移到下一条"或"拒绝对文档的所有修订"选项，不接受所做的修订和插入的批注等操作。

　　重复步骤 3 和步骤 4，直至接受或拒绝文档中所有修改并删除所有批注。

✎ 小贴士

　　在"审阅"工具栏的"显示与审阅"下拉列表框中，有 4 种审阅方式，即最终：显示标记、最终状态、原始：显示标记、原始状态。

　　最终：显示标记：当文档进行过内容的修订时，选择此审阅方式可浏览文档在修订后的最终状态，可查看修订内容。即正文中能显示新插入的内容，删除的内容会以修订框的形式标志。

　　最终状态：选择此审阅方式，不能查看被修订的内容。此方式一般用于查看接受所有修订后的文档状态，即显示修订后的结果状态。

　　原始：显示标记：使用此审阅方式，可以浏览修订前的文档原始状态，也可以查看在进行修订操作后将会修改的内容，即在被删除的内容上显示删除线，在修订框中显示新插入的内容。

　　原始状态：此审阅方式可浏览修订前的文档状态，但不可查看执行修订操作后将会变更的文本内容。

3.8.2　设置批注格式和批注中使用的姓名

在对 Word 文档进行批注的时候，我们可以根据需要对批注的格式进行修改设置。批注格式的修改设置主要可以分为两个方面：第一方面进行批注字体、字号和颜色的设置，它们可以通过在"开始"选项卡"字体"组中和命令进行设置；第二方面为批注框的设置，可以通过在"审阅"选项卡"修订"组中的"显示标记"列表框中，选择其中的"批注框"进行设置。

另外，由于文档中可能做批注的人有多个，为了区别不同人做的批注，我们需要对批注者在他们的批注中加上他们自己的姓名。具体操作是：单击"文件"按钮，在打开的下拉菜单中单击"选项"命令，在弹出的"选项"对话框中选择"对 Microsoft Office 进行个性化设置"选项卡，如图 3-44 所示，修改其中的用户信息，就可以使批注中出现不同批注添加者的姓名。

图 3-44　"Word 选项"个性化设置

3.8.3　批注和修订审阅窗格

在 Word 文档中，由于一篇文档的批注不止一处，因此，为了方便浏览该文档中的所有批注和修订，Word 文档在其文档下方或左侧提供了一个审阅批注和修订的窗格，如图 3-45 所示。

要打开此窗格，可单击"审阅"选项卡"修订"组中的"审阅窗格"命令下拉按钮，在打开的下拉列表中单击"垂直审阅窗格"或"水平审阅窗格"命令，如图 3-46 所示。"垂直审阅窗格"位于窗口左侧，"水平审阅窗格"位于窗口下方。

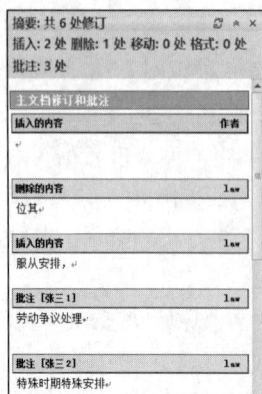

图 3-45　审阅批注窗口

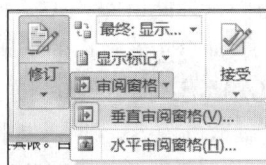

图 3-46　启动"审阅窗格"

3.8.4　打印带有批注或修订的文档

对于带有批注和修订的文档，有时候，我们需要将这些批注和修订打印出来，以方便我们进行阅读。这时，我们需要在"审阅"选项卡"修订"组中，"显示以供审阅"下拉菜单中选择"最终：显示标记"，如图 3-47 所示。这样，就能够将批注和修订一起打印出来。

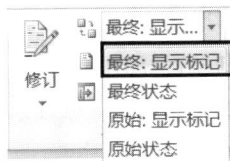

图 3-47　选择"最终：显示标记"

3.8.5　比较并合并文件

若是检阅者不清楚如何使用或是没有使用修订功能，而是直接修改文档的内容，这时我们就很难通过追踪修订功能来检查对方修改的内容。为了能清楚知道文档被修订的地方，可用 Word 的文档比较与合并功能。

步骤 1　选择命令并设置参数。单击"审阅"选项卡"比较"组中"比较"命令，在打开的下拉列表中单击"比较"命令，在打开"比较文档"对话框中分别选择要进行比较的文档，单击"确定"按钮，如图 3-48 所示。

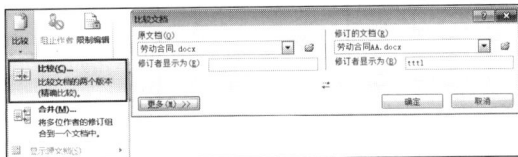

图 3-48　打开要比较的文档

步骤 2　文档比较。完成比较后会新生成一个名为"比较的文档.docx"文档，此文档与原文档存在着差别，差别的地方会以与内容修订相同的样式在窗口左侧显示出来。若接受比较结果操作，则单击"保存"按钮，重新设置文件名即可保存所做的修改，如图 3-49 所示。

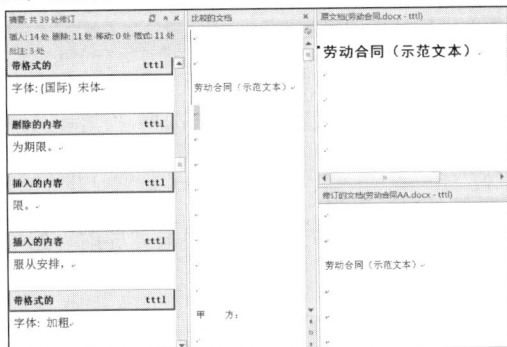

图 3-49　处理被比较文档的修订内容

步骤 3　合并文档。若需要将多位作者的修订组合在一个文档中，则需要单击"审阅"选项卡"比较"命令，在打开的列表框中选择"合并"命令。操作和步骤 2 相似，完成后保存即可。

3.9　页眉页脚设置

页眉和页脚常用来显示文档的附加信息，如显示文章标题、作者时间、日期、页码、单位名称、徽标等。页眉常设置在页面的顶部，页脚常设置在页面的底部。

单击"插入"选项卡"页眉和页脚"组"页眉"命令下拉按钮，在下拉列表框中选择所需要的页眉样式即可完成页眉设置。在"导航"组中单击"转至页脚"命令，完成页脚设置。这样页眉页脚设置好后就会显示在文档的每一页。

若要在正文页设置页眉页脚，封面和目录页不能显示，则需要利用"分隔符"来帮助，具体操作步骤如下。

步骤1 光标定位。光标先定位到正文页（即需要显示页眉和页脚的那一页）最前面。

步骤2 选择分隔符。选择"页面布局"选项卡"分隔符"命令，在打开的列表框中单击"分节符"选项中"连续"命令或"下一页"命令，如图3-50所示。

步骤3 设置页眉。选择"插入"选项卡"页眉和页脚"组中的"页眉"命令下拉按钮，在打开的列表框中选择所需要的内置页眉样式，如"空白"样式。也可单击列表框中的"编辑页眉"命令，如图3-51所示，再在文档页眉区中输入页眉内容，如"劳动合同"。

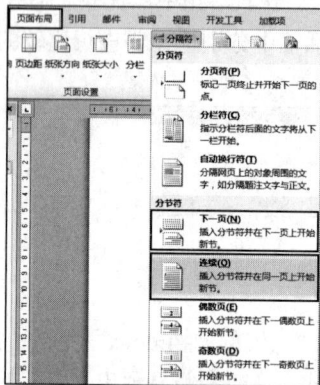

图3-50 选择分隔符

图3-51 选择样式或编辑页眉

小贴士

若正文正好另起一页，与目录页或封面分开，则选择"连续"分隔符。若正文页和目录页在一页上，则选择"下一页"分隔符。

步骤4 转至页脚。单击"页眉和页脚工具"选项卡"导航"组中"转至页脚"按钮，切换到文档页脚区中。

步骤5 设置页码格式。单击"页眉和页脚"组中"页码"按钮，在打开的列表框中单击"设置页码格式"命令，在"页码格式"对话框中选择"编号格式"，并将"页码编号"的起始页码设置为1，或根据需要设置，如图3-52所示。

步骤6 设置页码位置。单击"页眉和页脚"组中"页码"按钮，在打开的列表框中单击"页面底端"命令，再选择"普通数字2"样式即可完成页码位置；也可根据需要选择其他样式。

步骤7 删除页眉。光标定位到正文显示页眉区，单击"导航"组中"链接到前一条页眉"图标，如图3-53所示。再将光标移到不需要显示页眉的页面页眉区（封面页或目录页），此时，"链接到前一条页眉"图标就变成灰色，删除页眉区页眉即可。

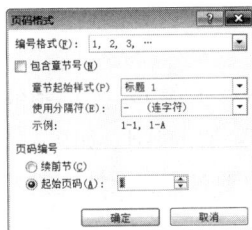

图 3-52　设置"页码格式"对话框　　　　图 3-53　选择"链接到前一条页眉"图标

步骤 8　删除页脚。光标定位到正文显示页脚区，单击"导航"组中"链接到前一条页眉"图标，如图 3-53 所示。再将光标移到不需要显示页眉的页面页脚区（封面页或目录页），此时，"链接到前一条页眉"图标就变成灰色，删除页脚区页脚即可。

步骤 9　完成设置。页眉页脚删除完成后，单击"页眉和页脚工具"选项卡"关闭"组中"关闭页眉页脚"按钮，完成后设置效果如图 3-54 所示，封面页和目录页无页眉页脚，正文页开始显示页眉页脚。

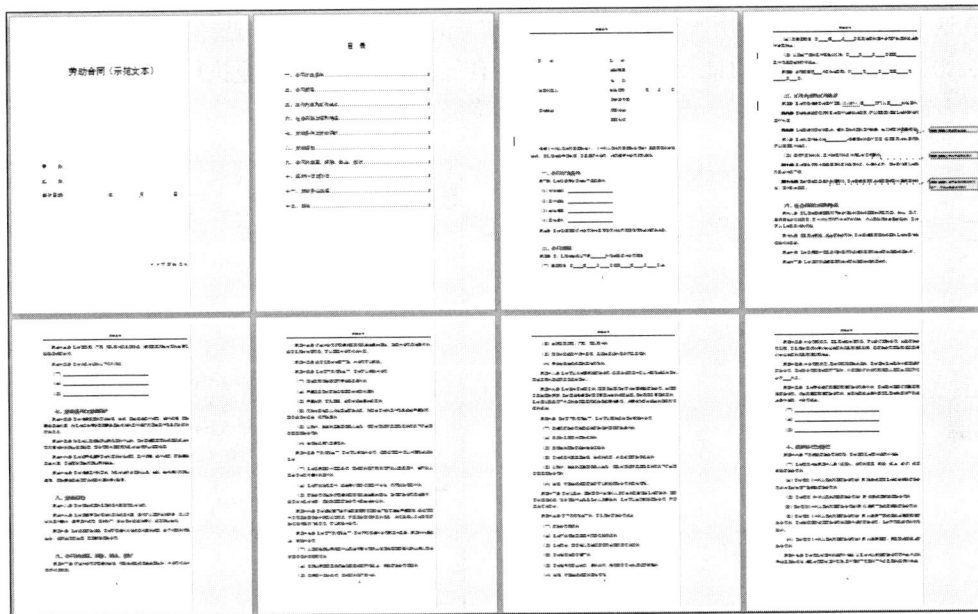

图 3-54　完成后效果图

3.10　文档的安全与加密

文档里的内容可能涉及单位的一些机密数据。在文档传递过程中，存在许多安全问题，如果公司的计算机连接了 Internet，会受网络上 Word 宏病毒的侵扰；就算在公司内部，有些文档也只希望大家可以共享查看，而不希望对其进行任意修改。因此，给 Word 文档加上一定的安全保护是十分必要的，Word 提供了多种方法解决文档的安全问题。

3.10.1　防止宏病毒

宏是一系列 Word 命令和指令。这些命令和指令组合在一起，形成了一个单独的命令，以实现任务执行的自动化。宏在 Visual Basic for Applications 编程语言中录制。如果一个 Word 文档中含有宏，则打开 Word 文档时，Word 宏也被加载，但是可以通过宏安全性设置来确定是否加载宏。

相信宏病毒给人们带来的余悸并未完全消除，防范病毒最彻底的办法是使用最新的杀毒软件。Word 文档可以携带宏病毒，可从几个方面尽量杜绝 Word 中宏病毒的发作和传播。

步骤 1　选择命令。单击菜单栏上"开始"按钮，在打开的快捷菜单中单击"选项"，在"Word 选项"对话框中选择"自定义功能区"，在"自定义功能区中"勾选"开发工具"选项，如图 3-55 所示。

步骤 2　设置安全级别。单击"开发工具"选项卡"代码"组中的"宏安全性"命令，在弹出的"信任中心"对话框中进行宏设置，如图 3-56 所示。"宏设置"选项卡中有"禁用所有宏，并且不通知""禁用所有宏，并发出通知""禁用无数字签署的所有宏"和"启用所有宏"4 个选项。在这 4 个选项中，"禁用所有宏，并且不通知"的安全等级最高。选择高等级的安全性设置，当然会比较保险，但这也可能会使许多其实并没有危害的宏命令被禁止执行，建议在安装了杀毒软件并开启自动防护功能后，将宏的安全性限制降低。

图 3-55　勾选"开发工具"选项

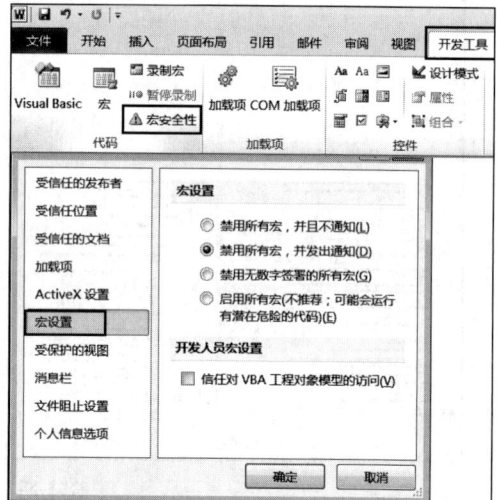

图 3-56　"宏安全性"设置

3.10.2　设置文档权限密码

Word 提供了两种文件密码保护功能，一是打开文件的密码，二是修改文件的密码。保护文档免受未经授权的用户查看或更改的最好办法就是给文档设置打开权限和修改权限密码，有密码才可以打开或修改，没有密码则没有相应的权限。

步骤 1　选择命令并设置密码。单击"文件"按钮，再单击"信息"选项"保护文档"按钮，在下拉列表中单击"用密码进行加密"命令，在"加密文档"对话框文本框中输入打开文件时的密码，如"123456"，再单击"确定"按钮，如图 3-57 所示。

步骤 2　确认密码。在弹出的"确认密码"对话框中，在"重新输入密码"文本框中再次输入打开文件的密码"123456"，单击"确认"按钮，如图 3-57 所示。

步骤 3　完成密码设置。设置好打开文件的密码保存后，当用户重新打开文档时，则会弹出一个"密码"对话框，要输入正确的密码才能打开文档。

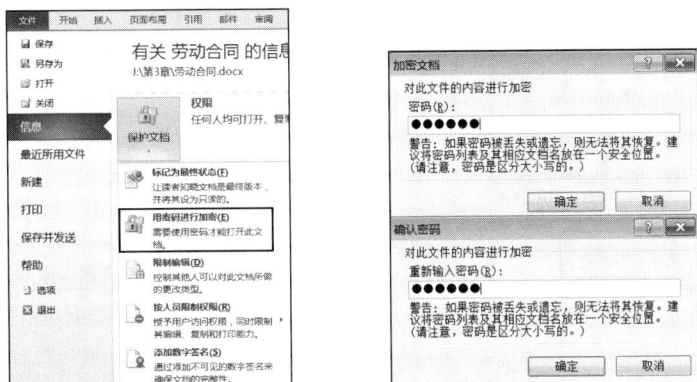

图 3-57　设置打开文件以及修改文件的密码

3.10.3　启用强制保护

在 Word 中设置文件强制保护，可进一步加强文件的安全性。要启动文件的强制保护，必须具有修改文档的权限。

步骤 1　打开任务窗格。单击"文件"按钮，再单击"信息"选项"保护文档"按钮，在下拉列表中单击"限制编辑"命令，或在"审阅"选项卡"保护"组中选择"限制编辑"命令，在窗口右边弹出"限制格式和编辑"任务窗格，在"编辑限制"项目下选择"仅允许在文档中进行此类编辑"复选框，在其编辑项目列表框中选择"未作任何更改（只读）"项，则表明只能浏览，不能修改，如图 3-58 所示。

步骤 2　设置编辑限制。若从"编辑限制"中选择"仅允许在文档中进行此类编辑"复选框，在编辑项目列表框中选择"不允许任何更改（只读）"项，则表明不允许他人对文档内容进行更改，只能浏览查看文档。

步骤 3　启动强制保护。单击"是，启动强制保护"按钮，弹出"启动强制保护"对话框，在"新密码"文本框中输入密码，如"123"，然后再在"确认新密码"文本框中输入相同的密码，如"123"，单击"确定"按钮即可，如图 3-59 所示。设置完成后，选项卡中的选项大部分为灰色不可用。

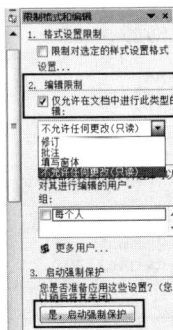

图 3-58　"保护文档"窗格

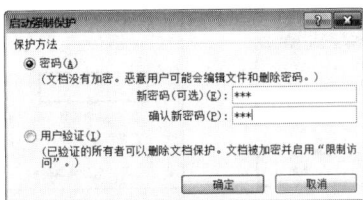

图 3-59　"启动强制保护"对话框

步骤4 停止强制保护。若要停止强制保护，则返回"限制格式和编辑"任务窗格，如图 3-60 所示，单击"停止保护"按钮，在弹出的"取消保护文档"对话框中，在"密码"文本框中输入设置保护文档的密码，如"123"，然后单击"确定"按钮，即取消了对文档的保护，如图 3-61 所示。

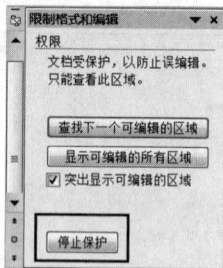

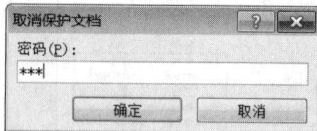

图 3-60　单击"停止保护"按钮　　图 3-61　　"取消保护文档"对话框

小贴士

如果选择了修订，则可以让审阅者修改文档，但会突出显示所有修改之处，以便作者跟踪修订；如果文档对修订进行了保护，则不能关闭修订，也不能用"工具"菜单中的"修订"命令来接受或拒绝修订；如果选择了批注，则允许审阅者插入批注，但不允许修改文档内容。如果选择填写窗体，则保护文档中除窗体域或不受保护的节以外的内容不被修改；如果选择了未作任何修改（只读），则该文档不允许被编辑。

步骤5 添加用户。在"保护文档"任务窗格中，单击"更多用户"文字链接，弹出"添加用户"对话框，在文本框中输入允许编辑文档的用户名称，并以分号隔开，如图 3-62 所示。

步骤6 设置用户参数。用户也可以设置编辑的用户为每个用户，只需勾选"每个人"复选框，如图 3-63 所示。

步骤7 格式设置限制。在"保护文档"任务窗格中还可以单击"格式设置限制"选项组中的"设置"文字链接，弹出"格式设置限制"对话框，用户可以根据自己的需要进行设置，如图 3-64 所示。

图 3-62　"添加用户"对话框　图 3-63　设置编辑用户为每个人　　图 3-64　　"格式设置限制"对话框

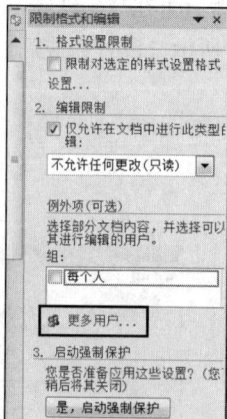

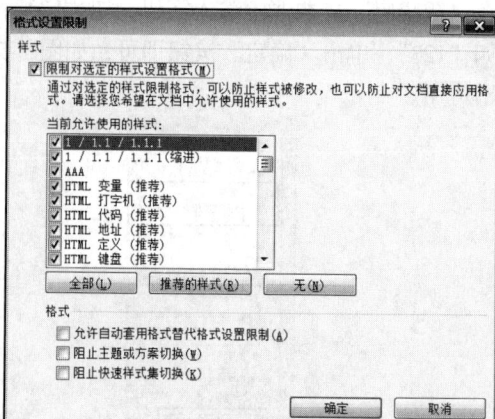

本章小结

本章通过对劳动合同的编辑和设计，介绍了 Word 2010 中样式的建立与应用，标题和书签的交叉引用，以及灵活使用 Word 2010 提供的文档结构图来处理长文档的浏览。利用 Word 的审阅功能实现对文档的批阅，以及如何解决文档交流过程中的安全性问题，包括受病毒攻击及受非法更改和查看。

习 题 三

一、单项选择题

1. 启动追踪修订功能时，可以使用（　　）组合键来进行。

　　A. Ctrl + Shift + E　　　　　　　　B. Ctrl + Alt + E

　　C. Alt + Shift + E　　　　　　　　 D. Alt + E

2. 关于 Word 的强制保护功能，（　　）是错误的。

　　A. 只要具备修改文档的权限，就能取消强制保护

　　B. 可限制用户修改文档的样式

　　C. 可限制用户使用的编辑操作

　　D. 需要有修改文档的权限，才能为文档添加强制保护措施

3. 张同学利用 Word 撰写专业学术论文时，需要在论文结尾处罗列出所有参考文献或书目，最优操作方法是（　　）。

　　A. 直接在论文结尾处输入所参考文献的相关信息

　　B. 把所有参考文献信息保存在一个单独表格中，然后复制到论文结尾处

　　C. 利用 Word 中"管理源"和"插入书目"功能，在论文结尾处插入参考文献或书目列表

　　D. 利用 Word 中"插入尾注"功能，在论文结尾处插入参考文献或书目列表

4. 张某利用 Word 编辑一份书稿，出版社要求目录和正文的页码分别采用不同的格式，且均从第 1 页开始，最优操作方法是（　　）。

　　A. 将目录和正文分别存在两个文档中，分别设置页码

　　B. 在目录与正文之间插入分节符，在不同的节中设置不同的页码

　　C. 在目录与正文之间插入分页符，在分页符前后设置不同的页码

　　D. 在 Word 中不设置页码，将其转换为 PDF 格式再增加页码

5. 在 Word 中，若要显示文档在修订后的状态，并查看修订内容，应选择（　　）。

　　A. 显示标记的最终状态　　　　　　B. 原始状态

　　C. 显示标记的原始状态　　　　　　D. 最终状态

6. 李同学的毕业论文分别请两位老师进行了审阅，每位老师分别通过 Word 的修订功能对该论文进行了修改，现在，李同学要将两份经过修订的文档合并为一份，最优操作方法是（　　）。

　　A. 李同学在一份修订较多的文档中，将另一份修订较少的文档修改内容手动对照补充进去

　　B. 请一位老师在另一位老师修订后的文档中再进行一次修订

  C. 利用 Word 比较功能，将两位老师的修订合并到一个文档中

  D. 将修订较少的那部分舍弃，只保留修订较多的那份论文作为终稿

  7. 刘同学需要在 Word 文档中将应用了"标题 1"样式的所有段落格式调整为"段前、段后各 15 磅，单倍行距"，最优操作方法是（   ）。

    A. 将每个段落逐一设置为"段前、段后各 15 磅，单倍行距"

    B. 将其中一个段落设置为"段前、段后各 15 磅，单倍行距"，然后利用格式刷功能将格式提制到其他段落

    C. 修改"标题 1"样式，将其段落格式设置为"段前、段后各 15 磅，单倍行距"

    D. 利用查找替换功能，将"样式：标题 1"替换为"行距：单倍行距，段落间距段前：15 磅，段后：15 磅"

  8. 在对 Word 文档进行批注时，可根据需要对批注的（   ）进行修改设置。

    A. 样式   B. 格式   C. 段落   D. 宏

  9. 在 Word 文档中有一段应用了"标题 1"样式的文本，若需要使该段文本不允许他人修改，最优操作方法是（   ）。

    A. 选中该段文本，在"开始"选项卡下，"字体"功能组中，勾选"隐藏"复选框，将该段文字隐藏起来

    B. 选中该段文本，在"审阅"选项卡下，"保护"功能组中，勾选"格式设置限定"中的"限制对选定的样式设置格式"和勾选"编辑限制"中的"仅允许在文档中进行此类型的编辑"，并单击"是，强制保护"按钮，设置密码

    C. 选中该段文本，在"审阅"选项卡下，单击"批注"功能组中的"新建批注"命令，给该段文本添加批注信息，提示"禁止修改"字样

    D. 单击"文件"选项卡，在下拉列表中选择"另存为"命令，使用"工具"按钮中的"常规选项"，设置文件修改时的密码

  10. 在 Word 2010 中打开一个有 100 页的文档文件，能够快速准确地定位到 98 页的最优操作是（   ）。

    A. 利用 PageUp 键或 PageDown 键及光标上下移动键，定位到 98 页

    B. 拖拉垂直滚动条中的滚动块快速移动文档，定位到 98 页

    C. 单击垂直滚动条的上下按钮，快速移动文档，定位到 98 页

    D. 单击"开始"选项卡"编辑"功能组中的"查找\转到"，在对话框中输入页号 98，定位到 98 页

二、填空题

  1. Word 2010 常用选项卡共有"开始""插入"等 7 个，每个选项卡中包含有不同的操作命令组，称为_____。

  2. 在新建样式时，若要使此样式在此后每创建一个新文档时都能使用，应勾选_____复选框。

  3. Word 2010 窗口某些功能区的右下角带有"⌐"标记的按钮，称为_____按钮，单击该按钮，将会弹出一个对话框或任务窗格。

  4. 输入特殊符号，可以使用_____选项卡"符号"组中的"符号"下拉按钮，在打开"符号"面板选择所要插入的符号。

  5. 要查看文档中已使用过的样式和格式，可以从"样式和格式"窗格的"显示"列表中选

择_____。

6. 宏是一系列 Word 命令和指令，这些命令和指令组合在一起，形成了一个_____的命令，以实现任务执行的自动化。

三、上机操作题

1. 文档"工作年报.docx"是一篇从网上下载的文稿，保存在"素材\第 3 章"文件夹下，请打开该文档并按下列要求进行排版操作，完成后以"年终总结报告.docx"为文件名保存在指定路径下。

（1）删除文档中的西文空格，并将文档中全部"软回车"符号（手动换行符）全部改成"硬回车"符号（段落标记）；

（2）页面设置：设置纸张大小为 16 开，上、下页边距为 3cm，左右页边距为 2.5cm；

（3）利用"工作年报.docx"文档前三行内容制作一个封面页，令其独占一页（封面页样例见"素材\第 3 章"文件夹下的 "封面样例.png" 文件）；

（4）将文档中标题"（三）咨询情况"下蓝色标出的段落部分转换成表格，并为该表格套用一种表格样式使其更美观。基于该表格数据，在表格下方插入一个饼图，用于反映各咨询形式所占比例，饼图中仅显示百分比；

（5）设置文档中所有标题的样式，不同级别的标题样式应不同。如"一、""二、"等开头的段落设置为"标题 1"样式，"（一）""（二）"等开头的段落设置为"标题 2"样式，以"1.""2."等开头的段落设置为"标题 3"样式；

（6）在封面页和正文页之间插入目录，目录要求包含标题第 1~3 级及对应的页码。目录页独占一页；

（7）除封面页和目录页外，在正文页上添加页眉，内容为"年终总结报告"和页码，要求正文页码从第 1 页开始，其中奇数页眉居右显示，页码在页脚右侧，偶数页眉居左显示，页码在页脚左侧；

（8）使用修订功能，更改正文第 2 段中的错别字，并能在批注中显示修改者学号等内容；

（9）为正文第 3 段用红色标出的文字"统计局队政府网站"添加超链接，链接地址为"http://www.bjstats.gov.vn"。同时在"统计局队政府网站"后添加脚注，内容为 http://www.bjstats.gov.vn。

（10）启动强制保护功能，让他人只可为文档添加批注，不能进行其他修改。文档强制保护的密码为"321"。

（11）将完成排版的后以"年终总结报告.docx"为文件名保存，再另行生成一份同名的 PDF 文档进行保存。

提示

① 删除西文空格可利用"开始"选项卡"编辑"组中的"替换"功能。

查找内容为：空白区域，替换为：不选（即为空）。

② "软回车"更改为"硬回车"可利用"开始"选项卡"编辑"组中的"替换"功能。

查找内容为：手动换行符，替换为：段落标记。

---

2. 文档"互联网发展状况统计报告.docx"是从网上下载未经整理的原稿，已保存在"素材\第 3 章"文件夹下。按下列要求对该文档进行排版操作，并按原文件名保存在指定路径下。

（1）页面设置：纸张大小 A4，对称页边距，上、下页边距 2.5cm，内侧边距 2.5cm，外侧边距 2cm，装订线 1cm，页眉、页脚距边界 1.1cm。

（2）文档中包含 3 个级别的标题，其文字分别用不同的颜色显示。按表 3-1 对文档应用样式，并对样式格式进行设置。

表 3-1 文档样式

文字颜色	样 式	格 式
红色（章标题）	标题 1	小二号字、华文中宋、标准深蓝色，段前 1.5 行、段后 1 行，行距最小值 12 磅，居中，与下段同页
蓝色【用一、二、……标示的段落】	标题 2	小三号字、华文中宋、标准深蓝色，段前 1 行、段后 0.5 行，行距最小值 12 磅
绿色【用（一）（二）……标示的段落】	标题 3	小四号字、宋体、加粗、标准深蓝色，段前 12 磅、段后 6 磅，行距最小值 12 磅
除上述三个级别标题外的所有正文（不含表格、图表及题注）	正文	仿宋体，首行缩进 2 字符、1.25 倍行距、段后 6 磅、两端对齐

（3）为文档中用黄色底纹标出的文字"手机上网比例首超传统 PC"添加脚注，脚注位于页面底部，编号格式为①②……脚注内容为"网民最近半年使用过台式机或笔记本或同时使用台式机和笔记本统称为传统 PC 用户"。

（4）将"素材\第 3 章"文件夹下的"pic1.png"图片插入到文档中用浅绿色底纹标出的文字"调查总体细分图示"上方的空行中，在说明文字"调查总体细分图示"左侧添加格式如"图 1""图 2"的题注，添加完成后，将样式"题注"的格式修改为楷体、小五号字、居中。在图片上方用浅绿色底纹标出的文字的适当位置引用该题注。

（5）根据文档第二章中的表 1 内容生成一张如示例文件 chart.png 所示的图表，插入到表格后的空行中，并居中显示。要求图表的标题、纵坐标轴和拆线图的格式和位置与示例图相同。

（6）参照示例文件 cover.png，为文档设计封面，并对前言进行适当的排版。封面和前言必须位于同一节中，且无页眉页脚和页码。封面上的图片可复制"素材\第 3 章"文件夹下的"Logo.jg"图片，并进行适当剪裁。

（7）在前言内容和报告摘要之间插入自动目录，要求包含标题第 1~3 级及对应页码，目录的页眉居中插入文档标题属性信息，目录的页脚居中显示大写罗马数字 I、II 格式的页码，起始页码为 1，且从奇数页码开始。

（8）自报告摘要开始为正文。正文的页码格式为：自奇数页码开始，起始页码为 1，页码格式为阿拉伯数字 1、2、3……偶数页页眉内容依次显示为：页码、一个全角空格、文档属性中的作者信息，居左显示。奇数页页眉内容依次显示为：章标题、一个全角空格、页码、居右显示，并在页眉内容下添加横线。

（9）删除所有空格，完成后按原文件名保存在指定路径下。

提示 要生成题注可利用"引用"选项卡"题注"组中的"插入题注"命令来完成。

第4章
制作员工工资管理表

财务部门是每个单位中一个非常重要的部门，其中管理和发放工资是会计工作中比较重要的工作。在手工条件下，编制工资发放明细表较为复杂，并且单位员工越多，工作量越大，就越容易出错。利用 Excel 2010 软件可以帮我们快速制作员工工资管理系统，减轻工作负担，提高工作效率，规范工资核算。

员工工资管理关系到员工的基本工资记录、出勤记录及福利数据等内容，制作员工基本工资表能够汇总与管理这些数据。

4.1 获取外部数据

Excel 2010 可以获取的外部数据库文件类型有很多种，如 Access、FoxPro、dBase、SQL Server、Lotus、Oracle、HTML 文件、Web 档案、XML 文件和文本数据等。对于这些文件，Excel 都能访问，并能将这些文件转化为 Excel 中的表格形式。

4.1.1 通过"打开"命令获取

通过"打开"命令获取操作步骤如下。

步骤 1 启动 Excel 2010 后，选择"文件"|"打开"命令。

步骤 2 弹出"打开"对话框，在左侧窗格中单击文件存放的磁盘，如"DATA（D:）"，在右侧窗格列表框中单击文件存放的文件夹，并在"打开"对话框右下角设置文件类型为"所有文件（*.*）"，再在右侧窗格中选择要打开的文件，如选择"员工基本情况表.txt"文件，如图 4-1 所示。选中要打开的文件后，单击"打开"按钮，即可将文本文件的数据导入到 Excel 中。

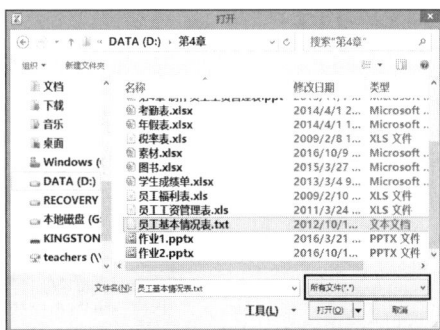

图 4-1 "打开"对话框

4.1.2 通过"获取外部数据"选项获取

通过"获取外部数据"选项获取操作步骤如下。

步骤 1 启动 Excel 2010 后，单击"数据"选项卡"获取外部数据"组中的"自文本"按钮，如图 4-2 所示，在弹出的"导入文本文件"对话框中，选择要导入的数据文件存放的位置。再单击"导入"按钮的获取文本格式的外部数据。

步骤 2 在弹出的"文本导入向导—第 1 步，共 3 步"对话框中，设置"文件原始格式"为"简体中文（GB2312）"，或其他简体中文版本，查看预览窗口显示的内容是否符合要求，再单击"下一步"按钮，如图 4-3 所示。

图 4-2 选择"自文本"命令

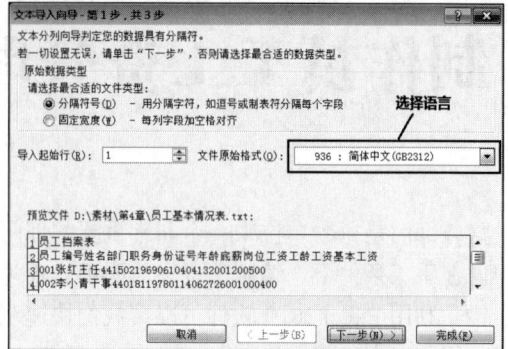

图 4-3 设置文件原始格式

步骤 3 在弹出的"文本导入向导—第 2 步，共 3 步"对话框中，设置分列数据所包含的分隔符号，默认为"Tab 键"，如图 4-4 所示。若在预览窗口可以看到分列的效果，则表明文本文件使用的是"Tab 键"分隔文本内容，若不能看到分列效果，则需要选择其他分隔符号查看预览。

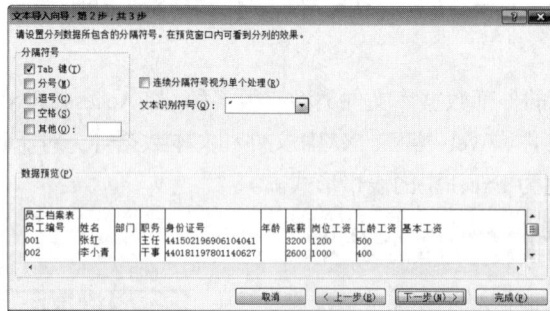

图 4-4 设置分隔符号

步骤 4 在弹出的"文本导入向导—第 3 步，共 3 步"对话框中，设置每列数据格式。选定所需要设置数据格式列，如"身份证号"列，再选择对应的数据格式"文本"，如图 4-5 所示。再单击"完成"按钮，按提示操作，文本文件就导入到 Excel 中，导入后，以"员工基本情况表.xlsx"为文件名保存在指定位置。

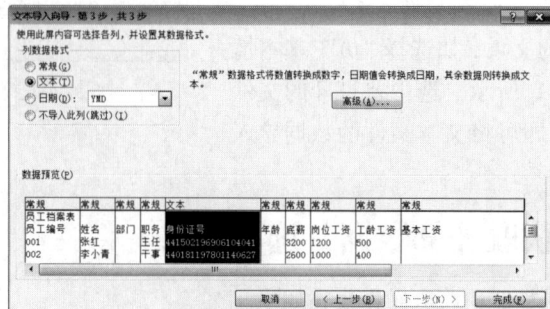

图 4-5 设置列数据格式

Excel 2010 还可以导入其他类型的数据，按操作提示完成即可。

小贴士

由于身份证号码有些是由 18 位数字符号组成，若不将"身份证号"列数据设置为"文本"格式，在导入 Excel 中由数字符号组成的身份证号就会变为科学记数法，数据会出错。

4.2　快速准确录入数据

4.2.1　快速录入"性别"列数据

快速录入"性别"列数据的操作步骤如下。

步骤 1　编辑数据。在 Excel 中打开"员工基本情况表.xlsx"，在"姓名"列右边插入"性别"列，如图 4-6 所示。

图 4-6　插入"性别"列

步骤 2　设置单元格格式。选中"C3:C22"单元格区域，鼠标右击选中区域，从弹出的快捷菜单选择"设置单元格格式"命令，弹出"设置单元格格式"对话框。选择"数字"选项卡，在"分类"列表框中单击"自定义"选项，然后在右侧的"类型"文本框中输入"[=1]'男';[=2]'女'"（除汉字外，其他符号都要在英文状态下输入），如图 4-7 所示。

步骤 3　快速录入数据。在"性别"列的单元格中输入"1"或者"2"，按下 Enter 键即可输入"男"或"女"，如图 4-8 所示。

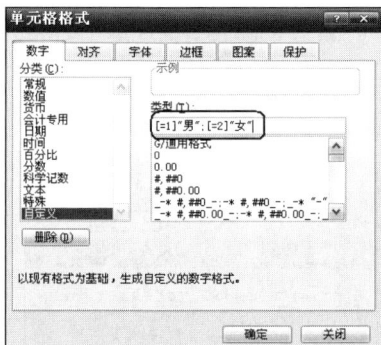

图 4-7　自定义数字格式

图 4-8　利用快捷方式输入性别

4.2.2 设置数据输入有效性

按单位人事工资制度中工龄工资规定：工龄工资最高不超过 1000 元，最低不低于 0。所以工龄工资为 0～1000；而单位的部门、员工的职务和员工的学历等是固定的，可制作为下拉列表从中选择即可。

为了尽量避免输入错误和提高工作效率，用户可以通过设置单元格格式、数据有效性等方法来提高输入数据的效率和准确性。

1. 设置"工龄工资"列数据的有效性

步骤 1　选择命令。选中"工龄工资"列中的所有单元格，然后单击"数据"选项卡"数据工具"组中"数据有效性"下拉按钮，再选择"数据有效性"命令。

步骤 2　"设置"选项卡设置。在弹出的"数据有效性"对话框中，单击"设置"选项卡，在"允许"下拉列表中选择"整数"，在"数据"下拉列表中选择"介于"；在"最小值"和"最大值"选项中分别输入 0 和 1000（可视具体情况而定），如图 4-9 所示。

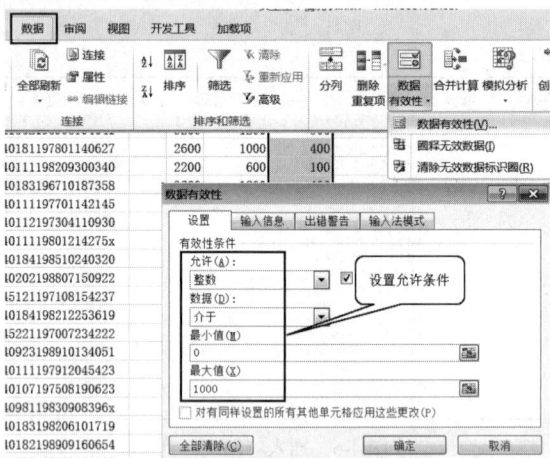

图 4-9　数据有效性设置

步骤 3　设置"出错警告"选项卡。切换到"出错警告"选项卡，在"样式"下拉列表中选择"停止"，在"标题"文本框中输入"输入值错误"，在"错误信息"文本框中输入"根据人事工资制度规定：工龄工资最高不超过 1000 元。"，如图 4-10 所示，最后单击"确定"按钮完成设置。

在进行了以上有效性设置后，就可以进行该有效性的验证了。如果输入不满足条件的数据时，系统就会弹出提示信息，如图 4-11 所示。以便用户即时发现并修改，从而有效地提高了工作效率和质量。

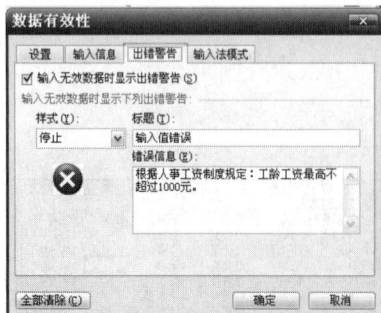

图 4-10　设置"出错警告"选项卡

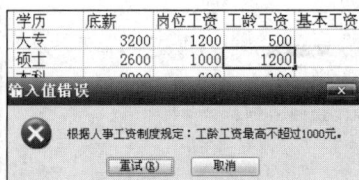

图 4-11　数据输入错误时的提示信息

根据规定和需要还可以对底薪、岗位工资以及姓名等列设置数据有效性。

2. 设置"部门"列数据的有效性

步骤 1　选择命令。选中"部门"列中的所有单元格，然后单击"数据"选项卡"数据工具"组中"数据有效性"下拉按钮，再选择"数据有效性"命令。

步骤 2　设置"数据有效性"。在弹出的"数据有效性"对话框中，单击"设置"选项卡，在"允许"下拉列表中选择"序列"，在"来源"文本框中输入"办公室,销售处,外联部,售后服务处,财务处,后勤处"，如图 4-12 所示，最后单击"确定"按钮完成设置。

提示　"来源"文本框中各个值之间的间隔逗号一定要在英文状态下输入。

完成"部门"列数据有效性设置后，其效果如图 4-13 所示。同样操作，还可以对职务、学历等列设置数据有效性。

图 4-12　设置"部门"列数据有效性

图 4-13　完成设置后效果图

所有数据录入并设置完成后如图 4-14 所示。

员工编号	姓名	性别	部门	职务	身份证号	出生年月	年龄	底薪	岗位工资	工龄工资	基本工资
1	张红	女	办公室	主任	441502196906104041			4700	1500	700	
2	李小青	男	销售处	干事	440181197801140627			4100	1000	600	
3	王敏	女	外联部	干事	440111198209300340			3700	1000	300	
4	陈晓	男	销售处	处长	440183196710187358			4700	1500	600	
5	冯珊珊	女	销售处	员工	440111197701142145			3300	800	400	
6	黄斌	男	销售处	员工	440112197304110930			3300	800	300	
7	姚小朋	男	财务处	员工	440111198012142275x			3300	800	300	
8	朱珠	女	财务处	处长	440184198510240320			4700	1500	500	
9	陈世豪	男	后勤处	干事	440202198807150922			4100	1000	400	
10	柳叶	男	外联部	干事	445121197108154237			4100	1000	300	
11	康其忠	男	办公室	干事	440184198212253619			3700	1000	300	
12	程明君	男	后勤处	处长	445221197007234222			4700	1500	500	
13	伍小薇	女	办公室	员工	440923198910134051			3300	800	600	
14	谢玲玲	女	售后服务处	员工	440111197912045423			3300	800	400	
15	余丽华	女	外联部	处长	440107197508190623			4700	1500	700	
16	卢俊峰	男	财务处	会计	440981198309083996x			4100	1000	500	
17	熊鸿焘	女	财务处	出纳	440183198206101719			3700	800	600	
18	杨莉	女	外联部	员工	440182198909160654			2700	800	500	
19	吴辉煌	男	后勤处	员工	441900197803254122			2700	800	400	
20	赵吕明	男	后勤处	员工	445281198404102802			2700	800	100	

图 4-14　数据录入设置完成效果图

4.3　使用公式和函数

公式是单元格中一系列值、单元格的引用、名称或运算符的组合，可生成新的值。可利用公式对工作表的数据进行加、减、乘、除等运算。在公式中，不但可以引用同一个工作表中的不同单元格，也可以引用同一工作簿中的不同工作表中的单元格，还能引用其他工作簿任意工作表中的单元格。

4.3.1　利用公式求基本工资

Excel 中的公式由等号、单元格和运算符号 3 部分组成，以"="开头，公式中也可以出现函数。公式实质上也是单元格数据，Excel 会将输入单元格中以等号开头的数据自动认为是公式。接下来介绍以简单公式求出"基本工资记录表"中的基本工资项，具体操作步骤如下所述。

步骤 1　输入公式。打开"员工基本情况表 xlsx"，在"基本工资"列中的单元格 L3 中输入公式"= I3 + J3 + K3"，如图 4-15 所示。

图 4-15　输入公式

步骤 2　确认公式输入。按编辑栏中的"✔"输入按钮输入公式，或直接按 Enter 键确认公式输入，此时单元格 L3 中的数据如图 4-16 所示。

图 4-16　输入公式得出计算结果

步骤 3　完成单元格填充。拖动 L3 单元格右下角的填充柄，用自动填充功能计算出所有员工的基本工资，如图 4-17 所示。

步骤 4　设置单元格格式。选中 I3:L22 单元格区域，用鼠标右击选中区域，在弹出的快捷菜单中选择"设置单元格格式"命令，弹出"设置单元格格式"对话框，在"数字"标签卡中选择

"会计专用"，再选择货币符号，设置小数位数，按"确定"按钮即可将选中单元格区域中的数字都设置为会计专用数据。

图 4-17　填充其他员工的基本工资

4.3.2　引用函数求年龄

函数是 Excel 2010 内置的一种复杂公式，其功能是完成某些特定计算。所有的函数都包括一个函数名和一系列参数，其格式为："函数名（参数值 1,参数值 2… ）"。函数名表示将执行的操作，参数是函数中用来执行操作或计算的数值。合理地使用函数，可以大大节省用户的输入时间，简化公式的输入。

步骤 1　求出生年月。身份证号包含了出生年月日信息，可以从身份证号中截取年月日信息。打开"员工基本情况表.xlsx"，先将"出生年月"列单元格格式设置为"日期"型，选择"*2001年 3 月 14 日"格式，再单击"出生年月"列中的单元格 G3，在其中输入公式"=DATE(MID(F3,7,4),MID(F3,11,2),MID(F3,13,2))"，如图 4-18 所示。按 Enter 键确认公式输入，则 G3 单元格显示"1969 年 6 月 10 日"。

图 4-18　输入公式求员工出生年月

步骤 2　完成指定单元格填充。拖动 G3 单元格右下角的填充柄，用自动填充功能计算出所有员工的出生年月。

步骤 3　求年龄。单击"年龄"列中的单元格 H3，在其中输入公式"＝ YEAR(TODAY())-

YRAR(G3)"公式，如图 4-19 所示。按 Enter 键确认公式输入，则 G3 单元格显示"1900 年 2 月 16 日"。

	A	B	C	D	E	F	G	H
H3			▼	fx	=YEAR(TODAY())−YEAR(G3)			
员工档案表								
员工编号	姓名	性别	部门	职务	身份证号	出生年月	年龄	
1	张红	女	办公室	主任	441502196906104041	1969年6月10日	1900年2月16日	
2	李小青	男	销售处	干事	440181197801140627	1978年1月14日		
3	王敏	女	外联部	干事	440111198209300340	1982年9月30日		
4	陈晓	男	销售处	处长	440183196710187358	1967年10月18日		
5	冯珊珊	女	销售处	员工	440111197701142145	1977年1月14日		
6	黄斌	男	销售处	员工	440112197304110930	1973年4月11日		
7	姚小朋	男	财务处	员工	440111198012142275x	1980年12月14日		
8	朱珠	女	财务处	处长	440184198510240320	1985年10月24日		
9	陈世豪	男	后勤处	干事	440202198807150922	1988年7月15日		
10	柳叶	男	外联部	干事	445121197108154237	1971年8月15日		
11	康其忠	男	办公室	干事	440184198212253619	1982年12月25日		
12	程明君	男	后勤处	处长	445221197007234222	1970年7月23日		
13	伍小薇	女	办公室	员工	440923198910134051	1989年10月13日		

图 4-19 输入公式计算员工年龄

步骤 4 设置单元格格式。右击"H3"单元格，从弹出的快捷菜选择"设置单元格格式"命令，弹出"设置单元格格式"对话框，选择"数字"选项卡，在"分类"列表框中单击"常规"选项，再单击"确定"按钮。返回工作表中，拖动 H3 单元格右下角的填充柄，用自动填充功能计算出所有员工的年龄，如图 4-20 所示。

🖉 小贴士

在计算员工出生年月时，引用了两个函数：DATE 和 MID。MID 函数用于从指定位置开始，提取用户指定的字符数。如 MID(F3,7,4)表示从身份证号第 7 位开始，返回 4 个字符。DATE 函数返回代表特定日期的序列号。如果在输入函数前，单元格格式为"常规"，则结果将设为日期格式。函数格式：DATE(year,month,day)。

在计算员工年龄时，引用了两个函数：YEAR 和 TODAY。YEAR 函数返回的是日期的年份值，是一个 1900～9999 的整数。TODAY 函数返回的是日期格式的系统当前日期。

	A	B	C	D	E	F	G	H
H3			▼	fx	=YEAR(TODAY())−YEAR(G3)			
员工档案表								
员工编号	姓名	性别	部门	职务	身份证号	出生年月	年龄	
1	张红	女	办公室	主任	441502196906104041	1969年6月10日	47	
2	李小青	男	销售处	干事	440181197801140627	1978年1月14日	38	
3	王敏	女	外联部	干事	440111198209300340	1982年9月30日	34	
4	陈晓	男	销售处	处长	440183196710187358	1967年10月18日	49	
5	冯珊珊	女	销售处	员工	440111197701142145	1977年1月14日	39	
6	黄斌	男	销售处	员工	440112197304110930	1973年4月11日	43	
7	姚小朋	男	财务处	员工	440111198012142275x	1980年12月14日	36	
8	朱珠	女	财务处	处长	440184198510240320	1985年10月24日	31	
9	陈世豪	男	后勤处	干事	440202198807150922	1988年7月15日	28	
10	柳叶	男	外联部	干事	445121197108154237	1971年8月15日	45	
11	康其忠	男	办公室	干事	440184198212253619	1982年12月25日	34	
12	程明君	男	后勤处	处长	445221197007234222	1970年7月23日	46	
13	伍小薇	女	办公室	员工	440923198910134051	1989年10月13日	27	
14	谢玲玲	女	售后服务处	员工	440111197912045423	1979年12月4日	37	
15	余丽华	女	外联部	处长	440107197508190623	1975年8月19日	41	
16	卢俊峰	男	财务处	会计	440981198309083396x	1983年9月8日	33	
17	熊鸿燕	女	财务处	出纳	440183198206101719	1982年6月10日	34	
18	杨莉	女	外联部	员工	440182198909160654	1989年9月16日	27	
19	吴辉煌	男	后勤处	员工	441900197803254122	1978年3月25日	38	
20	赵吕明	男	后勤处	员工	445281198404102802	1984年4月10日	32	

图 4-20 填充"年龄"列

4.4　创建员工考勤表

每个单位都有其考勤制度，员工每天上班、下班，午休出入均需打卡（共计每日 4 次）。工作时间一般规定为：上午 8:00～12:00；下午 14:30～17:30。

迟到、早退和旷工的奖惩制度如下。

（1）迟到、早退。员工迟到或早退在 1 小时以内，扣当月工资的 2%。

（2）旷工。员工迟到、早退 1 小时以上，记旷工一次，扣当月工资 10%。

（3）请假制度。请假的时间按小时计算，若一个月累计请假时间不超过 8 小时，则不扣工资。超过 8 小时以外的，4 小时以内按 0.5 天计算，4 小时以外的按 1 天计算。

（4）事假：员工因私人原因请假，事假期间不支付薪水。

（5）病假：员工因病请假，支付 80% 的薪水。

（6）对出全勤的员工，全勤奖为当月工资的 10%。

国家法定假日均支付全额薪水，因工作需要加班，加班费 100 元/天。

4.4.1　创建考勤表

创建考勤表的操作步骤如下。

步骤 1　设置工作表名称。在 Excel 中打开"素材\第 4 章"文件夹下的"考勤表.xlsx"，将其中的"Sheet1"工作表重命名为"12 月考勤表"。

步骤 2　工作日填充。在 E1 单元格中输入"12/1"日期型格式，拖动 E1 单元格右下角的填充柄填充日期，单击"自动填充选项"按钮，从展开的下拉列表中单击"以工作日填充"选项，如图 4-21 所示。此时系统会自动将周六和周日去掉，不计入考勤日期。

图 4-21　选择填充格式

步骤 3　设置单元格格式。鼠标右击选定 E2:Z2 单元格区域，从弹出的快捷菜单中选择"设置单元格格式"命令，弹出"设置单元格格式"对话框，选择"数字"选项卡，在"分类"列表框中单击"自定义"选项，然后在右侧的"类型"文本框中输入"d"日""（英文状态下输入符号）。单击"确定"按钮，返回工作表中，设置日期格式后效果如图 4-22 所示。

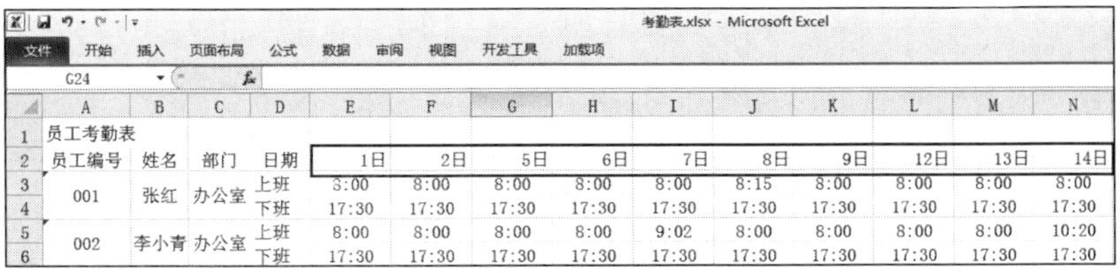

图 4-22　设置日期格式后的效果

4.4.2 利用函数统计出勤情况

根据单位考勤制度和迟到、早退和旷工的奖惩制度规定：上下班时间分别为 8:00 和 17:30；若大于 8:00 小于 9:00 上班的，则视为迟到，或大于 16:30 小于 17:30，则视为早退。若大于 9:00 上班或小于 16:30 下班则视为旷工。

步骤 1 录入列标题。在日期后的单元格中依次输入“迟到”“早退”“旷工”“病假”和“事假”等需要统计的列标题。并将这 5 列单元格对应于姓名行上下两两合并，如图 4-23 所示。

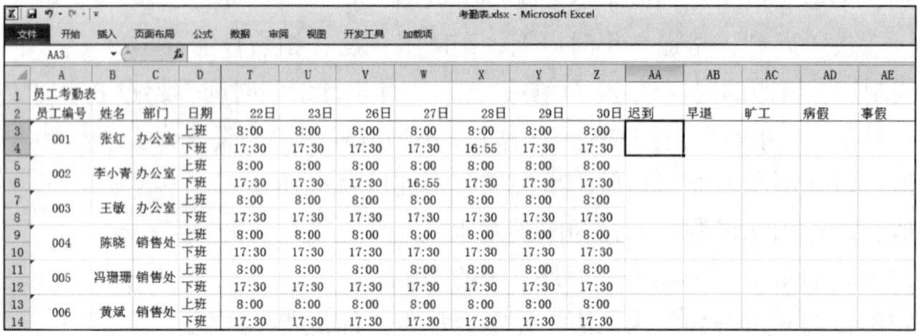

	A	B	C	D	T	U	V	W	X	Y	Z	AA	AB	AC	AD	AE
1	员工考勤表															
2	员工编号	姓名	部门	日期	22日	23日	26日	27日	28日	29日	30日	迟到	早退	旷工	病假	事假
3	001	张红	办公室	上班	8:00	8:00	8:00	8:00	8:00	8:00	8:00					
4				下班	17:30	17:30	17:30	17:30	16:55	17:30	17:30					
5	002	李小青	办公室	上班	8:00	8:00	8:00	8:00	8:00	8:00	8:00					
6				下班	17:30	17:30	17:30	16:55	17:30	17:30	17:30					
7	003	王敏	办公室	上班	8:00	8:00	8:00	8:00	8:00	8:00	8:00					
8				下班	17:30	17:30	17:30	17:30	17:30	17:30	17:30					
9	004	陈晓	销售处	上班	8:00	8:00	8:00	8:00	8:00	8:00	8:00					
10				下班	17:30	17:30	17:30	17:30	17:30	17:30	17:30					
11	005	冯珊珊	销售处	上班	8:00	8:00	8:00	8:00	8:00	8:00	8:00					
12				下班	17:30	17:30	17:30	17:30	17:30	17:30	17:30					
13	006	黄斌	销售处	上班	8:00	8:00	8:00	8:00	8:00	8:00	8:00					
14				下班	17:30	17:30	17:30	17:30	17:30	17:30	17:30					

图 4-23　输入统计项目和合并单元格

步骤 2 统计员工“迟到”结果。选中 AA3 单元格，在其中输入公式“=SUMPRODUCT((D3:Z3>TIMEVALUE(“8:00”))*(D3:Z3<=TIMEVALUE(“9:00”)))”，按下 Enter 键，统计出迟到的结果，如图 4-24 所示。

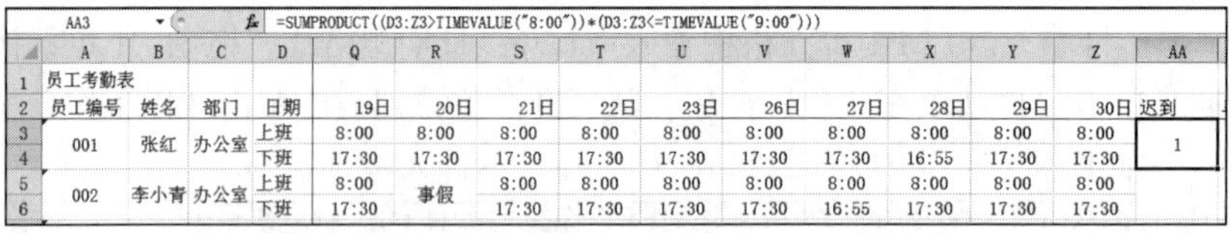

	A	B	C	D	Q	R	S	T	U	V	W	X	Y	Z	AA
1	员工考勤表														
2	员工编号	姓名	部门	日期	19日	20日	21日	22日	23日	26日	27日	28日	29日	30日	迟到
3	001	张红	办公室	上班	8:00	8:00	8:00	8:00	8:00	8:00	8:00	8:00	8:00	8:00	1
4				下班	17:30	17:30	17:30	17:30	17:30	17:30	17:30	16:55	17:30	17:30	
5	002	李小青	办公室	上班	8:00	事假	8:00	8:00	8:00	8:00	8:00	8:00	8:00	8:00	
6				下班	17:30		17:30	17:30	17:30	17:30	16:55	17:30	17:30	17:30	

图 4-24　统计迟到结果

小贴士

也可在在 AA3 单元格中输入“=SUMPRODUCT(1*(D3:Z3>TIMEVALUE("8:00")),1*(D3:Z3<=TIMEVALUE("9:00")))”公式。得到的结果是一样的。

步骤 3 统计员工“早退”结果。单击 AB3 单元格，在其中输入公式“= SUMPRODUCT((D4:Z4>TIMEVALUE(“16:30”))*(D4:Z4<TIMEVALUE(“17:30”)))”，按下 Enter 键，统计出早退的结果，如图 4-25 所示。

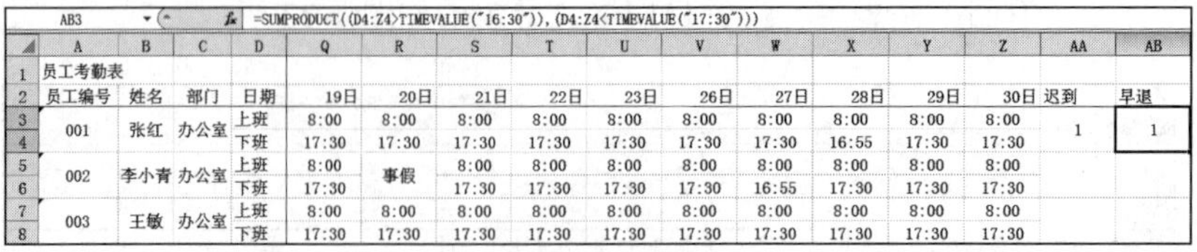

	A	B	C	D	Q	R	S	T	U	V	W	X	Y	Z	AA	AB
1	员工考勤表															
2	员工编号	姓名	部门	日期	19日	20日	21日	22日	23日	26日	27日	28日	29日	30日	迟到	早退
3	001	张红	办公室	上班	8:00	8:00	8:00	8:00	8:00	8:00	8:00	8:00	8:00	8:00	1	1
4				下班	17:30	17:30	17:30	17:30	17:30	17:30	17:30	16:55	17:30	17:30		
5	002	李小青	办公室	上班	8:00	事假	8:00	8:00	8:00	8:00	8:00	8:00	8:00	8:00		
6				下班	17:30		17:30	17:30	17:30	17:30	16:55	17:30	17:30	17:30		
7	003	王敏	办公室	上班	8:00	8:00	8:00	8:00	8:00	8:00	8:00	8:00	8:00	8:00		
8				下班	17:30	17:30	17:30	17:30	17:30	17:30	17:30	17:30	17:30	17:30		

图 4-25　统计早退结果

步骤 4 统计员工“旷工”结果。单击 AC3 单元格，在其中输入公式“=SUMPRODUCT

((D3:Z4>TIMEVALUE(“9:00”))*(D3:Z4<TIMEVALUE(“16:30”)))”，按下 Enter 键，统计出早退的结果，如图 4-26 所示。

AC3 =SUMPRODUCT((D3:Z4>TIMEVALUE("9:00"))*(D3:Z4<TIMEVALUE("16:30")))

	A	B	C	D	S	T	U	V	W	X	Y	Z	AA	AB	AC
1	员工考勤表														
2	员工编号	姓名	部门	日期	21日	22日	23日	26日	27日	28日	29日	30日	迟到	早退	旷工
3	001	张红	办公室	上班	8:00	8:00	8:00	8:00	8:00	8:00	8:00	8:00	1	1	0
4				下班	17:30	17:30	17:30	17:30	17:30	16:55	17:30	17:30			
5	002	李小青	办公室	上班	8:00	8:00	8:00	8:00	8:00	8:00	8:00	8:00			
6				下班	17:30	17:30	17:30	17:30	16:55	17:30	17:30	17:30			

图 4-26 统计旷工结果

步骤 5 统计员工“病假”结果。单击 AD3 单元格，在其中输入公式“= COUNTIF(D3:Z4,“病假”)”，按下 Enter 键，即可统计出员工请病假的结果，如图 4-27 所示。

步骤 6 统计员工“事假”结果。单击 AE3 单元格，在其中输入公式“= COUNTIF(D3:Z4,“事假”)”，按下 Enter 键，即可统计出员工请事假的结果，如图 4-28 所示。

AD3 =COUNTIF(D3:Z4,"病假")

	A	B	C	D	Z	AA	AB	AC	AD
1	员工考勤表								
2	员工编号	姓名	部门	日期	30日	迟到	早退	旷工	病假
3	001	张红	办公室	上班	8:00	1	1	0	1
4				下班	17:30				
5	002	李小青	办公室	上班	8:00				
6				下班	17:30				

图 4-27 统计病假结果

AE3 =COUNTIF(D3:Z4,"事假")

	A	B	C	D	Z	AA	AB	AC	AD	AE
1	员工考勤表									
2	员工编号	姓名	部门	日期	30日	迟到	早退	旷工	病假	事假
3	001	张红	办公室	上班	8:00	1	1	0	1	0
4				下班	17:30					
5	002	李小青	办公室	上班	8:00					
6				下班	17:30					

图 4-28 统计事假结果

步骤 7 完成数据填充。选中 AA3:AE3 单元格区域，然后将鼠标移至 AE3 单元格右下角处，当指针变为实心十字形时，按住鼠标左键拖至 AE41 时，释放鼠标左键，即可完成其他员工的考勤统计工作。

小贴士

在统计员工考勤时，引用了 3 个函数：SUMPRODUCT、TIMEVALUE 和 COUNTIF。

（1）数学函数 SUMPRODUCT：在给定的几组数组中，将数组间对应的元素相乘，并返回乘积之和。数组参数必须具有相同的维数，否则，函数 SUMPRODUCT 将返回错误值#VALUE!。函数 SUMPRODUCT 将非数值型的数组元素作为 0 处理。

语法：SUMPRODUCT（array1,array2,array3,…）

array1，array2，array3，…为 2~30 个数组，其相应元素需要进行相乘并求和。

例如：有两个数组 array1（3，4，8，6，1，9）和 array2（2，7，6，7，5，3），数据分布如图 4-29 所示，则函数 SUMPRODUCT(A2:B4, C2:D4) = (3 × 2 + 4 × 7 + 8 × 6 + 6 × 7 + 1 × 5 + 9 × 3) = 146。

	A	B	C	D
1	Array1	Array1	Array2	Array2
2	3	4	2	7
3	8	6	6	7
4	1	9	5	3

图 4-29 数组 Array1 和 Array2 数据分布表

（2）日期和时间函数 TIMEVALUE：返回由文本字符串所代表的时间的小数值。该小数值为 0~0.999999999 之间的数值，代表从 0:00:00 （12:00:00 AM）~23:59:59（11:59:59 PM）之间的时间。

语法：TIMEVALUE（time_text）

time_text 文本字符串，代表以 Excel 时间格式表示的时间（例如，代表时间的具有引号的文本字符串“6:45 PM”和“18:45”）。

例如：TIMEVALUE("2:24 AM")=0.1；

TIMEVALUE("22-Aug-2008 6:35 AM") = 0.274305556

（3）统计函数 COUNTIF：计算某区域中满足给定条件的单元格的个数。

语法：COUNTIF(range，criteria)

range 为需要计算其中满足条件的单元格数目的单元格区域。

criteria 为确定哪些单元格将被计算在内的条件，其形式可以为数字、表达式、单元格引用或文本。例如，B2:B4 区域中输入有 32、45、74、86 数据，则 COUNTIF(B2:B4,">45") = 2。

注意 在输入公式或函数时，所有的标点符号都要在英文状态下输入，即标点符号为英文标点符号。否则会出错。

4.5 创建出勤统计表

单位考勤制度中规定对于迟到、早退、旷工、病假和事假，按照考勤要求都要扣取部分工资。

4.5.1 编辑考勤表

编辑考勤表的操作步骤如下。

步骤 1 录入列标题。插入一新工作表，将其标签名改为"12 月份考勤统计表"，然后在工作表第 2 行输入表头字段：姓名、部门、迟到次数、早退次数、旷工、病假天数、事假天数、本月工资、应扣工资和全勤奖。

步骤 2 引用数据。使用引用公式引用"12 月考勤表"工作表中"姓名"数据。单击"12 月份考勤统计表"A2 单元格，在其中输入公式"= 12 月考勤表!B3"；或只输入"="，再单击"12 月考勤表"中对应的单元格如 B3，按 Enter 键确认输入，如图 4-30 所示。

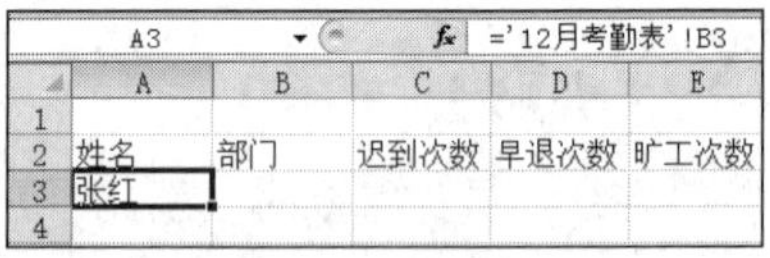

图 4-30　引用"12 月考勤表"数据

步骤 3 填充数据。利用自动填充功能填充该列中的其他单元格。

同理，可完成"部门"列数据引用和填充。

步骤 4 删除空白数据。由于"12 月考勤表"中"姓名""部门"列都是合并了 2 行单元格，完成自动填充后会出现很多空行，如图 4-31 所示。要删除多余空行，则需选定列标题下一行单元格（即第 3 行任一单元格），再单击"开始"选项卡"编辑"组中"排序和筛选"下拉按钮，在下拉菜单中选择"筛选"命令。再单击任一列标题右侧下拉按钮，取消"全选"前对勾，再勾选"0"前复选框，删除筛选出的数据，再勾选"全选"复选框即可。

步骤 5 输入表标题。在"12 月份考勤统计表"第一行中输入"2016 年 12 月份考勤统计表"标题，并将该标题合并居中。

小贴士

引用公式"= 12 月考勤表!B3"的含义是引用 12 月考勤表中 B3 单元格的数据，使用引用公式引用数据或保持数据同步更新。

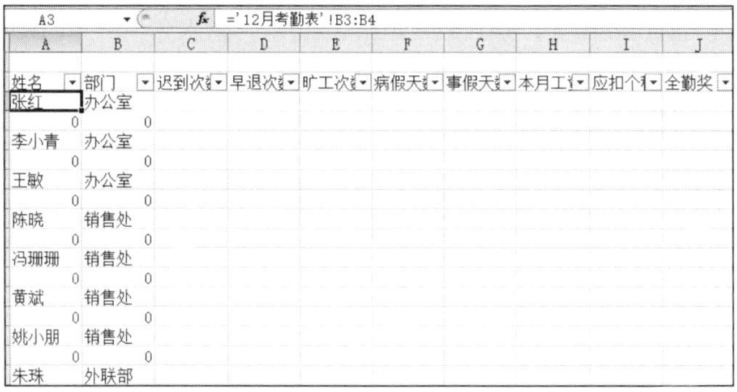

图 4-31　删除多余空行

4.5.2　不同工作表利用函数统计数据

不同工作表利用函数统计数据的操作步骤如下。

步骤 1　统计迟到次数。单击 C3 单元格，在其中输入公式 "=VLOOKUP(A3,'12 月考勤表'!$B$2:$AE$42,26,0)"，按 Enter 键即可得到该员工迟到的次数，并利用自动填充功能填充该列的其他单元格，如图 4-32 所示。

步骤 2　统计早退次数。单击 D3 单元格，在其中输入公式 "=VLOOKUP(A3,'12 月考勤表'!$B$2:$AE$42,27,0)"，按 Enter 键即可得到该员工早退的次数，并利用自动填充功能填充该列的其他单元格。

步骤 3　统计旷工次数。单击 E3 单元格，在其中输入公式 "=VLOOKUP(A3,'12 月考勤表'!$B$2:$AE$42,28,0)"，按 Enter 键即可得到该员工旷工的次数，并利用自动填充功能填充该列的其他单元格，如图 4-33 所示。

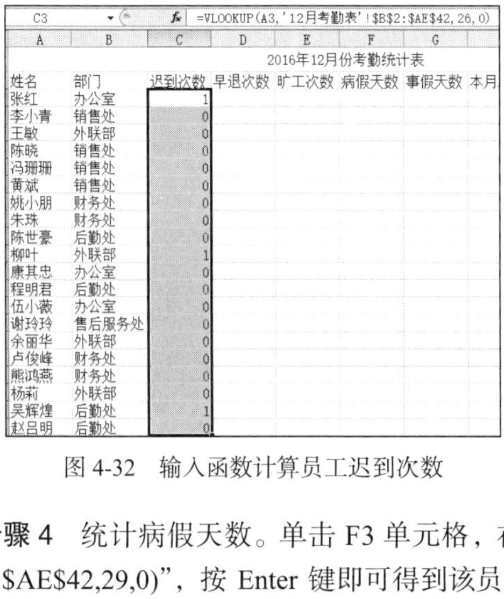

图 4-32　输入函数计算员工迟到次数

图 4-33　完成计算早退次数和旷工效果

步骤 4　统计病假天数。单击 F3 单元格，在其中输入公式 "=VLOOKUP(A3,'12 月考勤表'!$B$2:$AE$42,29,0)"，按 Enter 键即可得到该员工病假天数，并利用自动填充功能填充该列的其他单元格。

步骤 5　统计事假天数。单击 G3 单元格，在其中输入公式 "=VLOOKUP(A3,'12 月考勤表'!$B$2:$AE$42,30,0)"，按 Enter 键即可得到该员工事假天数，并利用自动填充功能填充该列的其他单元格。

步骤 6 引用基本工资数据。单击 H3 单元格，在其中输入公式“=VLOOKUP(A3,员工基本情况表.xlsx!$B$2:$L$22,11,0)”，按 Enter 键即可得到该员工事假天数，并利用自动填充功能填充该列的其他单元格。完成后的效果如图 4-34 所示。

H4　=VLOOKUP(A4,员工基本情况表.xlsx!$B$2:$L$22,11,0)

A	B	C	D	E	F	G	H	I
2016年12月份考勤统计表								
姓名	部门	迟到次数	早退次数	旷工次数	病假天数	事假天数	本月工资	应扣个
张红	办公室	1	1	0	1	0	¥ 6,900.00	
李小青	销售处	0	1	2	0	1	¥ 5,700.00	
王敏	外联部	0	0	1	0	0	¥ 5,000.00	
陈晓	销售处	0	0	0	0	0	¥ 6,800.00	
冯珊珊	销售处	0	0	0	1	0	¥ 4,500.00	
黄斌	销售处	0	0	3	0	0	¥ 4,400.00	
姚小朋	财务处	0	0	2	0	0	¥ 4,400.00	
朱珠	财务处	0	1	2	0	1	¥ 6,700.00	
陈世豪	后勤处	0	0	0	0	0	¥ 5,500.00	
柳叶	外联部	1	1	0	0	0	¥ 5,400.00	
康其忠	办公室	0	1	2	1	0	¥ 5,000.00	
程明君	后勤处	0	0	1	0	0	¥ 6,700.00	
伍小薇	办公室	0	0	0	0	0	¥ 4,700.00	
谢玲玲	售后服务处	0	0	0	0	0	¥ 4,500.00	
余丽华	外联部	0	0	3	0	0	¥ 6,900.00	
卢俊峰	财务处	0	0	1	0	0	¥ 5,600.00	
熊鸿燕	财务处	0	1	2	0	1	¥ 5,100.00	
杨莉	外联部	0	0	1	0	0	¥ 4,000.00	
吴辉煌	后勤处	1	1	0	1	0	¥ 3,900.00	
赵吕明	后勤处	0	1	0	0	1	¥ 3,600.00	

图 4-34　输入函数求基本工资项数据

小贴士

在统计迟到、早退等数据时引用了一个查找函数 VLOOKUP。

VLOOKUP 函数的作用是在表格或数值数组的首列查找指定的数值，并由此返回表格或数组当前行中指定列的数值。

语法：VLOOKUP(lookup_value,table_array,col_index_num,range_lookup)

lookup_value：为需要在数组第一列中查找的数值。lookup_value 可以为数值、引用或文本字符串。

table_array：为需要在其中查找数据的数据表。可以使用对区域或区域名称的引用，如数据库或列表。

注意　table_array 选择区域时，必须要以 lookup_value 参数选定值为首列开始进行选择，不管前面还有没有其他数据。

col_index_num：为 table_array 中待返回的所求参数的列序号。返回 table_array 第一列中的数值；col_index_num 为 2，返回 table_array 第二列中的数值，依此类推。如果 col_index_num 小于 1，函数 VLOOKUP 返回错误值值#VALUE!；如果 col_index_num 大于 table_array 的列数，函数 VLOOKUP 返回错误值#REF!。

例如：统计迟到天数时，迟到是位于所选区域“'12 月考勤表'!$B$2:$AE$42”第 26 列，所以在此参数中输入 26。

range_lookup：为一逻辑值，指明函数 VLOOKUP 返回时是精确匹配还是近似匹配。如果为 TRUE 或省略，则返回近似匹配值，也就是说，如果找不到精确匹配值，则返回小于 lookup_value 的最大数值；如果 range_value 为 FALSE，函数 VLOOKUP 将返回精确匹配值。如果找不到，则返回错误值#N/A。

例如：搜索大气特征表的“密度”列以查找“粘度”和“温度”列中对应的值，数据输入如图 4-35 所示。

VLOOKUP（1,A2:C10,2）= 2.17。此公式使用近似匹配搜索 A 列中的值 1，在 A 列中找到小于等于 1 的最大值 0.946，然后返回同一行中 B 列的值。

VLOOKUP（1,A2:C10,3,TRUE）= 100。此公式使用近似匹配搜索 A 列中的值 1，在 A 列中找到小于等于 1 的最大值 0.946，然后返回同一行中 C 列的值。

	A	B	C
1	密度	粘度	温度
2	0.457	3.55	500
3	0.525	3.25	400
4	0.616	2.93	300
5	0.675	2.75	250
6	0.746	2.57	200
7	0.835	2.38	150
8	0.946	2.17	100
9	1.09	1.95	50
10	1.29	1.71	0

图 4-35　大气特征相关数据表

VLOOKUP(0.7,A2:C10,3,FALSE) = #N/A。此公式使用精确匹配在 A 列中搜索值 0.7。因为 A 列中没有精确匹配的值，所以返回一个错误值。

步骤 7　计算应扣工资。制度中规定：迟到和早退扣工资的 2%/次；旷工扣工资的 10%/次；病假扣当天工资的 20%；事假扣当天工资。单击 I3 单元格，在其中输入公式“=IF(C3>0,H3*0.02*C3) + IF(D3>0,H3*0.02*D3) + IF(E3>0,H3*0.1*E3) + IF(F3>0,H3/22*0.2*F3)+IF(G3>0,H3/22*G3)”，按 Enter 键即可得到第一名员工应扣的工资，利用自动填充功能填充该列的其他单元格，并设置数字格式为数值，保留小数点 2 位，如图 4-36 所示。

I3　=IF(C3>0, H3*0.02*C3)+IF(D3>0, H3*0.02*D3)+IF(E3>0, H3*0.1*E3)+IF(F3>0, H3/22*0.2*F3)+IF(G3>0, H3/22*G3)

2016年12月份考勤统计表

姓名	部门	迟到次数	早退次数	旷工次数	病假天数	事假天数	本月工资	应扣工资	全勤奖
张红	办公室	1	1	0	1	0	¥ 6,900.00	338.73	
李小青	销售处	0	1	2	0	1	¥ 5,700.00	1513.09	
王敏	外联部	0	0	1	0	0	¥ 5,000.00	500.00	
陈晓	销售处	0	0	0	0	0	¥ 6,800.00	0.00	
冯珊珊	销售处	0	0	0	1	0	¥ 4,500.00	40.91	
黄斌	销售处	0	0	3	0	0	¥ 4,400.00	1320.00	
姚小朋	财务处	0	0	2	0	0	¥ 4,400.00	880.00	
朱珠	财务处	0	1	2	0	1	¥ 6,700.00	1778.55	
陈世豪	后勤处	0	0	0	0	0	¥ 5,500.00	0.00	
柳叶	外联部	1	1	0	0	0	¥ 5,400.00	216.00	
康其忠	办公室	0	1	2	1	0	¥ 5,000.00	1145.45	
程明君	后勤处	0	0	1	0	0	¥ 6,700.00	670.00	
伍小薇	办公室	0	0	0	0	0	¥ 4,700.00	0.00	
谢玲玲	售后服务处	0	0	0	0	0	¥ 4,500.00	0.00	
余丽华	外联部	0	0	3	0	0	¥ 6,900.00	2070.00	
卢俊峰	财务处	0	0	1	0	0	¥ 5,600.00	560.00	
熊鸿燕	财务处	0	1	2	0	1	¥ 5,100.00	1353.82	
杨莉	外联部	0	0	1	0	0	¥ 4,000.00	400.00	
吴辉煌	后勤处	1	1	0	1	0	¥ 3,900.00	191.45	
赵吕明	后勤处	0	1	0	0	1	¥ 3,600.00	235.64	

图 4-36　计算应扣工资

步骤 8　计算全勤奖。根据全勤奖制度，应奖励全勤员工当月工资的 10%作为奖金。单击 J3 单元格，在其中输入公式“= IF(I3 = 0,H3*0.1,0)”，使用自动填充功能完成该列数据的填充。数据保留 2 位小数，如图 4-37 所示。

J3　=IF(I3=0, H3*0.1, 0)

2016年12月份考勤统计表

姓名	部门	迟到次数	早退次数	旷工次数	病假天数	事假天数	本月工资	应扣工资	全勤奖
张红	办公室	1	1	0	1	0	¥ 6,900.00	338.73	0
李小青	销售处	0	1	2	0	1	¥ 5,700.00	1513.09	0
王敏	外联部	0	0	1	0	0	¥ 5,000.00	500.00	0
陈晓	销售处	0	0	0	0	0	¥ 6,800.00	0.00	680
冯珊珊	销售处	0	0	0	1	0	¥ 4,500.00	40.91	0
黄斌	销售处	0	0	3	0	0	¥ 4,400.00	1320.00	0
姚小朋	财务处	0	0	2	0	0	¥ 4,400.00	880.00	0
朱珠	财务处	0	1	2	0	1	¥ 6,700.00	1778.55	0
陈世豪	后勤处	0	0	0	0	0	¥ 5,500.00	0.00	550
柳叶	外联部	1	1	0	0	0	¥ 5,400.00	216.00	0
康其忠	办公室	0	1	2	1	0	¥ 5,000.00	1145.45	0
程明君	后勤处	0	0	1	0	0	¥ 6,700.00	670.00	0
伍小薇	办公室	0	0	0	0	0	¥ 4,700.00	0.00	470
谢玲玲	售后服务处	0	0	0	0	0	¥ 4,500.00	0.00	450
余丽华	外联部	0	0	3	0	0	¥ 6,900.00	2070.00	0
卢俊峰	财务处	0	0	1	0	0	¥ 5,600.00	560.00	0
熊鸿燕	财务处	0	1	2	0	1	¥ 5,100.00	1353.82	0
杨莉	外联部	0	0	1	0	0	¥ 4,000.00	400.00	0
吴辉煌	后勤处	1	1	0	1	0	¥ 3,900.00	191.45	0
赵吕明	后勤处	0	1	0	0	1	¥ 3,600.00	235.64	0

图 4-37　计算全勤奖

> **小贴士**
>
> 逻辑函数 IF 的作用是执行真假值判断，根据逻辑计算的真假值，返回不同结果。
>
> IF 函数的语法：IF(logical_test,value_if_true,value_if_false)。最多可嵌套 7 层。
>
> logical_test：表示计算结果为 TRUE 或 FALSE 的任意值或表达式。
>
> value_if_true：logical_test 为 TRUE 时返回的值。
>
> value_if_false：logical_test 为 FALSE 时返回的值。
>
> 例如：A1 = 40，IF(A1< = 100,"努力！","很好！") = 努力！，此公式表示如果 A1 的数字小于等于 100，则公式将显示"努力！"，否则，公式显示"很好！"。

4.6　创建并编辑员工工资管理表

员工工资管理涉及员工的基本工资记录、出勤记录及福利数据等内容，因此员工工资管理表应该能够汇总与管理这些数据。

4.6.1　创建员工工资管理表

创建员工工资管理表操作步骤如下。

步骤 1　输入标题和列标题。新建一新工作薄，将"Sheet1"工作表标签改为"12 月份工资管理表"。然后在工作表中输入标题"员工工资管理表"，在第 2 行输入表头字段：月份、员工编号、姓名、部门、基本工资、住房补贴、交通补贴、全勤奖、考勤扣款、社保金、应发工资、应扣个税和实发工资，然后以 "员工工资管理表.xlsx"为文件名保存在指定文件夹中。

步骤 2　引用数据。使用引用公式引用"员工基本情况表"中"员工编号""姓名""部门""基本工资"等列数据，如选定"12 月份工资管理表"A3 单元格，在编辑栏中输入"=员工基本情况表.xlsx!A3"，即可返回"员工编号"列数据，其他返回列数据操作类似，完成后如图 4-38 所示。也可以用 VLOOKUP 函数求。

步骤 3　输入"月份"列数据。先选中 A3:A22 单元格区域，设置单元格式格式如图 4-39 所示。然后在 A3 单元格中输入"2016-12"，再按住 Ctrl 键把月份复制到相应的单元格。

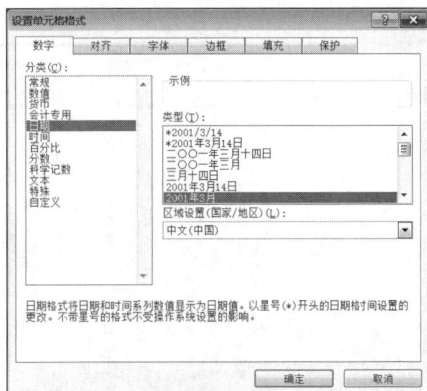

图 4-38　引用数据　　　　　　　图 4-39　设置"月份"单元格格式

步骤 4 引用“员工福利表”数据。打开“素材\第 4 章”文件夹下的“员工福利表.xlsx”，返回“12 月份工资管理表”，单击 F3 单元格，在其中输入公式“=VLOOKUP(C3,[员工福利表.xlsx]Sheet1!$B$2:$F$22,3,0)”，将“员工福利表”中“住房补贴”列数据返回到“12 月份工资管理表.xlsx”对应列中。

同理，在“12 月份工资管理表”G3 单元格中输入公式“=VLOOKUP(C3,[员工福利表.xlsx]Sheet1!$B$2:$F$22,4,0)”，在“12 月份工资管理表”J3 中输入公式“=VLOOKUP(C3,[员工福利表.xlsx]Sheet1!$B$2:$F$22,5,0) ，则“员工福利表”中“交通补贴”和“社保金”列数据返回到“12 月份工资管理表.xlsx”对应列中，填充完所选列数据，完成后如图 4-40 所示。

J3 =VLOOKUP(C3,[员工福利表.xlsx]Sheet1!$B$2:$F$22,5,0)

A	B	C	D	E	F	G	H	I	J
员工工资管理表									
月份	员工编号	姓名	部门	基本工资	住房补贴	交通补贴	全勤奖	考勤扣款	社保金
2016年12月	1	张红	办公室	¥ 6,900.00	300	300			400
2016年12月	2	李小青	销售处	¥ 5,700.00	300	200			300
2016年12月	3	王敏	外联部	¥ 5,000.00	300	200			300
2016年12月	4	陈晓	销售处	¥ 6,800.00	300	300			500
2016年12月	5	冯珊珊	销售处	¥ 4,500.00	300	200			400
2016年12月	6	黄斌	销售处	¥ 4,400.00	300	200			300
2016年12月	7	姚小朋	财务处	¥ 4,400.00	300	200			300
2016年12月	8	朱珠	财务处	¥ 6,700.00	300	300			400
2016年12月	9	陈世豪	后勤处	¥ 5,500.00	300	200			300
2016年12月	10	柳叶	外联部	¥ 5,400.00	300	200			300
2016年12月	11	康其忠	办公室	¥ 5,000.00	300	200			300
2016年12月	12	程明君	后勤处	¥ 6,700.00	300	300			300
2016年12月	13	伍小薇	办公室	¥ 4,700.00	300	200			300
2016年12月	14	谢玲玲	售后服务处	¥ 4,500.00	300	200			300
2016年12月	15	余丽华	外联部	¥ 6,900.00	300	300			500
2016年12月	16	卢俊峰	财务处	¥ 5,600.00	300	200			400
2016年12月	17	熊鸿燕	财务处	¥ 5,100.00	300	200			300
2016年12月	18	杨莉	外联部	¥ 4,000.00	300	200			300
2016年12月	19	吴辉煌	后勤处	¥ 3,900.00	300	200			300
2016年12月	20	赵吕明	后勤处	¥ 3,600.00	300	200			300

图 4-40 引用“员工福利表”数据

步骤 5 引用“12 月份考勤统计表”中“应扣工资”和“全勤奖”两列数据。在“员工工资管理表”中分别单击 H3 和 I3 单元格，在其中分别输入引用公式“=VLOOKUP(C3,'[考勤表.xlsx]12 月份考勤统计表'!$A$2:$J$22,10,0)”和“=VLOOKUP(C3,'[考勤表.xlsx]12 月份考勤统计表'!$A$2:$J$22,9,0)”，再选中 H3:I3 单元格区域，利用填充柄填充完其余数据，完成后如图 4-41 所示。

H3 =VLOOKUP(C3,'[考勤表.xlsx]12月份考勤统计表'!$A$2:$J$22,10,0)

A	B	C	D	E	F	G	H	I	J
员工工资管理表									
月份	员工编号	姓名	部门	基本工资	住房补贴	交通补贴	全勤奖	考勤扣款	社保金
2016年12月	1	张红	办公室	¥ 6,900.00	300	300	0	338.73	400
2016年12月	2	李小青	销售处	¥ 5,700.00	300	200	0	1513.09	300
2016年12月	3	王敏	外联部	¥ 5,000.00	300	200	0	500.00	300
2016年12月	4	陈晓	销售处	¥ 6,800.00	300	300	680	0.00	500
2016年12月	5	冯珊珊	销售处	¥ 4,500.00	300	200	0	40.91	400
2016年12月	6	黄斌	销售处	¥ 4,400.00	300	200	0	1320.00	300
2016年12月	7	姚小朋	财务处	¥ 4,400.00	300	200	0	880.00	300
2016年12月	8	朱珠	财务处	¥ 6,700.00	300	300	0	1778.55	400
2016年12月	9	陈世豪	后勤处	¥ 5,500.00	300	200	550	0.00	300
2016年12月	10	柳叶	外联部	¥ 5,400.00	300	200	0	216.00	300
2016年12月	11	康其忠	办公室	¥ 5,000.00	300	200	0	1145.45	300
2016年12月	12	程明君	后勤处	¥ 6,700.00	300	300	0	670.00	300
2016年12月	13	伍小薇	办公室	¥ 4,700.00	300	200	470	0.00	300
2016年12月	14	谢玲玲	售后服务处	¥ 4,500.00	300	200	450	0.00	300
2016年12月	15	余丽华	外联部	¥ 6,900.00	300	300	0	2070.00	500
2016年12月	16	卢俊峰	财务处	¥ 5,600.00	300	200	0	560.00	400
2016年12月	17	熊鸿燕	财务处	¥ 5,100.00	300	200	0	1353.82	300
2016年12月	18	杨莉	外联部	¥ 4,000.00	300	200	0	400.00	300
2016年12月	19	吴辉煌	后勤处	¥ 3,900.00	300	200	0	191.45	300
2016年12月	20	赵吕明	后勤处	¥ 3,600.00	300	200	0	235.64	300

图 4-41 引用“12 月份考勤统计表”数据

步骤 6 设置数据格式。在“员工工资管理表”中，右击选中的 F3:M22 单元格区域，从弹出的快捷菜单中选择“设置单元格格式”命令，弹出“设置单元格格式”对话框，选择“数字”选项卡，在“分类”列表框中单击“会计专用”选项，选择货币符号样式并保留 2 位小数。完成后的效果如图 4-42 所示。

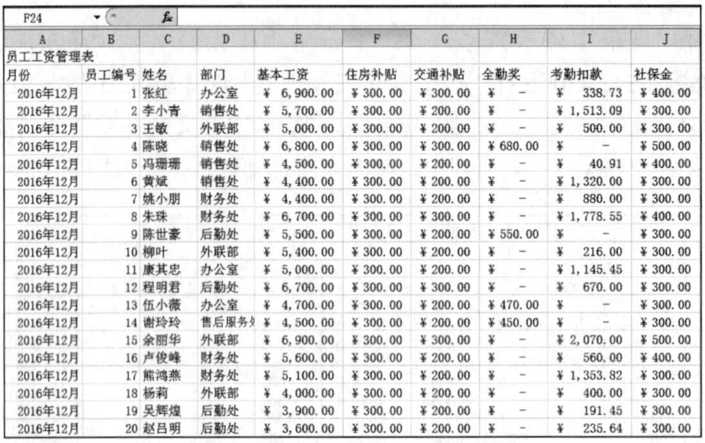

F24

A	B	C	D	E	F	G	H	I	J
员工工资管理表									
月份	员工编号	姓名	部门	基本工资	住房补贴	交通补贴	全勤奖	考勤扣款	社保金
2016年12月	1	张红	办公室	¥ 6,900.00	¥ 300.00	¥ 300.00	¥ -	¥ 338.73	¥ 400.00
2016年12月	2	李小青	销售处	¥ 5,700.00	¥ 300.00	¥ 200.00	¥ -	¥ 1,513.09	¥ 300.00
2016年12月	3	王敏	外联部	¥ 5,000.00	¥ 300.00	¥ 200.00	¥ -	¥ 500.00	¥ 300.00
2016年12月	4	陈晓	销售处	¥ 6,800.00	¥ 300.00	¥ 300.00	¥ 680.00	¥ -	¥ 500.00
2016年12月	5	冯珊珊	销售处	¥ 4,500.00	¥ 300.00	¥ 200.00	¥ -	¥ 40.91	¥ 400.00
2016年12月	6	黄斌	销售处	¥ 4,400.00	¥ 300.00	¥ 200.00	¥ -	¥ 1,320.00	¥ 300.00
2016年12月	7	姚小朋	财务处	¥ 4,400.00	¥ 300.00	¥ 200.00	¥ -	¥ 880.00	¥ 300.00
2016年12月	8	朱珠	财务处	¥ 6,700.00	¥ 300.00	¥ 300.00	¥ -	¥ 1,778.55	¥ 400.00
2016年12月	9	陈世豪	后勤处	¥ 5,500.00	¥ 300.00	¥ 200.00	¥ 550.00	¥ -	¥ 300.00
2016年12月	10	柳叶	外联部	¥ 5,400.00	¥ 300.00	¥ 200.00	¥ -	¥ 216.00	¥ 300.00
2016年12月	11	康其忠	办公室	¥ 5,000.00	¥ 300.00	¥ 200.00	¥ -	¥ 1,145.45	¥ 300.00
2016年12月	12	程明君	后勤处	¥ 6,700.00	¥ 300.00	¥ 300.00	¥ -	¥ 670.00	¥ 300.00
2016年12月	13	伍小薇	办公室	¥ 4,700.00	¥ 300.00	¥ 200.00	¥ 470.00	¥ -	¥ 300.00
2016年12月	14	谢玲玲	售后服务处	¥ 4,500.00	¥ 300.00	¥ 200.00	¥ 450.00	¥ -	¥ 300.00
2016年12月	15	余丽华	外联部	¥ 6,900.00	¥ 300.00	¥ 300.00	¥ -	¥ 2,070.00	¥ 500.00
2016年12月	16	卢俊峰	财务处	¥ 5,600.00	¥ 300.00	¥ 200.00	¥ -	¥ 560.00	¥ 400.00
2016年12月	17	熊鸿燕	财务处	¥ 5,100.00	¥ 300.00	¥ 200.00	¥ -	¥ 1,353.82	¥ 300.00
2016年12月	18	杨莉	外联部	¥ 4,000.00	¥ 300.00	¥ 200.00	¥ -	¥ 400.00	¥ 300.00
2016年12月	19	吴辉煌	后勤处	¥ 3,900.00	¥ 300.00	¥ 200.00	¥ -	¥ 191.45	¥ 300.00
2016年12月	20	赵吕明	后勤处	¥ 3,600.00	¥ 300.00	¥ 200.00	¥ -	¥ 235.64	¥ 300.00

图 4-42　设置数据格式完成后的效果

4.6.2　公式和函数运用

一般工资表中都包含所得税一项，而所得税是根据员工的应发工资进行计算的。而“应发工资”是利用“员工工资管理表”中的“基本工资”“住房补贴”“交通补贴”“全勤奖”等计算得出的。“实发工资”是“应发工资”减去“所得税”“考勤扣款”“社保金”得出来的。

在“员工工资管理表”中至少要建立 3 个公式，一个是计算“所得税”，一个是计算“应发工资”，还有一个是计算“实发工资”。

根据纳税规定个人取得工资、薪金所得，以每月收入额减去费用 3500 元后的余额为应纳税所得额。

表 4-1 中列出了所得税税率即速算扣除数。从表中可看到所得税是累进税率，在计算中应考虑到需要对不同的应纳税所得额选用不同的税率和扣除金额。

表 4-1　　所得税税率及扣除金额（工资、薪金所得适用）

应纳锐所得额	税率（%）	速算扣除数
＜1500	3	0
1500～4500	10	105
4500～9000	20	555
9000～35000	25	1005
35000～55000	30	2755
55000～80000	35	5505
≥=80000	45	13505

步骤 1　输入公式。在“应发工资”列 K3 单元格中输入公式“=E3+F3+G3+H3−I3−J3”，或用鼠标单击引用相应的单元格，按下 Enter 键，将根据公式计算出相应的值。拖动 K3 单元格右下角的填充柄，用自动填充功能计算出所有员工的应发工资，如图 4-43 所示。

K3　=E3+F3+G3+H3-I3-J3

A	B	C	D	E	F	G	H	I	J	K
员工工资管理表										
月份	员工编号	姓名	部门	基本工资	住房补贴	交通补贴	全勤奖	考勤扣款	社保金	应发工资
2016年12月	1	张红	办公室	¥ 6,900.00	¥ 300.00	¥ 300.00	¥ -	¥ 338.73	¥ 400.00	¥ 6,761.27
2016年12月	2	李小青	销售处	¥ 5,700.00	¥ 300.00	¥ 200.00	¥ -	¥ 1,513.09	¥ 300.00	¥ 4,386.91
2016年12月	3	王敏	外联部	¥ 5,000.00	¥ 300.00	¥ 200.00	¥ -	¥ 500.00	¥ 300.00	¥ 4,700.00
2016年12月	4	陈晓	销售处	¥ 6,800.00	¥ 300.00	¥ 300.00	¥680.00	¥ -	¥ 500.00	¥ 7,580.00
2016年12月	5	冯珊珊	销售处	¥ 4,500.00	¥ 300.00	¥ 200.00	¥ -	¥ 40.91	¥ 400.00	¥ 4,559.09
2016年12月	6	黄斌	销售处	¥ 4,400.00	¥ 300.00	¥ 200.00	¥ -	¥ 1,320.00	¥ 300.00	¥ 3,280.00
2016年12月	7	姚小朋	财务处	¥ 4,400.00	¥ 300.00	¥ 200.00	¥ -	¥ 880.00	¥ 300.00	¥ 3,720.00
2016年12月	8	朱珠	财务处	¥ 6,700.00	¥ 300.00	¥ 300.00	¥ -	¥ 1,778.55	¥ 400.00	¥ 5,121.45
2016年12月	9	陈世豪	后勤处	¥ 5,500.00	¥ 300.00	¥ 200.00	¥550.00	¥ -	¥ 300.00	¥ 6,250.00
2016年12月	10	柳叶	外联部	¥ 5,400.00	¥ 300.00	¥ 200.00	¥ -	¥ 216.00	¥ 300.00	¥ 5,384.00
2016年12月	11	康其忠	办公室	¥ 5,000.00	¥ 300.00	¥ 200.00	¥ -	¥ 1,145.45	¥ 300.00	¥ 4,054.55
2016年12月	12	程明君	后勤处	¥ 6,700.00	¥ 300.00	¥ 300.00	¥ -	¥ 670.00	¥ 300.00	¥ 6,330.00
2016年12月	13	伍小薇	办公室	¥ 4,700.00	¥ 300.00	¥ 200.00	¥470.00	¥ -	¥ 300.00	¥ 5,370.00
2016年12月	14	谢玲玲	售后服务处	¥ 4,500.00	¥ 300.00	¥ 200.00	¥450.00	¥ -	¥ 300.00	¥ 5,150.00
2016年12月	15	余丽华	外联部	¥ 6,900.00	¥ 300.00	¥ 300.00	¥ -	¥ 2,070.00	¥ 500.00	¥ 4,930.00
2016年12月	16	卢俊峰	财务处	¥ 5,600.00	¥ 300.00	¥ 200.00	¥ -	¥ 560.00	¥ 400.00	¥ 5,140.00
2016年12月	17	熊鸿燕	财务处	¥ 5,100.00	¥ 300.00	¥ 200.00	¥ -	¥ 1,353.82	¥ 300.00	¥ 3,946.18
2016年12月	18	杨莉	外联部	¥ 4,000.00	¥ 300.00	¥ 200.00	¥ -	¥ 400.00	¥ 300.00	¥ 3,800.00
2016年12月	19	吴辉煌	后勤处	¥ 3,900.00	¥ 300.00	¥ 200.00	¥ -	¥ 191.45	¥ 300.00	¥ 3,908.55
2016年12月	20	赵吕明	后勤处	¥ 3,600.00	¥ 300.00	¥ 200.00	¥ -	¥ 235.64	¥ 300.00	¥ 3,564.36

图 4-43　输入公式并利用填充功能计算应发工资

步骤 2　计算“所得税”。在“应发工资”列中 L3 单元格中输入公式“=IF(K3<=3500,0,IF((K3-3500)<1500,(K3-3500)*3%,IF((K3-3500)<4500,(K3-3500)*10%-105,(K3-3500)*20%-555)))”，用填充柄填充“应扣所得税”列其余数据，如图 4-44 所示。

L4　=IF(K3<=3500,0,IF((K3-3500)<1500,(K3-3500)*3%,IF((K3-3500)<4500,(K3-3500)*10%-105,(K3-3500)*20%-555)))

A	B	C	D	E	F	G	H	I	J	K	L
员工工资管理表											
月份	员工编号	姓名	部门	基本工资	住房补贴	交通补贴	全勤奖	考勤扣款	社保金	应发工资	应扣个税
2016年12月	1	张红	办公室	¥ 6,900.00	¥ 300.00	¥ 300.00	¥ -	¥ 338.73	¥ 400.00	¥ 6,761.27	¥ 221.13
2016年12月	2	李小青	销售处	¥ 5,700.00	¥ 300.00	¥ 200.00	¥ -	¥ 1,513.09	¥ 300.00	¥ 4,386.91	¥ 26.61
2016年12月	3	王敏	外联部	¥ 5,000.00	¥ 300.00	¥ 200.00	¥ -	¥ 500.00	¥ 300.00	¥ 4,700.00	¥ 36.00
2016年12月	4	陈晓	销售处	¥ 6,800.00	¥ 300.00	¥ 300.00	¥680.00	¥ -	¥ 500.00	¥ 7,580.00	¥ 303.00
2016年12月	5	冯珊珊	销售处	¥ 4,500.00	¥ 300.00	¥ 200.00	¥ -	¥ 40.91	¥ 400.00	¥ 4,559.09	¥ 31.77
2016年12月	6	黄斌	销售处	¥ 4,400.00	¥ 300.00	¥ 200.00	¥ -	¥ 1,320.00	¥ 300.00	¥ 3,280.00	¥ -
2016年12月	7	姚小朋	财务处	¥ 4,400.00	¥ 300.00	¥ 200.00	¥ -	¥ 880.00	¥ 300.00	¥ 3,720.00	¥ 6.60
2016年12月	8	朱珠	财务处	¥ 6,700.00	¥ 300.00	¥ 300.00	¥ -	¥ 1,778.55	¥ 400.00	¥ 5,121.45	¥ 57.15
2016年12月	9	陈世豪	后勤处	¥ 5,500.00	¥ 300.00	¥ 200.00	¥550.00	¥ -	¥ 300.00	¥ 6,250.00	¥ 170.00
2016年12月	10	柳叶	外联部	¥ 5,400.00	¥ 300.00	¥ 200.00	¥ -	¥ 216.00	¥ 300.00	¥ 5,384.00	¥ 83.40
2016年12月	11	康其忠	办公室	¥ 5,000.00	¥ 300.00	¥ 200.00	¥ -	¥ 1,145.45	¥ 300.00	¥ 4,054.55	¥ 16.64
2016年12月	12	程明君	后勤处	¥ 6,700.00	¥ 300.00	¥ 300.00	¥ -	¥ 670.00	¥ 300.00	¥ 6,330.00	¥ 178.00
2016年12月	13	伍小薇	办公室	¥ 4,700.00	¥ 300.00	¥ 200.00	¥470.00	¥ -	¥ 300.00	¥ 5,370.00	¥ 82.00
2016年12月	14	谢玲玲	售后服务处	¥ 4,500.00	¥ 300.00	¥ 200.00	¥450.00	¥ -	¥ 300.00	¥ 5,150.00	¥ 60.00
2016年12月	15	余丽华	外联部	¥ 6,900.00	¥ 300.00	¥ 300.00	¥ -	¥ 2,070.00	¥ 500.00	¥ 4,930.00	¥ 42.90
2016年12月	16	卢俊峰	财务处	¥ 5,600.00	¥ 300.00	¥ 200.00	¥ -	¥ 560.00	¥ 400.00	¥ 5,140.00	¥ 59.00
2016年12月	17	熊鸿燕	财务处	¥ 5,100.00	¥ 300.00	¥ 200.00	¥ -	¥ 1,353.82	¥ 300.00	¥ 3,946.18	¥ 13.39
2016年12月	18	杨莉	外联部	¥ 4,000.00	¥ 300.00	¥ 200.00	¥ -	¥ 400.00	¥ 300.00	¥ 3,800.00	¥ 9.00
2016年12月	19	吴辉煌	后勤处	¥ 3,900.00	¥ 300.00	¥ 200.00	¥ -	¥ 191.45	¥ 300.00	¥ 3,908.55	¥ 12.26
2016年12月	20	赵吕明	后勤处	¥ 3,600.00	¥ 300.00	¥ 200.00	¥ -	¥ 235.64	¥ 300.00	¥ 3,564.36	¥ 1.93

图 4-44　计算所得税及填充列

小贴士

在计算所得税时，使用了函数的嵌套。函数的嵌套是指将某函数作为另一函数的参数，当嵌套函数作为参数使用时，它返回的数值类型必须与参数使用的数值类型相同。

IF(K3<=3500,0,IF((K3-3500)<1500,(K3-3500)*3%,IF((K3-3500)<4500,(K3-3500)*10%-105,(K3-3500)*20%-555)))这个公式表示，如果工资总额<=3500 则应扣所得税为 0，当（工资总额–3500）小于 1500 时，按照个人所得税税率表的第一级计算所得税，即按（K3–3500）*0.03 计算。当（工资总额–3500）大于 1500 小于 4500 时，按照个人所得税税率表的第二级计算所得税，即按(K3-3500)*0.1–105 来计算。当（工资总额–3500）大于 4500 小于 9000 时，按照个人所得税税率表的第三级计算所得税，即按(K3-3500)*0.2–555 来计算，依此类推。

步骤 3　计算实发工资。在单元格 L3 中输入公式“= K3-L3”。按 Enter 键确认公式输入，然后利用自动句柄填充功能填充数据，得出实发工资如图 4-45 所示。

图 4-45　计算实发工资

4.7　拆分和冻结工作表

若工作表中的记录很多，查看起来就相当费劲，容易出现错行或错列现象。可以运用工作表的拆分和冻结功能解决此问题。

4.7.1　拆分工作表

拆分工作表是把工作表的当前活动窗口拆分成窗格式样，每个窗格中都可通过滚动条来查看工作表的每一部分，即可用拆分窗口在一个文档窗口中查看不同的内容。

步骤1　选择命令。选定要进行拆分的拆分点单元格，单击"视图"选项卡"窗口"组中"拆分"按钮，则在选定单元格的左方和上方工作表被拆分为4个独立的窗格，如图4-46所示。

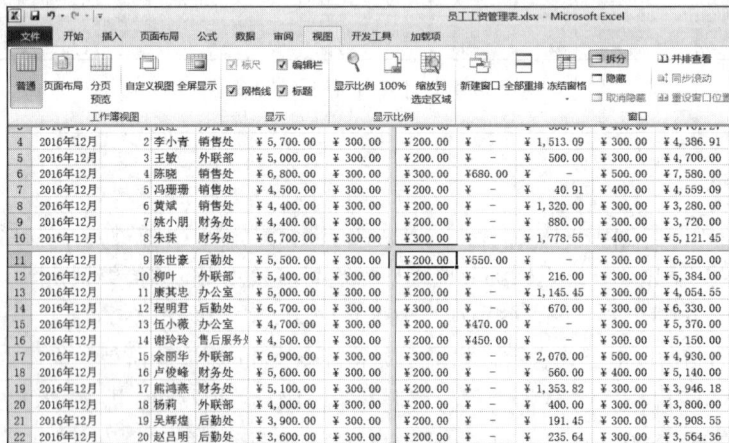

图 4-46　拆分工作表

步骤2　查看拆分窗格。拖动滚动条可发现每一个窗格中都能看到整个工作表的内容，如图4-47所示。若要撤销工作表的拆分，可再次单击"拆分"按钮，也可直接单击拆分框，即可完成撤销拆分操作。

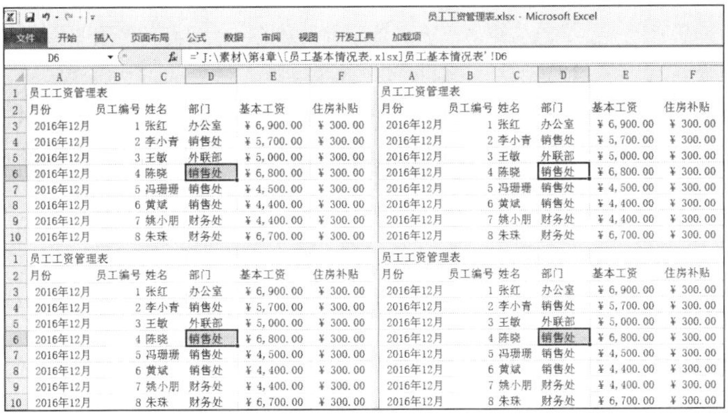

图 4-47　每个窗格都能看到整个工作的内容

4.7.2　冻结工作表

冻结工作表是将当前工作表的活动窗口拆分成窗格，与拆分工作表窗口不同的是，在冻结工作表拆分窗口操作中，只是将活动工作表拆分的上窗格、左窗格进行冻结。冻结窗格可在选择滚动工作表时始终保持可见的数据。在滚动时保持行和列标志可见。若要冻结窗格，请执行下列操作之一。

步骤 1　选择命令。先选定要冻结的单元格如 A3，再单击"视图"选项卡"窗口"组中"冻结窗格"下拉按钮，在弹出的下拉菜单中选择"冻结拆分窗口"，出现图 4-48 所示的效果。

图 4-48　设置冻结窗格

步骤 2　查看数据。拖动滚动条或翻页，标题行和字段行都会一直保留在屏幕上，如图 4-49 所示。若表格很长或很宽时，查询和编辑就很方便。或要撤销该操作，则再次单击"视图"选项卡"窗口"组中"冻结窗格"下拉按钮，在弹出的下拉菜单中选择"取消冻结窗格"。

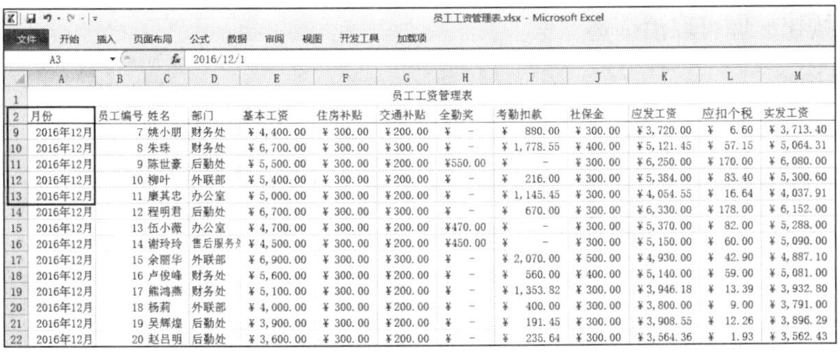

图 4-49　滚动查看工作表记录

小贴士

若要冻结顶部水平窗格，则选择待拆分处的下一行。若要冻结左侧垂直窗格，则选择待拆分处的右边一列。若要同时生成顶部和左侧窗格，则单击待拆分处右下方的单元格。

4.8 自动筛选和排序功能

4.8.1 应用自动筛选

Excel 数据筛选功能为查找记录提供了很大的方便，可对某些特定数据进行操作。

步骤 1 选择命令。单击工作表中任意含有数据的单元格，单击“数据”选项卡“排序和筛选”组中的“筛选”按钮，字段行的所有单元格右侧均会出现一个下拉按钮，如图 4-50 所示。

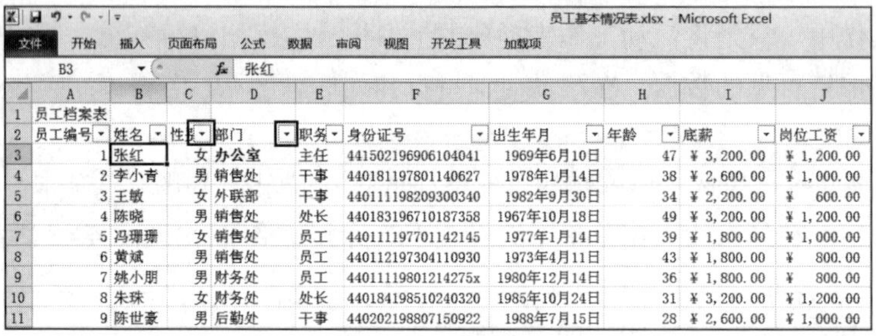

图 4-50 显示自动筛选按钮

步骤 2 筛选数据。单击“部门”右侧的下拉按钮，从展开的下拉列表中勾选“财务处”选项，单击“确定”按钮，将筛选出满足条件的记录，如图 4-51 所示。

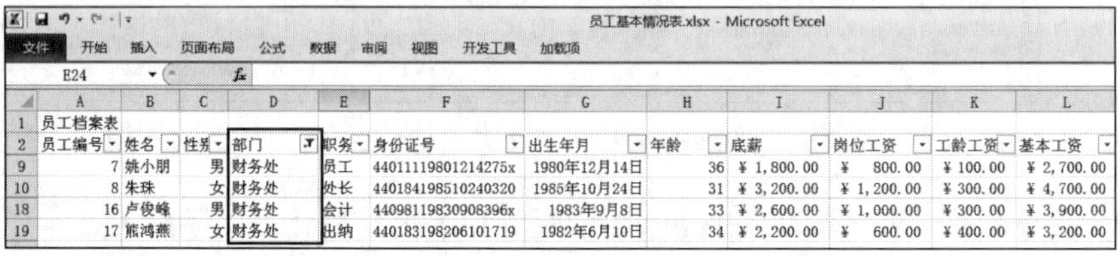

图 4-51 筛选出财务处的记录

步骤 3 取消筛选。若要取消自动筛选功能，只需再单击“数据”选项卡“排序和筛选”组中的“筛选”按钮，即可取消筛选。

小贴士

若要筛选出基本工资大于 3000 元、小于 5000 元的记录，就要使用“自定义”选项了。具体操作是：单击“基本工资”右侧的下拉按钮，在出现的下拉列表中选择“自定义”选项，在打开的“自定义自动筛选方式”对话框中设置筛选方式，如图 4-52 所示。并单击“确定”按钮，即可显示筛选出的记录。

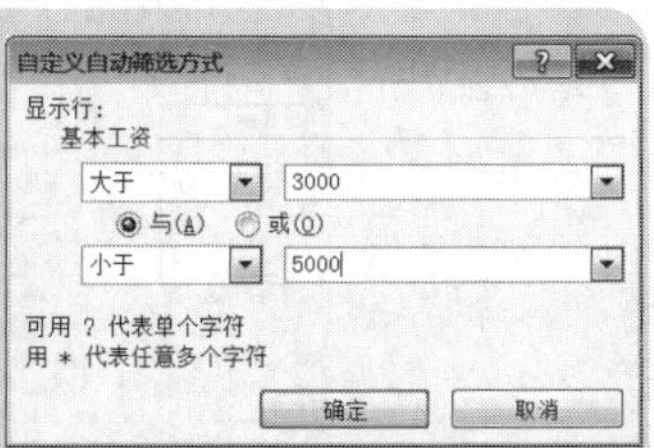

图 4-52 设置筛选方式

4.8.2　应用排序功能

若按照"实发工资"由高到低降序排列，再按"员工编号"升序排列。则可使用 Excel 排序功能。

步骤 1　选择命令。选定工作表中含有数据的任意单元格，单击单击"数据"选项卡"排序和筛选"组中的"排序"按钮，在出现的"排序"对话框中的"主要关键字"下拉列表框中选择"实发工资"项，再单击其右侧"降序"单选按钮。在"次要关键字"中选择"员工编号"项，再单击右侧"升序"，如图 4-53 所示。

图 4-53　"排序"对话框

步骤 2　设置对话框。单击"确定"按钮，此时系统提示用户将按照文本或数字进行排序，保持默认设置。

步骤 3　完成排序设置。再单击"确定"按钮返回工作表中，可看到排序后的效果，如图 4-54 所示。

员工工资管理表

员工编号	姓名	部门	基本工资	住房补贴	交通补贴	全勤奖	考勤扣款	社保金	应发工资	应扣个税	实发工资
4	陈晓	销售处	￥6,800.00	￥300.00	￥300.00	￥680.00	￥　　－	￥500.00	￥7,580.00	￥303.00	￥7,277.00
1	张红	办公室	￥6,900.00	￥300.00	￥300.00	￥　－	￥338.73	￥400.00	￥6,761.27	￥221.13	￥6,540.15
12	程君	后勤处	￥6,700.00	￥300.00	￥300.00	￥　－	￥670.00	￥300.00	￥6,330.00	￥178.00	￥6,152.00
9	陈世豪	后勤处	￥5,500.00	￥300.00	￥200.00	￥550.00	￥　－	￥300.00	￥6,250.00	￥170.00	￥6,080.00
10	柳叶	外联部	￥5,400.00	￥300.00	￥200.00	￥　－	￥216.00	￥300.00	￥5,384.00	￥83.40	￥5,300.60
13	伍小薇	办公室	￥4,700.00	￥300.00	￥200.00	￥470.00	￥　－	￥300.00	￥5,370.00	￥82.00	￥5,288.00
14	谢玲玲	售后服务	￥4,500.00	￥300.00	￥200.00	￥450.00	￥　－	￥300.00	￥5,150.00	￥60.00	￥5,090.00
16	卢俊峰	财务处	￥5,600.00	￥300.00	￥200.00	￥　－	￥560.00	￥300.00	￥5,140.00	￥59.00	￥5,081.00
8	朱珠	财务处	￥6,700.00	￥300.00	￥300.00	￥　－	￥1,778.55	￥400.00	￥5,121.45	￥57.15	￥5,064.31
15	余丽丽	外联部	￥6,900.00	￥300.00	￥200.00	￥　－	￥2,070.00	￥500.00	￥4,930.00	￥42.90	￥4,887.10
3	王敏	外联部	￥5,000.00	￥300.00	￥300.00	￥　－	￥500.00	￥400.00	￥4,700.00	￥36.00	￥4,664.00
5	冯珊珊	销售处	￥4,500.00	￥300.00	￥200.00	￥　－	￥40.91	￥400.00	￥4,559.09	￥31.77	￥4,527.32
2	李小青	销售处	￥5,700.00	￥300.00	￥200.00	￥　－	￥1,513.09	￥300.00	￥4,386.91	￥26.61	￥4,360.30
11	康其忠	办公室	￥5,000.00	￥300.00	￥200.00	￥　－	￥1,145.45	￥300.00	￥4,054.55	￥16.64	￥4,037.91
17	熊鸿燕	财务处	￥5,100.00	￥300.00	￥200.00	￥　－	￥1,353.82	￥300.00	￥3,946.18	￥13.39	￥3,932.80
19	吴辉煌	后勤处	￥3,900.00	￥300.00	￥200.00	￥　－	￥191.45	￥300.00	￥3,908.55	￥12.26	￥3,896.29
18	杨莉	外联部	￥4,000.00	￥300.00	￥200.00	￥　－	￥400.00	￥300.00	￥3,800.00	￥9.00	￥3,791.00
7	姚小朋	财务处	￥4,400.00	￥300.00	￥200.00	￥　－	￥880.00	￥300.00	￥3,720.00	￥6.60	￥3,713.40
20	赵吕明	后勤处	￥3,600.00	￥300.00	￥200.00	￥　－	￥235.64	￥300.00	￥3,564.36	￥1.93	￥3,562.43
6	黄斌	销售处	￥4,400.00	￥300.00	￥200.00	￥　－	￥1,320.00	￥300.00	￥3,280.00	￥　－	￥3,280.00

图 4-54　排序后的效果

4.9　数据透视表的应用

在实际发放工资时，会将工资按部门统计，这就要用到数据透视表了。

数据透视表是一种对大量数据快速汇总和建立交叉列表的交互式表格，可以快速合并和比较大量数据，具有透视和筛选功能和极强的数据分析功能，它能转换行或列以查看数据的不同汇总结果，也可以显示不同页面以筛选数据，还可以根据需要显示区域中的明细数据。

步骤 1　选定单元格。单击"员工工资管理表"中任意含有数据单元格。

步骤2 选择命令。单击 "插入"选项卡"表格"组中的"数据透视表"下拉按钮，打开"创建数据透视表"对话框。

步骤3 选定区域。在"创建数据透视表"对话框中"表/区域(T)"选项中选择源数据区域，并设置放置数据透视表的位置为"新工作表"，如图4-55所示，设置完成后单击"确定"按钮。

图 4-55 "创建数据透视表"对话框

步骤4 透视表布局。在弹出的"数据透视表字段列表"窗格中，将列表中字段名拖至"报表筛选""列标签""行标签"和"数值"区域。例如，要将"住房补贴""交通补贴""基本工资"、"应发工资"和"实发工资"按部门汇总的操作是：把"月份"拖到"报表筛选"，把"部门"拖至"行标签"，把"住房补贴""交通补贴""基本工资""应发工资"和"实发工资"等字段名拖至"数值"区域，即可生成相应数据透视表，如图4-56所示。

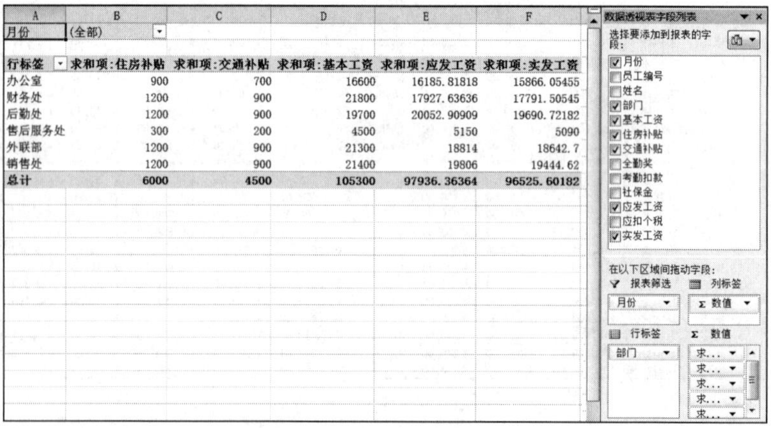

图 4-56 数据透视表的布局

当员工基本工资表的数据发生变化时，生成的透视表中的数据也随之变化。在数据透视表中只能对数据进行查看而不能进行修改。

4.10 保护工资表

由于工资表的特殊性，应防止他人修改表格中的数据，要对工资表设置工作簿保护。

步骤1 选择命令并设置密码。单击"文件"按钮，在打开的"信息"列表中选择"保护当前工作表"命令，打开"保护工作表"对话框。在"取消工作表保护时使用的密码"文本框中输入要设置的密码；在"允许此工作表的所有用户进行"列表框中设置允许用户进行的操作，如勾选"排序""使用自动筛选"复选框等，如图 4-57 所示。

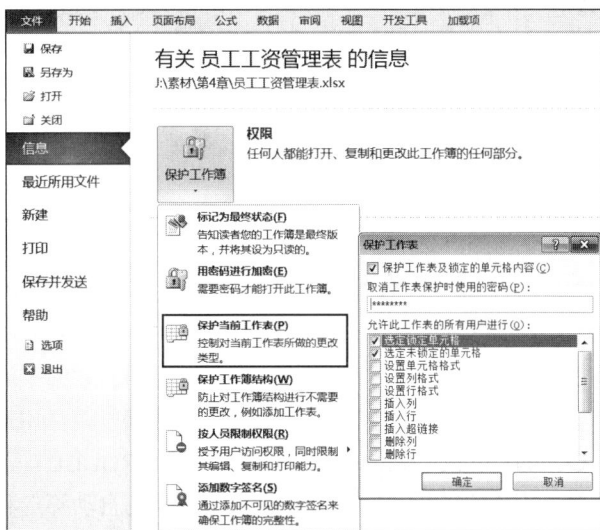

图 4-57　"保护工作表"对话框设置

步骤 2　确认密码。单击"确定"按钮，系统将弹出"确认密码"对话框，再次输入密码，单击"确定"按钮。

步骤 3　完成工作簿保护。当试图清除工资表中某个员工的记录时，系统将弹出图 4-58 所示的提示信息。提示如果要清除该内容，必须要撤销对工作表的保护。

图 4-58　提示信息

步骤 4　取消工作簿保护。如果要撤销对工作表的保护，可单击"文件"按钮，在打开的信息"列表右侧，单击"取消保护"链接，在弹出的"撤销工作表保护"对话框中输入正确的密码，再单击"确定"按钮即可完成撤销工作表保护功能的操作，如图 4-59 所示。

图 4-59　取消保护设置

小贴士

　　"保护工作簿"可以对整个工作簿起到保护作用，还可以根据需要选择只保护工作簿的"结构"或者"窗口"；"保护并共享工作簿"可以共享工作簿，提供以追踪修订方式共享，从而避免丢失修订信息。

　　还可以根据需要对工作簿设置打开密码，即在图 4-57 中选择"用密码进行加密"，在弹出的对话框中设置好密码，设置完成后则打开这个工作簿就需要输入密码打开，否则，就打不开该工作簿。

本章小结

　　本章通过学习创建员工工资管理表，介绍了多工作表的创建，掌握了如何获取外部数据和快速录入数据的方法，学会了不同工作簿或工作表中如何引用数据以及 MID 函数、DATE 函数、YEAR 函数、IF 函数、COUNT 函数、VLOOKUP 函数、SUMPRODUCT 函数和 TIMEVALUE 等函数的功能和使用；了解了工作表的拆分和冻结，掌握了数据的自动筛选和排序功能以及数据透视表的应用和文档加密等操作。使读者对 Excel 2010 中数据的设置、多工作簿或工作表数据引用及函数的应用等能够有一个较全面的了解。

习 题 四

一、单项选择题

1. 在进行公式计算时，当出现####错误时，可能的原因是（　　　）。

    A. 使用了负的日期或时间　　　　　　B. 数字被零除

    C. 单元格无法容纳计算结果　　　　　D. 使用的参数类型错误

2. 对于 Excel 数据表，排序是按照（　　）来进行的。

    A. 记录　　　　　B. 工作表　　　　　C. 字段　　　　　D. 单元格

3. 在工作表的区域 A2:A4 中，依次输入数值 2、4、6、8。在 D2 中输入数值 2。B2 中输入公式 $= A2^2 + \$D\$2$，现将单元格 B2 复制到 C2，则单元格 C2 显示结果为（　　　）。

    A. 18　　　　　　B. 6　　　　　　　C. 38　　　　　　D. 66

4. 在工作表的区域 B2:E2 中分别存入数值 100、200、300、400，在单元格 G4 中输入公式 $= AVERAGE（B2:E2）+ 80$，则 G4 显示结果为（　　　）。

    A. 240　　　　　B. 330　　　　　C. 480　　　　　D. 1080

5. 在 Excel 中，可以交互、交叉制表的电子报表是（　　　）。

    A. 图表　　　　B. 数据透视表　C. 工作表　　　　D. 数据透视图

6. （　　　）输入到 Excel 工作表的单元格中是不正确的。

    A. = "1,5"　　　B. 10,10.5　　　C. = 10 ^ 2　　　D. = 10,2

7. 已知单元格 A1 的值为 "60"，单元格 A2 的值为 "70"，单元格 A3 的值为 "80"，在单元格 A4 中输入公式为 "= SUM(A1:A3)/AVERAGE(A1 + A2 + A3)"，那么 A4 单元格的值为（　　　）。

　　A. 1　　　　　　　B. 2　　　　　　　C. 3　　　　　　　D. 4

8. 函数以等号 "=" 开始，后面是函数名和括号，其中括号里的内容是（　　　）。

　　A. 参数　　　　　　B. 值　　　　　　　C. 公式　　　　　　D. 嵌套函数

9．设工作表区域 A1:D1 依次存有数据 4、0、5、18，在单元格 E1 中输入公式 =ROUND(SUM(B1:C1)/7,1)，则 E1 的值为（　　　）。

　　A. 4.2　　　　　　B. 2.1　　　　　　C. 0.7　　　　　　D. 1.3

10. 若要冻结顶部水平窗格，用户则应选择（　　　）。

　　A. 待拆分处的下一行　　　　　　　　B. 拆分处的右边一列

　　C. 拆分处右下方的单元格　　　　　　D. 全部单元格

11. 在 Excel 某列单元格中，快速填充 2013—2016 年每月最后一天日期的最优操作方法是（　　　）。

　　A. 在第一个单元格中输入 "2013-1-31"，然后使用 MONTH 函数填充其余 35 个单元格

　　B. 在第一个单元格中输入 "2013-1-31"，拖动填充柄，再使用智能标记自动填充其余 35 个单元格

　　C. 在第一个单元格中输入 "2013-1-31"，然后使用格式刷直接填充其余 35 个单元格

　　D. 在第一个单元格中输入 "2013-1-31"，然后执行 "开始" 选项卡中的 "填充" 命令

12. 若 Excel 单元格值大于 0，则在本单元格中显示 "已完成"；单元格值小于 0，则在本单元格中显示 "还未开始"；单元格值等于 0，则在本单元格中显示 "正在进行中"，最优操作方法是（　　　）。

　　A. 使用 IF 函数　　　　　　　　　　B. 通过自定义单元格格式，设置数据显示方式

　　C. 使用条件格式命令　　　　　　　　D. 使用自定义函数

13. 在 Excel 工作表中，编码与分类信息以 "编码丨分类" 的格式显示在一个数据列中，若要将编码与分类分为两列显示，最优操作方法是（　　　）。

　　A. 重新在两列中分别输入编码列和分类列，将原来的编码与分类列删除

　　B. 将编码与分类列在相邻位置复制一列，将一列中的编码删除，另一列中的分类删除

　　C. 使用文本函数将编码与分类信息分开

　　D. 在编码与分类列右侧插入一个空列，然后利用 Excel 的分列功能将其分开

14. 以下对 Excel 高级筛选功能，说法正确的是（　　　）。

　　A. 高级筛选通常需要在工作表中设置条件区域

　　B. 利用 "数据" 选项卡中的 "排序和筛选" 组内的 "筛选" 命令可进行高级筛选

　　C. 高级筛选之前必须对数据进行排序

　　D. 高级筛选就是自定义筛选

15. 某公司需要统计各类商品的全年销量冠军。在 Excel 中，最优操作方法是（　　　）。

　　A. 在销量表中直接找到每类商品的销量冠军，并用特殊颜色标记

　　B. 分别对每类商品的销量进行排序，将销量冠军用特殊颜色标记

　　C. 通过自动筛选功能，分别找出每类商品的销量冠军，并用特殊颜色标记

　　D. 通过设置条件格式，分别标出每类商品的销量冠军

二、填空题

1. Excel 输入公式的标志是前导符_____。

2. 在工作表区域 A1:D1 中依次为 1、5、10、15；A2:D2 中依次为 9、8、20、12；在单元格

G2 中输入公式 = 8*COUNT(A1:D1) + 100，将 G2 复制到 G3，则 G3 的值为_____。

3. Excel 的数据排序，最多可按_____个关键字进行排序。

4. 在 Excel 中，如果引用数据发生改变，那么被引用的数据_____。

5. Excel 2010 默认的文件扩展名是_____。

6. _____函数可以搜索表区域首列满足条件的元素，并返回选定单元格的值。

7. 在 Excel 2010 中，如需要在多个单元格中输入相同的数据，可选中单元格，在其中一个输入数据后，按"_____+Enter"组合键即可。

8. 在 Excel 2010 单元格中，若要输入分数，如 1/3，则应在单元格中先输入_____和一个空格，然后再输入 1/3。

9. 若要在 Excel 中自定义一个序列，如"第一名、第二名、第三名、第四名、第五名、第六名"序列，则应选择_____命令。

三、上机操作题

1. 打开"素材\第 4 章"文件夹中的"图书.xlsx"文件，完成以下操作，并以原文件名保存在指定路径。

（1）请对"订单明细"工作表进行格式调整，通过套用表格格式方法将所有的销售记录调整为一至的外观格式（任意选择格式），并将"单价"列和"小计"列所包含的单元格调整为"会计专用"（人民币）数字格式。

（2）根据图书编号，请在"订单明细"工作表的"图书名称"列中，使用 VLOOKUP 函数完成图书名称的自动填充。"图书名称"和"图书编号"的对应关系在"编号对照"工作表中。

（3）根据图书编号，请在"订单明细"工作表的"单价"列中，使用 VLOOKUP 函数完成图书单价的自动填充。"单价"和"图书编号"的对应关系在"编号对照"工作表中。

（4）在"订单明细"工作表中的"小计"列中，计算每笔订单的销售额。

（5）根据"订单明细"工作表中的销售数据，统计所有订单的总销售额，并将其填写在"统计报告"工作表的 B3 单元格中。

（6）根据"订单明细"工作表的销售数据，统计《MS Office 高级应用》图书在 2012 年的总销售额，并将其填写在"统计报告"工作表的 B4 单元格中。

（7）根据"订单明细"工作表的销售数据，统计隆华书店在 2011 年第 3 季度的总销售额，并将其填写在"统计报告"工作表的 B5 单元格中。

（8）根据"订单明细"工作表的销售数据，统计隆华书店在 2011 年的每月平均销售额（保留 2 位小数），并将其填写在"统计报告"工作表的 B6 单元格中。

提示

① 第（5）小题求总销售额可用 SUM 函数。

② 第（6）、（7）、（8）小题可用 SUMIFS 函数或 SUMPRODUCT 函数。

2. 打开"素材\第 4 章"文件夹中的"年假表.xlsx"文件，完成以下操作，完成后以原文件名存放到指定路径。

（1）在"姓名"列后增加"性别"一列，利用快速录入方式录入对应的性别。

（2）使用数据有效性设置"所属部门"列，部门分别为办公室、教务处、学生处、财务处和后勤处 5 个部门。

（3）每人底薪增加 1000 元，并利用公式或函数求出基本工资。

（4）用函数计算员工的工龄和可享有的有薪年假天数。

（5）对工龄降序排位。

单位年假制度规定：（1）工龄在 1 年或 1 年以上可以享有年假，工龄小于 3 年者，年假为 7 天（不含法定假日），工龄 3 年以上者，工龄每增加 1 年年假增加 1 天。

① 工龄计算用 YEAR 和 TODAY 函数，方法与求员工年龄相似。

② 根据单位年假制度，求年假可用 IF 函数。降序可用 RANK.EQ 函数。

3. 打开"素材\第 4 章"文件夹中的"考勤表.xlsx"文件，完成以下操作，完成后以原文件名存放到指定路径。

（1）在"日期"单元格后输入 3 月份的工作天数（不含法定假日）。

（2）增加"迟到""早退""旷工""病假"和"事假"列，并对这几项进行统计。

参考本章的"创建员工考勤表"。

第5章
制作贷款模拟运算表

在现代金融中，公司或企业要发展，靠自身的资金来完成扩大生产通常是远远不够的，解决的方法就是从银行贷款。但银行的利息计算起来很繁琐，Excel 2010 中的 PMT 财务函数，可通过单、双变量的模拟运算来实现贷款的利息计算，这样能很清楚地知道在不同的银行利率下，每月公司或企业要偿还的分期付款的利息和合适的还款金额，从而选择付款最优的方式。

Excel 2010 提供了多种方法进行预测分析，模拟运算表是常用的一个工具。

模拟运算表是一个单元格区域，它可显示一个或多个公式中替换不同值时的结果，主要用来考查一个或两个重要决策变量的变动对于分析结果的影响。单变量模拟运算表中，用户可以对一个变量输入不同值来查看该变量对一个或多个公式的影响。双变量模拟运算表中，用户可以对两个变量输入不同值来查看它们对公式的影响。

5.1 单变量模拟运算表

由于企业业务发展，需要购置新设备，而购置的资金需要￥8000000 元。准备用银行贷款买下设备，然后在今后 10 年中按月进行分期偿还。作为企业领导，应该清楚地知道在不同银行利率下，企业每个月需要偿还银行的贷款金额。

5.1.1 创建单变量模拟运算表

当只有银行利率发生变化时，可使用单变量模拟运算表。单变量模拟运算表必须包括输入值和相应的结果值，运算表的输入值要在一列或一行中。若输入值在一行，则称为行引用；若输入值在一列，则称为列引用。

步骤 1 创建工作表。建立基本的运算工作表，输入图 5-1 所示的数据。

步骤 2 设置数据格式。将标题行"贷款偿还模拟运算表"合并居中，"本金"列和"每月偿还"列设置为货币型，并保留 2 位小数，"利率"列设置为"百分比"型，并将"Sheet1"工作表标签重命名为"单变量模拟运算表"，如图 5-2 所示。完成设置后以"企业贷款模拟运算表.xls"为文件名保存在指定位置。

> ✎ **小贴士**
>
> 快速输入大量含小数点的数字：如果需要在 Excel 2010 工作表中输入大量带有小数点的数

字时，可利用 Excel 2010 中的小数点自动定位功能，让所有数字的小数点自动定位，从而快速提高小数数字的输入速度。

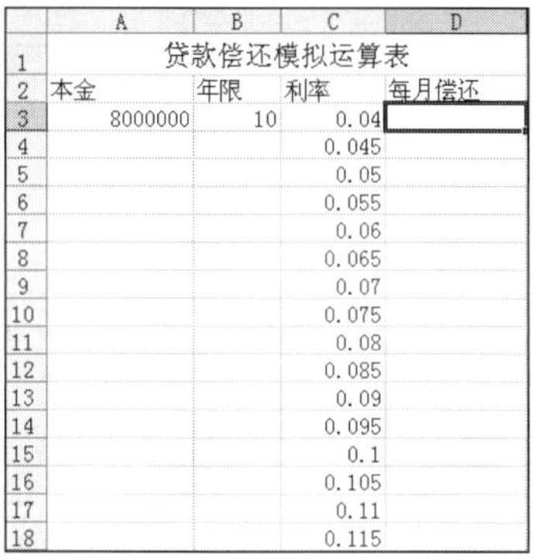

	A	B	C	D
1	贷款偿还模拟运算表			
2	本金	年限	利率	每月偿还
3	8000000	10	0.04	
4			0.045	
5			0.05	
6			0.055	
7			0.06	
8			0.065	
9			0.07	
10			0.075	
11			0.08	
12			0.085	
13			0.09	
14			0.095	
15			0.1	
16			0.105	
17			0.11	
18			0.115	

图 5-1　输入相关数据

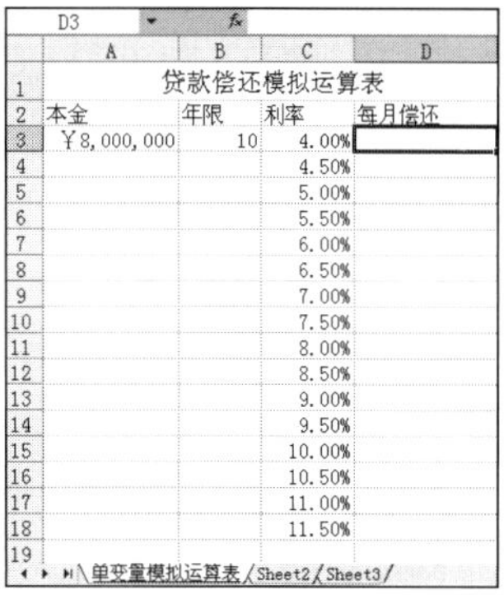

D3	A	B	C	D
1	贷款偿还模拟运算表			
2	本金	年限	利率	每月偿还
3	￥8,000,000	10	4.00%	
4			4.50%	
5			5.00%	
6			5.50%	
7			6.00%	
8			6.50%	
9			7.00%	
10			7.50%	
11			8.00%	
12			8.50%	
13			9.00%	
14			9.50%	
15			10.00%	
16			10.50%	
17			11.00%	
18			11.50%	
19				

图 5-2　设置数据格式

具体操作为：打开 Excel 2010 的编辑界面，用鼠标依次单击“文件”|“选项”|“高级”标签，在弹出的图 5-3 所示的对话框中，选中“自动插入小数点”复选框，再设置“位数”微调框中需要显示在小数点后面的位数即可。设置完成后，在某单元格中输入“8”，按 Enter 键确认后，该单元格的数字自动变为“0.08”。

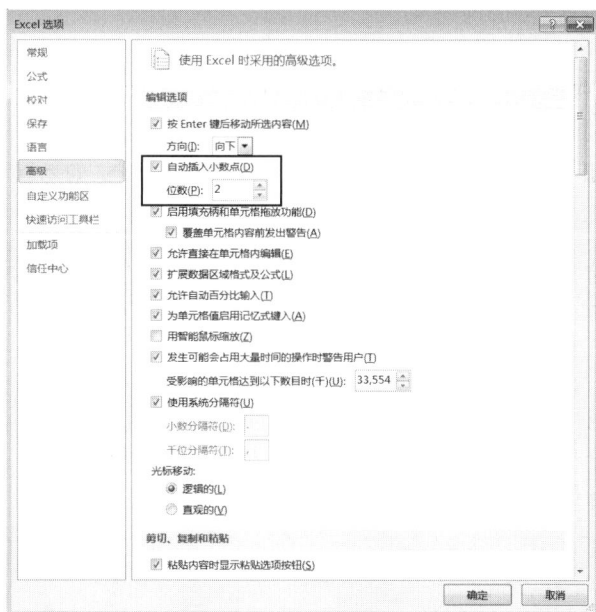

图 5-3　设置“Excel 选项”对话框

5.1.2　运用财务函数

财务函数可以进行一般的财务计算，如确定贷款的支付额、投资的未来值或净现值，以及债券或息票的价值。这些财务函数大体上可分为 4 类：投资计算函数、折旧计算函数、偿还率计算函数、债券及其他金融函数，它们为财务分析提供了极大的便利。

财务函数中常见的参数如表 5-1 所示。

表 5-1	财务函数中常见的参数
参　　数	说　　明
rate	为各期利率，为固定值
per	用于计算其本金数额的期次，必须在 1～nper 之间
nper	为总投资（或贷款）期次，即该项投资（或贷款）的付款期总数
pv	为现值，即从该项投资（或贷款）开始计算时已经入账的款项，或一系列未来付款当前值的累积和，也称为本金
fv	为未来值，或在最后一次付款后希望得到的现金余额，如果省略 fv，则假设其值为 0（如一笔贷款的未来值即为 0）
type	数字 0 或 1，用以指定各期的付款时间是在期初还是期末，0：期末；1：期初
日计数基准类型（basis）	basis 为 0 或省略代表 US (NASD) 30/360，为 1 代表实际天数/实际天数，为 2 代表实际天数/360，为 3 代表实际天数/365，为 4 代表欧洲 30/360
value1，value2	value1…value29 代表 1～29 个偿还金额不相等时的分期偿还额

在模拟运算表中如要使用公式或函数，则必须引用输入单元格。

在创建单变量模拟运算表时要使用财务函数 PMT。PMT 函数是基于固定利率及等额分期付款方式，根据固定贷款利率、定期付款和贷款金额，来求出每期（一般为每月）应偿还的贷款金额。语法为：PMT(rate,nper,pv,fv,type)。

（1）rate：贷款利率，即每期利率。

（2）nper：总投资或贷款期数，即该项投资或贷款的付款期总数。

（3）pv：当前值，或一系列未来付款的当前值的累积和，也称为本金，也就是贷款金额。

（4）fv：为未来终值，或在最后一次付款后希望得到的现金余额，如果省略 fv，则假设其值为 0，也就是一笔贷款的未来值为 0。一般银行贷款，此值为 0。

（5）type：数字 0 或 1，0 指期末，1 指期初，用以指定各期的付款时间是在期初还是期末。默认值为 0。

步骤 1　引用 PMT 函数。选定单元格 D3，在其中输入公式"=PMT（C3/12,B3*12,-A3）"，按 Enter 键确认公式输入并计算出"每月偿还"的数值，如图 5-4 所示。

步骤 2　单元格地址转换。将输入公式"=PMT（C3/12,B3*12,-A3）"中的相对地址"B3"和"A3"转换为绝对地址"$B$3"和"$A$3"，即输入公式"=PMT（C3/12,$B$3*12,-$A$3）"，用填充柄填充"每月偿还"数据列，完成效果如图 5-5 所示。

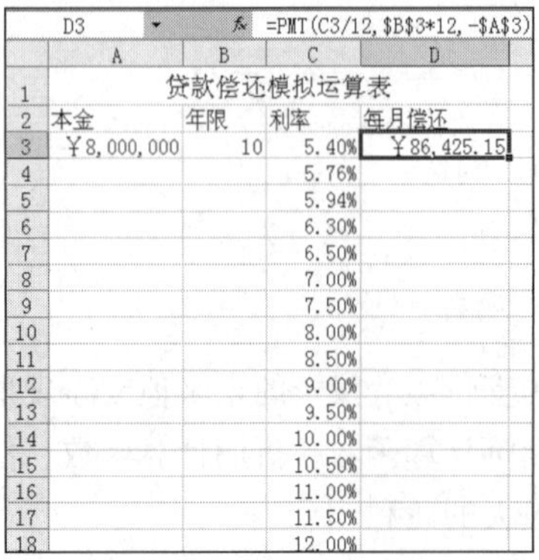

图 5-4　输入公式计算结果

图 5-5　填充"每月偿还"数据列

在图 5-5 所示"每月偿还"列中显示出了不同利率下，企业每月应偿还的贷款金额。

由于"本金"单元格和"年限"单元格的数据针对于每一种利率都是不变的，因此要将这两个单元格中的数据设为绝对引用，"利率"单元格每行不同，则设为相对地址。公式中"C3/12"为月利率，"B3*12"为贷款按月计的期限，"–A3"为贷款本金，因是贷款，所以为负值。付款时间为系统默认值。

小贴士

单元格引用有 3 种方式：相对引用、绝对引用和混合引用。

相对引用：公式中的相对单元格引用（如 C3）是基于包含公式和单元格引用的单元格的相对位置。如果公式所在单元格的位置改变，引用也随之改变。如果多行或多列地复制公式，引用会自动调整。默认情况下，新公式使用相对引用。

绝对引用：单元格中的绝对单元格引用（如 $B$3）总是在指定位置引用单元格。如果公式所在单元格的位置改变，绝对引用保持不变。如果多行或多列地复制公式，绝对引用将不进行调整。默认情况下，新公式使用相对引用，需要将它们转换为绝对引用。

相对引用和绝对引用的转换：在编辑栏中，选择公式或需要转换成绝对地址的部分，按下 F4 键，即可将选中内容自动进行相对地址和绝对地址的转换了，可多按几次 F4 键，实现不同的地址转换效果。

5.2 利用单变量求解逆算利率

利用 Excel 中的单变量求解可对利率进行逆运算，即可以根据企业的偿还能力来计算其能够承受的银行贷款利率。

根据企业自身的情况，每月还贷可量力而行。假设企业可承担的每月贷款偿还金额为￥100000元，则从图 5-5 所示的计算结果中发现企业可接受的银行利率为 8.50%～9.00%，大于此利率范围，企业财务就会出现危机。

为更好地使用贷款，在 Excel 2010 中可利用单变量求解功能来实现企业在贷款期限上的选择。

步骤 1　录入数据并设置格式。切换至"Sheet2"工作表，输入相关数据，并设置数据格式，并将工作表标签重命名为"逆算利率"，如图 5-6 所示。

步骤 2　引用 PMT 函数。选定单元格 B7，在其中输入公式"=PMT（B6/12,B4*12,–B3）"，按 Enter 键确认公式输入。

	A	B
1		
2		逆算利率
3	贷款金额	￥8,000,000.00
4	贷款年限	10
5		
6	可接受年率	
7	可接受月偿还金额	

图 5-6　创建"逆算利率"工作表

步骤 3　选择命令。单击"数据"选项卡"数据工具"组"模拟分析"下拉按钮，再打开的菜单中选择"单变量求解"命令，如图 5-7 所示，弹出"单变量求解"对话框，如图 5-8 所示。

步骤 4　设置参数。在"单变量求解"对话框中的"目标单元格"文本框中输入"可接受月偿还金额"对应的单元格，按 F4 键将其转换为单元格绝对地址，在"目标值"文本框中输入可承受的月偿还预期金额"100000"，在"可变单元格"文本框中输入"可接受利率"对应的单元格

"$B$6"，如图 5-8 所示。

图 5-7　选择"单变量求解"命令　　　　图 5-8　"单变量求解"对话框

　　步骤 5　单变量求解状态。完成运算单击"确定"按钮，弹出"单变量求解状态"对话框，求得一个解，如图 5-9 所示。

　　步骤 6　显示运算结果。单击"确定"按钮，返回工作表，则数据工作表中对应单元格中就出现了求解结果，如图 5-10 所示。

图 5-9　"单变量求解状态"对话框　　　　图 5-10　单变量求解结果

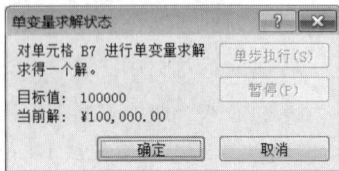

小贴士

　　从图 5-9 中可看到，通过单变量求解逆算利率，当可接受的月偿还金额为￥100000 元时，即可求解到可接受的利率为 8.69%，企业就可从银行年率中找到适合的年率。

　　如果已知单个公式的预期结果，而用于确定此公式结果的输入值未知，则可使用"单变量求解"功能。当进行单变量求解时，Excel 会不断改变特定单元格中的值，直到依赖于此单元格的公式返回所需的结果为止。

　　"单变量求解"是一组命令的组成部分，这些命令有时也称作假设分析工具。Excel 2010 提供了一组数据分析工具，可以为实际工作提供很大帮助，解决许多实际问题。

5.3　双变量模拟运算表的运用

　　模拟运算表实质上只是为简化某些数值变化对最终结果的影响而建立的一个数据表。单变量模拟运算表中包含一个可变化的数值，如"单变量模拟"表中的"利率"。而在实际的银行贷款中，年限也是一个可变量。有时在实际工作中往往会考虑不同的利率和不同的分期付款年限条件下的每月付款额。当计算不同利率不同年限的分期付款时，则需要建立两个变量的模拟运算表，一个变量表示不同利率，另一个变量表示不同的付款年限。

5.3.1　创建"双变量模拟运算"表

　　创建"双变量模拟运算"表的操作步骤如下。

步骤 1　创建工作表。在"Sheet3"工作表中输入对应数据，并将其工作表标签重命名为"双变量模拟运算表"，如图 5-11 所示。

图 5-11　创建双变量模拟运算表

步骤 2　引用 PMT 函数。选择 E3 单元格，在其中输入公式"=PMT（B4/12,B3*12,–B2）"，如图 5-12 所示。

图 5-12　输入计算公式

步骤 3　选择命令。选定 E3:J19 单元格区域，然后单击"数据"选项卡"数据工具"组中"模拟分析"下拉按钮，在下拉菜单中选择"模拟运算表"命令，如图 5-13 所示。

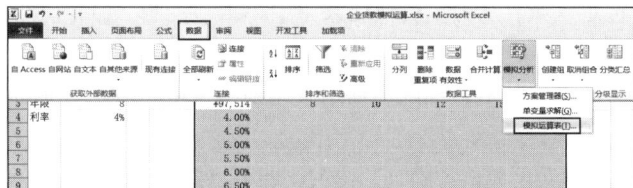

图 5-13　选定数据区域并选择"模拟运算表"命令

步骤 4　输入单元格地址。设置对话框。在弹出的"模拟运算表"对话框中，在"输入引用行的单元格"文本框中输入"年限"变量所在的单元格地址"$B$3"，在"输入引用列的单元格"文本框输入"利率"变量所在的单元格地址"$B$4"，如图 5-14 所示。引用的单元格地址必须是绝对引用。

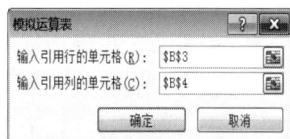

图 5-14　"模拟运算表"对话框

步骤 5　设置数据格式单击"确定"按钮，返回工作表，即可得到将利率和年限同时为变量的贷款偿还模拟运算表的计算结果，并将其的数据格式设置为"货币型"，结果保留 2 位小数，如图 5-15 所示。

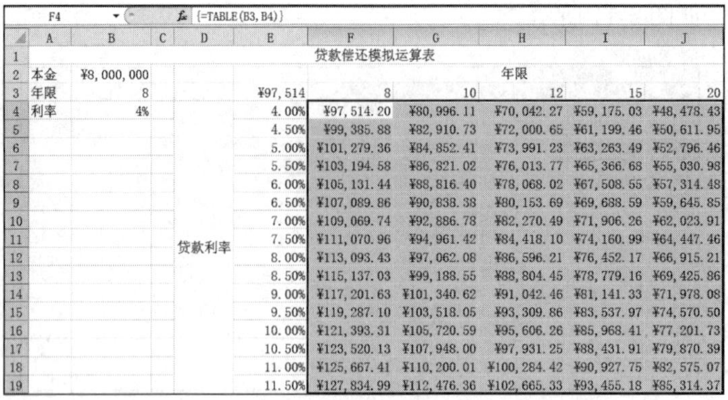

F4 {=TABLE(B3, B4)}

	A	B	C	D	E	F	G	H	I	J
1						贷款偿还模拟运算表				
2	本金	¥8, 000, 000						年限		
3	年限	8			¥97, 514	8	10	12	15	20
4	利率	4%			4. 00%	¥97, 514. 20	¥80, 996. 11	¥70, 042. 27	¥59, 175. 03	¥48, 478. 43
5					4. 50%	¥99, 385. 88	¥82, 910. 73	¥72, 000. 65	¥61, 199. 46	¥50, 611. 95
6					5. 00%	¥101, 279. 36	¥84, 852. 41	¥73, 991. 23	¥63, 263. 49	¥52, 796. 46
7					5. 50%	¥103, 194. 58	¥86, 821. 02	¥76, 013. 77	¥65, 366. 68	¥55, 030. 98
8					6. 00%	¥105, 131. 44	¥88, 816. 40	¥78, 068. 02	¥67, 508. 55	¥57, 314. 48
9					6. 50%	¥107, 089. 86	¥90, 838. 38	¥80, 153. 69	¥69, 688. 59	¥59, 645. 85
10					7. 00%	¥109, 069. 74	¥92, 886. 78	¥82, 270. 49	¥71, 906. 26	¥62, 023. 91
11				贷款利率	7. 50%	¥111, 070. 96	¥94, 961. 42	¥84, 418. 10	¥74, 160. 99	¥64, 447. 46
12					8. 00%	¥113, 093. 43	¥97, 062. 08	¥86, 596. 21	¥76, 452. 17	¥66, 915. 21
13					8. 50%	¥115, 137. 03	¥99, 188. 55	¥88, 804. 45	¥78, 779. 16	¥69, 425. 86
14					9. 00%	¥117, 201. 63	¥101, 340. 62	¥91, 042. 46	¥81, 141. 33	¥71, 978. 08
15					9. 50%	¥119, 287. 10	¥103, 518. 05	¥93, 309. 86	¥83, 537. 97	¥74, 570. 50
16					10. 00%	¥121, 393. 31	¥105, 720. 59	¥95, 606. 26	¥85, 968. 41	¥77, 201. 73
17					10. 50%	¥123, 520. 13	¥107, 948. 00	¥97, 931. 25	¥88, 431. 91	¥79, 870. 39
18					11. 00%	¥125, 667. 41	¥110, 200. 01	¥100, 284. 42	¥90, 927. 75	¥82, 575. 07
19					11. 50%	¥127, 834. 99	¥112, 476. 36	¥102, 665. 33	¥93, 455. 18	¥85, 314. 37

图 5-15　求出双变量模拟运算表的计算结果

从计算结果可以看到，使用双变量模拟运算表进行计算之后的结果也保存在数组中，但它们不是以常量的形式存在的，是以二维区域数组形式出现的。单击 E3:J18 单元格区域中任一单元格，则在编辑栏中出现{“=TABLE(B3, B4)”}，其中“B3”为引用行变量的单元格地址，“B4”为引用列变量的单元格地址。

小贴士

在双变量模拟运算表中输入公式，必须输入到包含两组输入值的行和列相交的单元格中。

5.3.2　将模拟运算结果转换为常量

Excel 2010 提供了两类数组：区域数组和常量数组。区域数组主要是用来存储使用同一公式的数据，且这些数据都放置在工作表的一个矩形域中；常量数组用来存储一组用于某一公式参量的常量。

使用模拟运算表进行计算之后的结果有时并不是用常量形式存在的，若用户需要，可以将这些运算结果转换为常量数组保存起来。

步骤 1　复制数据。先插入一新工作表“Sheet4”，再选定“双变量模拟运算表”中的计算结果区域 E3:J19，右击选定区域，从弹出的快捷菜单中单击“复制”命令。然后在工作表“Sheet4”中选择要粘贴到的位置，右击，再从弹出的快捷菜单中单击“选择性粘贴”命令，打开图 5-16 所示的“选择性粘贴”对话框，从对话框的“粘贴”选项组选中“数值”单选按钮，其余保持系统默认设置。

步骤 2　完成复制。然后再单击“确定”按钮，即可将模拟运算表的计算结果作为常量保存在指定的位置，如图 5-17 所示。

步骤 3　重命名工作表。用鼠标左键双击“Sheet4”工作表标签，此时，工作表标签呈反白显示，表示该工作表为编辑状态。直接输入“数据常量”，即可完成对工作表重命名操作。

步骤 4　隐藏工作表。鼠标右击“数据常量”工件表标签，在弹出的快捷菜单中单击“隐藏”命令，如图 5-18 所示。此时，在工作表标签位置上，“数据常量”工作表被隐藏了。

若要显示“数据常量”工作表，则用鼠标右击任一工作表标签，在弹出的快捷菜单中单击“取消隐藏”命令，从弹出的“取消隐藏”对话框“取消隐藏工作表”列表框中，选择要取消隐藏的工作表，单击“确定”按钮即可，如图 5-19 所示。

图 5-16 设置"选择性粘贴"对话框

图 5-17 数据转换后的效果

图 5-18 设置隐藏工作表

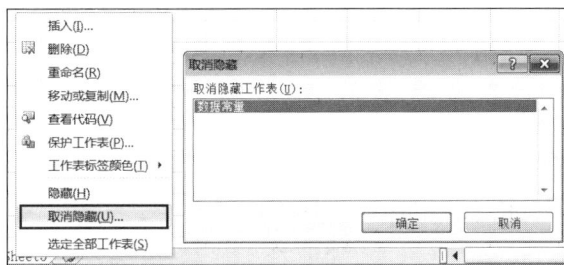

图 5-19 取消隐藏工作表

5.4 加速工作表的运算速度

在 Excel 2010 中，可以通过设置加快包含模拟运算数据在内的工作表的计算速度，减少重新计算的时间，提高工作效率。

单击"文件"|"选项"命令，在弹出的"选项"对话框中切换到"公式"标签卡，在"计算选项"中单击"除模拟运算表外，自动重算"单选按钮，如图 5-20 所示。完成该设置，下次更新若不涉及模拟运算表的数据，这个设置就会起作用。

图 5-20 设置"计算选项"

5.5 将双变量模拟运算表转化为直观的图表

将双变量模拟运算表转化为直观的图表的操作步骤如下。

步骤 1 设置图表类型。选定模拟运算表中的计算结果，即选中 E4:J19 单元格。然后单击"插入"选项卡"图表"组中的"折线"下拉按钮，选择下拉列表中的折线图，如图 5-21 所示。

步骤 2 设置"源数据"对话框。鼠标右击插入的折线图，在弹出的快捷菜单选择"选择数据"命令，在打开的"选择数据源"对话框中设置图例项（系列），选择"图例项（系列）"下拉列表中"系列 1"，再单击"编辑"按钮，在文本框中输入"8 年"，然后在"值"文本框中选择"$F$4:$F$19"单元格区域，在"水平（分类）轴标志"列表框中选择"编辑"按钮，在文本框中输入"$E$4:$E$19"，如图 5-22 所示。

图 5-21 选择图表类型　　　　　　图 5-22 设置"图例项（系列）"标签

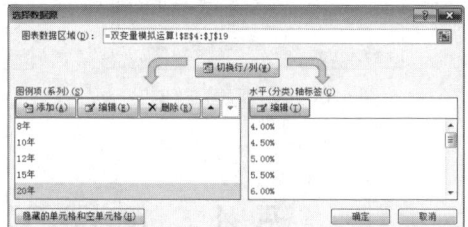

步骤 3 设置图表标题。单击菜单栏上"图表工具"选项"布局"选项卡，在"标签"组中单击"图表标题"下拉按钮，选择"居中覆盖标题"选项，在"图表标题"文本框中输入"贷款偿还"。再单击"坐标轴标题"下拉按钮，分别选择"主要横坐标轴标题"和"主要纵坐标标题"，分别在图表下方文本框中输入"利率"，图表左侧文本框中输入"月偿还金额"，如图 5-23 所示。

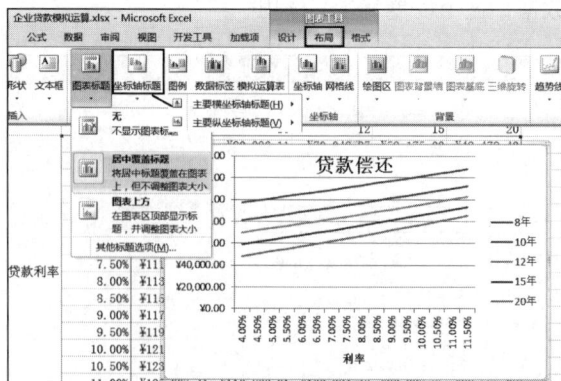

图 5-23 设置图表选项

步骤 4 设置"图表位置"对话框。鼠标右击图表，在弹出的快捷菜单中选择"移动图表"命令，打开"移动图表"对话框 。单击"新工作表"单选按钮，再单击"确定"按钮，即可插入一张图表。将新插入的图表重命名为"贷款偿还图",如图 5-24 所示。

图 5-24 设置图表的插入形式

步骤 5 完成图表设置。单击"保存"按钮,完成后效果如图 5-25 所示。

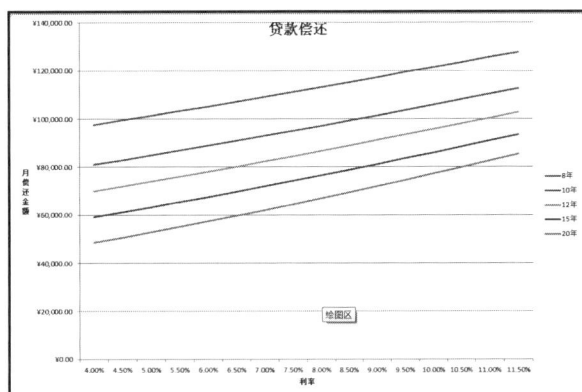

图 5-25 完成后的图表效果

5.6 清除模拟运算表

若不再需要使用模拟运算表,或模拟运算表中的数据需要重新设置时,就需对模拟运算表进行清除操作。

由于模拟运算表的计算结果是存放在数组中的,若要清除模拟运算表的计算结果只能对其整个区域进行完全清除,而无法清除个别结果,如图 5-26 所示。

选定计算结果所在的单元格区域,然后右击鼠标,在弹出的快捷菜单中选择"清除内容"命令,即可将整个计算结果清除。

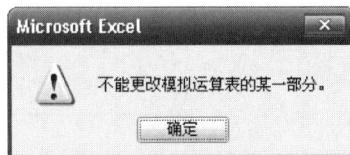

图 5-26 提示错误

5.7 使用模板方案

为了方便用户快速创建适合不同需要的工作簿,Excel 2010 为用户提供了多种电子方案表格模板,包括"日历""费用报表""会议议程"等 Office.com 模板,还包括了"贷款分期付款""考勤卡""账单"等样本模板。

选择"文件"|"新建"命令，在右侧展开的"可用模板"列表框中，可以看到有很多模板可选择，可根据需要选择所需的样本模板即可，如图 5-27 所示。

图 5-27 "可用模板"列表框

例如，使用"贷款分期付款"模板来计算贷款的本息。只需在打开的样本模板 "贷款分期付款"中指定单元格输入相应的值，即可完成贷款计算。

步骤 1 选择模板类型。在 Excel 2010 中，单击"文件"|"新建"命令。在窗口右边的"可用模板"列表框中，单击"样本模板"。

步骤 2 在弹出的"样本模板"列表框中，双击打开"贷款分期付款"模板，并输入相关数据，如图 5-28 所示。

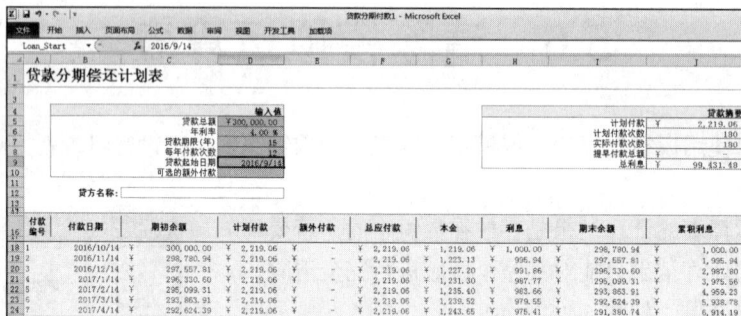

图 5-28 使用"贷款分期付款"模板

5.8 其他财务函数

5.8.1 FV 函数（投资未来值计算函数）

FV 函数是基于固定利率及等额分期付款方式，返回某项投资的未来值。

语法：FV(rate,nper,pmt,[pv],[type])

rate：各期利率。

nper：年金的付款总期数。

pmt：各期所应支付的金额，其数值在整个年金期间保持不变。通常，pmt 包括本金和利息，但不包括其他费用或税款。

pv：现值，或一系列未来付款的当前值的累积和。如果省略 pv，则假设其值为 0（零），并且必须包括 pmt 参数。

type：数字 0 或 1，0 指期末，1 指期初，用以指定各期的付款时间是在期初还是期末。默认值为 0。

例如：现在在每月存 1000 元，假设银行利率为 12%，复利计算，10 年后的本利和是多少？

函数使用如图 5-29 所示。

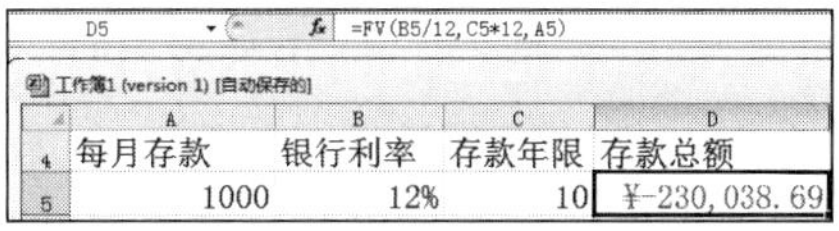

图 5-29　FV 函数的应用

5.8.2　PV 函数（投资偿还额现值计算函数）

PV 函数返回投资的现值。现值为一系列未来付款的当前值的累积和。

语法：PV(rate,nper,pmt,[fv],[type])

rate：各期利率。

nper：年金的付款总期数。

pmt：各期所应支付的金额，其数值在整个年金期间保持不变。通常，pmt 包括本金和利息，但不包括其他费用或税款。

fv：未来值，或在最后一次支付后希望得到的现金余额，如果省略 fv，则假设其值为 0（例如，一笔贷款的未来值即为 0）。

type：数字 0 或 1，0 指期末，1 指期初，用以指定各期的付款时间是在期初还是期末。默认值为 0。

例如：若某企业现在有一项投资选择——投资 15000 元，对方承诺未来每年年末返还给企业 2000 元，连续给 10 年，企业是否该进行这项投资？假设社会平均回报率为 8%。

函数使用如图 5-30 所示。

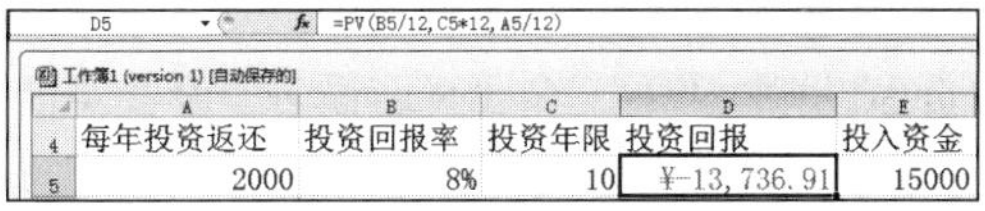

图 5-30　PV 函数的应用

5.8.3　NPV 函数（投资定期现金流净现值计算函数）

NPV 函数功能：计算一组定期现金流的净现值。通过使用贴现率以及一系列未来支出（负值）和收入（正值），返回一项投资的净现值（当前纯利润）。

语法：NPV（rate,value1,value2,...）

rate：是应用于现金流的贴现率，为一固定值。

value1、value2、...代表 1～29 笔支出及收入的参数值，value1、value2、...所属各期间的长度必须相等，而且支付及收入的时间都发生在期末。如果支付的时间发生在期初，不能作为 value 参数，而是将收入转换成净现值后再扣除支付金额。

例如：某企业计划收购一小工厂，收购成本为 500,000 元，必须预先付清，经过市场调查，预计今后 6 年的营业收入可达到 110,000 元、130,000 元、160,000 元、180,000 元、190,000 元和 210,000 元，每年的贴现率为 8.7%。这项收购计划是否可行？

函数使用如图 5-31 所示，根据投资净现值就能看出收购计划是否可行，本例是可行的。

5.8.4 XNPV 函数（投资不定期现金流净现值计算函数）

XNPV 函数功能：返回一组现金流的净现值，这些现金流不一定定期发生。

语法：XNPV(rate,values,dates)

rate：是应用于现金流的贴现率，为一固定值。

dates：是与现金流支付相对应的支付日期表。

values：是与 dates 中的支付时间相对应的一系列现金流转。

例如：某公司计划在 2014 年 5 月 3 日拿出 500,000 元资金用于某项投资，预计可于如下时间内分 4 次获取返回资金：2014 年 12 月 3 日返回 120,000 元，2015 年 2 月 3 日返回 160,000 元，2015 年 5 月 3 日返回 160,000 元，2015 年 12 月 3 日返回 90,000 元，资金流转折扣为 8.2%，这项投资是否划算？

函数使用如图 5-32 所示，根据现金流净现值来看，本例是不划算的。

图 5-31　NPV 函数应用　　　　　　图 5-32　XNPV 函数应用

5.9 打 印 文 件

在打印之前，为了确保打印出来的表格符合要求，一般先进行打印预览，若对预览效果不满意，就要不断地进行修改，直到满意为止。

步骤 1　设置"页面"选项卡。打开已编辑好的电子表格文档后，单击"页面布局"选项卡下"页面设置"组右下角"页面设置"设置对话框按钮，在弹出的"页面设置"对话框中单击"页面"选项卡再根据需要选择纸张"方向"（默认为纵向），纸张"缩放比例"微调框及"纸张大小"（默认为 A4 纸）等选项，如图 5-33 所示。

步骤 2　设置"页边距"选项卡。单击图 5-34 所示的"页边距"选项卡，根据需要设置页边距大小及居中方式。

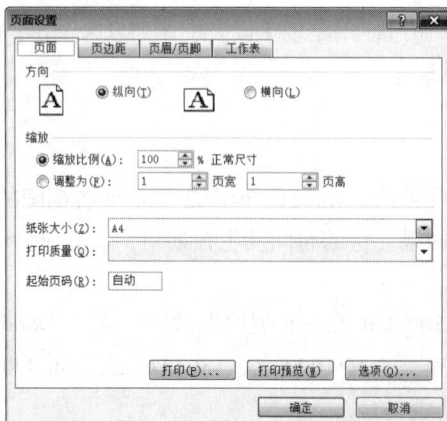

图 5-33　"页面"选项卡　　　　　　图 5-34　"页边距"选项卡

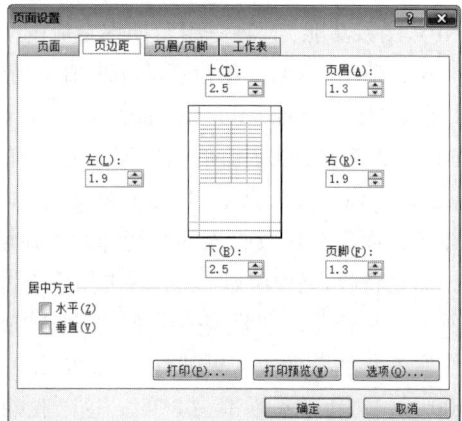

步骤 3　设置"页眉"选项卡。单击图 5-34 所示的"页眉/页脚"选项卡，然后单击"自定义页眉"按钮，弹出"页眉"对话框后，根据需要将页眉的内容输入在相对应的左、中、右文本框中，如在"中"文本框中输入"贷款模拟运算表"，如图 5-35 所示，再单击"确定"按钮。

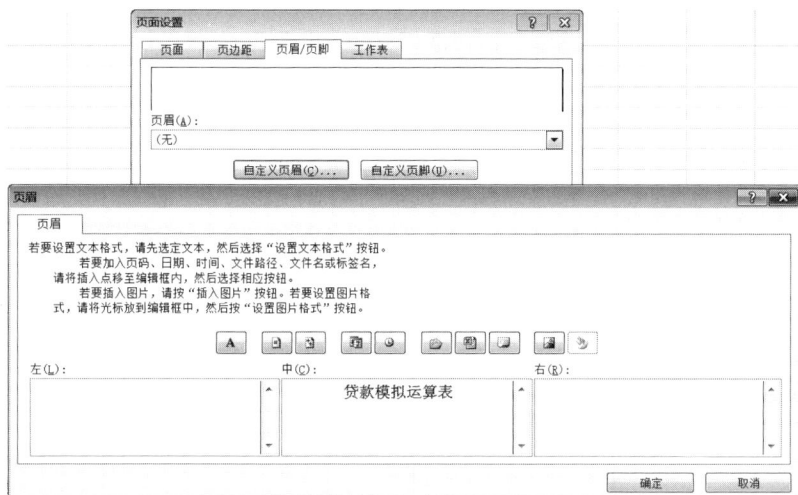

图 5-35　"页眉/页脚"选项卡和"页眉"对话框

步骤 4　设置"页脚"选项卡。返回"页眉/页脚"选项卡，再单击"自定义页脚"按钮，弹出"页脚"对话框后，根据需要将页脚的内容输入在相对应的左、中、右文本框中，如图 5-36 所示。

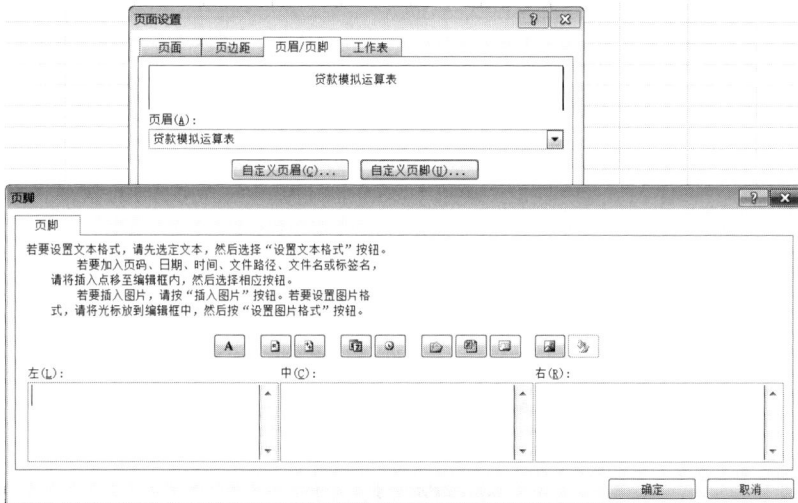

图 5-36　"页眉/页脚"选项卡和"页脚"对话框

步骤 5　设置"工作表"选项卡。单击图 5-37 所示的"工作表"选项卡。若要在每一页上打印标题行（字段名），单击"打印标题"选项中的"顶端标题行"文本框后的"⬚"按钮，输入列标志所在行的行号，如"$1:$1"，或用鼠标选择标题行的位置，即可在每一页上显示标题行。

步骤 6　打印预览。完成所有设置后，单击图 5-37 所示的"打印预览"按钮。或者单击"确定"按钮，返回工作表编辑窗口，再单击"文件"按钮，在展开的列表栏中选择"打印"命令，即可在窗口右侧预览到要打印工作表的效果，若预览效果没有达到要求，则返回"页面设置"对话框进行设置修改。

步骤7 打印工作表。预览完成后，可直接在预览窗口单击"打印"按钮，弹出"打印内容"对话框，在"打印内容"对话框中，根据需要设置打印机程序、打印范围、打印内容和份数等选项，如图 5-38 所示，最后单击"确定"按钮即可打印出工作表。

图 5-37　每页显示标题行的设置 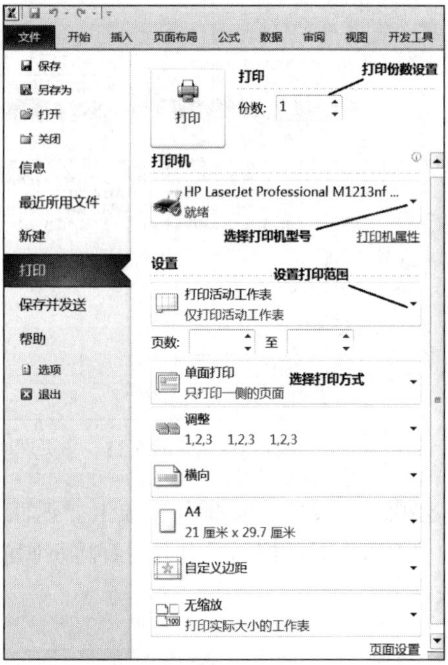　　　　图 5-38　打印选项设置

如果计算机上安装了多台打印机，可以在"打印机"下拉列表框中选择相应的打印机。

在"设置"选项下拉列表框中，可以选定要打印的文档范围，若选定"打印整个工作薄"按钮，则将打印整个工作表；还可在"页数"文本框中输入指定页码的数值范围，打印指定页数。

还可设置"打印方式"，即单面打印还是双面打印。

在"份数"微调框中，可以根据需要设置要打印的份数。

在"缩放"设置中，还可以将工作表、行、列都调整到一页上。

还可单击"打印机属性"按钮设置打印机的属性。

本章小结

本章通过学习企业贷款模拟运算表的制作，掌握了单变量模拟运算和双变量模拟运算在工作中的应用以及单元格数据相对和绝对引用；学会了 PTM 财务函数在投资或贷款时的使用以及图表的创建。

习 题 五

一、单项选择题

1. 在进行公式计算时，当出现"#NAME？"错误时，可能的原因是（　　　）。

　　A. 使用了负的日期或时间　　　　　　B. 使用了 Excel 无法识别的文本

　　C. 单元格无法容纳计算结果　　　　　D. 使用的参数类型错误

2. 在 Excel 2010 中，单元格地址的引用方式有（　　　）。

　　A. 复制、移动和粘贴　　　　　　　　B. 相对引用、绝对引用和混合引用

　　C. 编辑、删除和查找　　　　　　　　D. 逻辑地址、物理地址和单位地址

3. 图表是与生成它的工作表数据相链接的，因此，工作表数据发生变化时，图表会（　　　）。

　　A. 自动更新　　　　　　　　　　　　B. 断开链接

　　C. 保持不变　　　　　　　　　　　　D. 随机变化

4. 新创建的图表不可以（　　　）。

　　A. 作为对象插入到别的已存在的工作表中

　　B. 作为新的工作表插入到其他工作簿

　　C. 作为对象插入到其他工作簿已存在的工作表中

　　D. 生成一个图像文件

5. 在 Excel 2010 中，若要对单元格数据进行"单变量求解"，则应使用（　　　）。

　　A. "数据"菜单　　　　　　　　　　　B. "工具"菜单

　　C. "插入"菜单　　　　　　　　　　　D. "视图"菜单

6. 按下（　　　）功能键，可实现相对引用、绝对引用和混合引用的轻松转换。

　　A. F1　　　　　　　B. F8　　　　　　　C. F4　　　　　　　D. F12

7. 若要向银行贷款，则在 PMT 函数中，贷款本金则为（　　　）。

　　A. 正值　　　　　　B. 小数　　　　　　C. 负值　　　　　　D. 整数

8. 若要清除模拟运算表计算结果单元格区域中的数据，应选择（　　　）命令。

　　A. "清除属性"　　　　　　　　　　　B. "清除格式"

　　C. "清除宏"　　　　　　　　　　　　D. "清除内容"

二、填空题

1. "单变量求解"是一组命令的组成部分，这些命令有时也称为_____。

2. 在双变量模拟运算表中输入公式，必须输入到_____。

3. 使用双变量模拟运算表进行计算之后的结果是以_____形式出现的。

4. _____实质上只是为简化某些数值变化对最终结果的影响而建立的一个数据表。

5. Excel 2010 提供了两类数组：_____。

6. 在财务函数 PMT（C3/12,B3*12,−A3）中，−A3 表示_____。

三、上机操作题

1. 某企业计划在 5 年后创办一所希望小学，需要资金 200,000 元。从今年开始筹备资金，打算在每月月初存入 5,000 元。假设在整个投资期间内，平均年投资回报率为 7.6%，请帮企业用函数算算 3 年后这笔存款是否足够创办希望小学？完成后以"希望基金.xlsx"为文件名保存在指定

路径下。

2. 假定采取分期付款的方式，用户贷款 30 万元用于购买住房，从 2015 年 3 月 5 日开始起贷。如果年利率为 4.2%，分期付款的年限为 20 年。请用"贷款分期付款"模板帮助该用户计算在给定条件下的每期应付款数。完成后以"住房贷款.xlsx"为文件名保存在指定位置。

3. 若付款年限和贷款利息发生如下表所示的变化，则请帮助第 2 题的用户计算在不同贷款期限和利率下每月应支付的款数。他的最优还款方案是哪一种？完成后以"双变量住房贷款.xlsx"为文件名保存在指定位置。

年限	5 年	10 年	15 年	20 年
利率	5.05%	5.24%	5.5%	5.8%

4. 某企业计划为员工提高福利，欲购买一笔医疗保险，购买的成本为 28,000 元，该保险可以在今后 30 年中每月末回报 150 元，投资年回报率为 5.6%。新风超市购买这份保险是否划算？完成后以"保险.xlsx"为文件名为文件名保存在指定位置。

第6章
PowerPoint 与广告宣传

当需要介绍一份计划、项目报告、影片、风景区或产品宣传时，最好的办法就是事先准备好一个配有文字、图片、图表、视频或声音背景的演示文稿，便于阐述或说明，还可以在面向观众播放演示文稿的同时，配以丰富详实的讲解。

PowerPoint（PPT）是制作演示课件的有力工具，用户无论是向观众介绍一个计划、一种新产品，还是作报告、培训员工、广告宣传，只要事先使用 PowerPoint 做一个演示文稿，就会使阐述过程简明而又清晰，轻松而又丰富翔实，从而更有效地与他人沟通。

利用 PowerPoint 中文版声音和图形处理等方面的强大功能，我们可以非常方便快捷地完成效果如图 6-1 所示的"动画片介绍"。

图 6-1　完成效果

6.1　素材准备

一个好的 PPT 文件，必须逻辑清晰、主题突出、美观陈列、首页和尾页要有适当的标题和结束语，并配以剪辑编辑好的图片、视频和声音文件等素材。

PPT 所需图片、视频和声音等素材可以通过一些专业软件对这些素材文件进行前期编辑处理，如从网上下载与 PPT 主题相关的视频文件，目前从网上下载的视频大多是 FLV 格式，不能插入到 PPT 中，因此要通过专业软件（如格式工厂等）将之转换为 PPT 能识别的文件格式并插入其中。

素材准备包括：收集素材（图片、视频和声音文件等）、编辑处理素材（利用专业软件对素材进行适当的编辑处理）和存放处理好的素材。

下面就通过介绍 3 个软件来完成素材的前期编辑处理等准备工作。

6.1.1 格式工厂

"格式工厂"软件是一款绿色软件，无需安装，解压后即可使用。它是一款功能全面的格式转换软件，支持转换几乎所有主流的多媒体文件格式，包括多种视频格式、音频格式和图像格式，如支持 MP4、AVI、WMV、MOV、FLV、SWF 等视频格式，支持 MP3、WMA、FLAC、AAC、MMF、AMR、M4A、M4R、WAV 等音频格式和支持 JPG、PNG、BMP、GIF、TIF、PCX、TGA 等图像格式。

步骤 1 格式工厂软件解压后，双击图 6-2 所示的"FormatFactory.exe"执行文件，即可打开该软件。

步骤 2 软件界面。如图 6-3 所示，单击左侧视频所需要转换的格式，如"所有转到 WMV"格式。

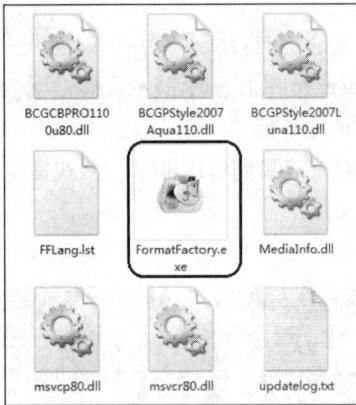

图 6-2 双击"格式工厂"执行文件

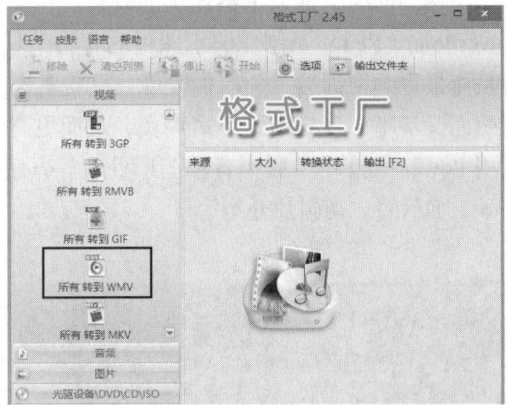

图 6-3 "格式工厂"软件界面

步骤 3 设置参数。弹出图 6-4 所示的对话框，选择"输出配置"，更改"屏幕大小"属性。再单击中"添加文件"按钮，添加所需要转换的视频文件，添加文件后再单击"浏览"按钮，设置转换后文件存放的路径，最后单击"确定"按钮，返回主界面。

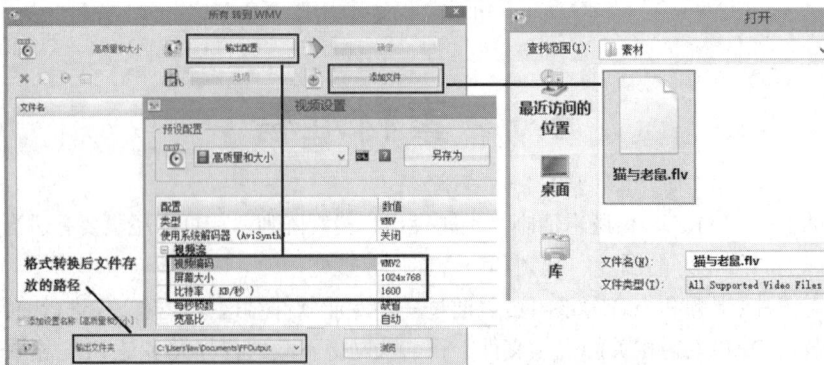

图 6-4 设置"输出配置"等选项参数

步骤 4 完成转换。在主界面中单击"开始"按钮即可进行指定格式转换，转换完成后，即可得到所需要的视频格式文件，如图 6-5 所示。

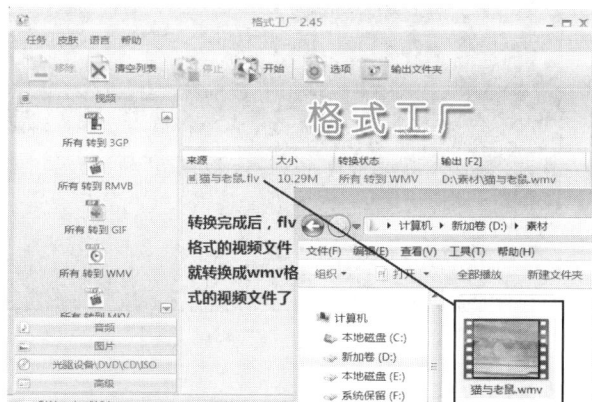

图 6-5　完成指定格式转换

6.1.2　会声会影

"会声会影（绘声绘影）"是一款功能强大的视频编辑软件，具有图像抓取和编辑功能，可以抓取图像，转换 MV、DV、V8、TV 和实时记录抓取画面文件，并提供有超过 100 多种的编制功能与效果，可导出多种常见的视频格式，甚至可以直接制作成 DVD 和 VCD 光盘。操作简单易懂，界面简洁明快。

1. 会声会影软件的安装

步骤 1　双击" 会声会影 X5简体中文版.exe "执行文件，然后按提示开始进行安装。

步骤 2　安装完成后，即可使用该软件对用格式工厂软件转换好的视频进行剪辑。

2. 会声会影软件的使用

步骤 1　打开软件。打开桌面" "图标，或双开"开始"|"所有程序"|"Corel VideoStudio Pro X5"程序文件，其软件界面如图 6-6 所示。

图 6-6　"会声会影"软件界面

步骤 2　插入视频。鼠标右击"将视频素材拖到此处"窗口空白处，在弹出的快捷菜单中选择"插入视频"命令，插入要编辑的视频，如图 6-7 所示。

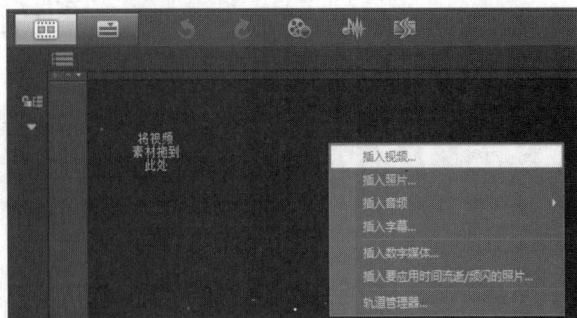

图 6-7　插入视频

步骤 3　修剪视频。选中插入好的视频，单击右侧"选项"按钮，在打开的"选项"面板中选择"多重修剪视频"命令，如图 6-8 所示。

图 6-8　多重修剪视频

步骤 4　修剪定位。在打开的"多重修剪视频"窗口，先将"飞梭"移动到要播放的开始位置定位，然后单击"开始"按钮"［"键，开始定位，如图 6-9 所示。

图 6-9　视频修剪定位标记

步骤 5 完成修剪。将"飞梭"移到要视频片段要结束的位置,单击"终止"按钮"]"键,第一段视频就剪辑好了。同样操作,剪辑好所需的第二段、第三段视频等,如图 6-10 所示。

图 6-10 视频修剪完成效果图

步骤 6 返回"编辑"菜单窗口。剪辑好所需的全部视频片段后,单击"确定"按钮,返回"编辑"窗口,如图 6-11 所示,可看到下方"编辑"区出现刚才"修剪"好的视频片段。

步骤 7 选择需合成视频的格式。单击菜单栏上的"分享"命令,在弹出的快捷菜单中根据需要选择视频格式(如 WMV 格式),如图 6-12 所示。

图 6-11 "编辑"区修剪好的视频段

图 6-12 选择合成视频格式

步骤 8 保存视频。选择好视频格式后,弹出"创建视频文件"对话框,完成合成视频文件的保存路径、文件名等设置,完成后单击"保存"按钮即可完成所需几段视频的剪辑。

视频修剪处理完成后,有时还需要对修剪处理好的视频文件声音进行后期处理(如重新配音等），可以利用会声会影软件中"分割音频"功能，删除原视频声音文件。

步骤 9 分割音频。重启会声会影软件，在会声会影"编辑"窗口，插入合成好的视频，再单击"分割音频"按钮，将视频与音频分离开来，如图 6-13 所示。

图 6-13　分割视频中的音频

步骤 10 删除音频。右击音频处，在快捷菜单中选择"删除"命令，即可删除视频中的声音。若要插入其他编辑声音，则选择"插入音频"命令，再单击"分享"菜单选项，再次执行步骤 7、步骤 8 操作即，如图 6-14 所示。

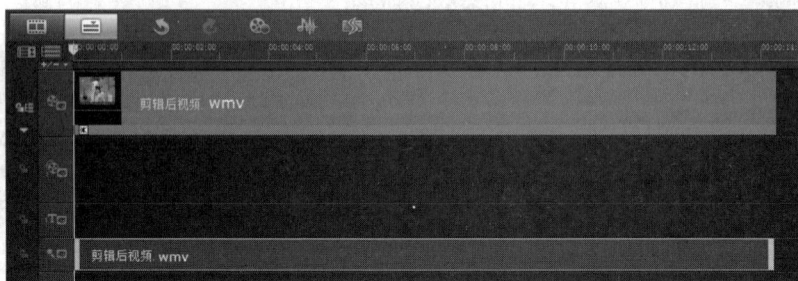

图 6-14　删除音频

6.1.3　Cool Edit 软件

Cool Edit Pro 软件是一款功能强大、效果出色的多轨录音和音频处理软件，提供了放大、降低噪音、压缩、扩展、回声、失真、延迟等多种特效。可以同时处理多个声音文件，轻松完成在几个文件中进行剪切、粘贴、合并、重叠声音操作。

该软件还包含有 CD 播放器。其他功能包括：支持可选的插件；崩溃恢复；支持多文件；自动静音检测和删除；自动节拍查找；录制等。另外，它还可以在 AIF、AU、MP3、Raw PCM、SAM、VOC、VOX、WAV 等文件格式之间进行转换，并且能够保存为 RealAudio 格式。

1. 消除原音乐文件中人声

步骤 1 打开软件。启动 Cool Edit Pro 软件，可以看到图 6-15 所示界面。

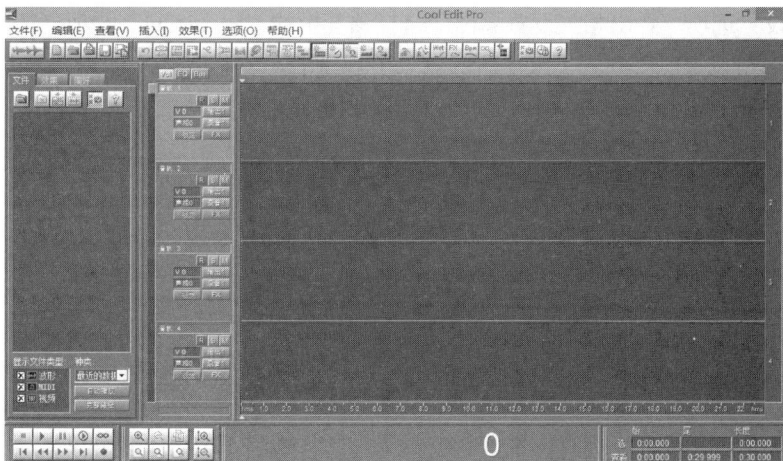

图 6-15　"Cool Edit Pro"软件界面

步骤 2　导入声音文件。单击"文件"|"打开波形…"命令，在弹出的"打开波形文件"对话框中选择要消除人声的 MP3 或其他格式声音文件，单击"打开"按钮，MP3 会自动导入到软件中，如图 6-16 所示。

图 6-16　导入声音文件

步骤 3　设置效果。双击导入的音频文件，选择"效果"|"波形振幅声"|"道重混缩"命令，如图 6-17 所示。

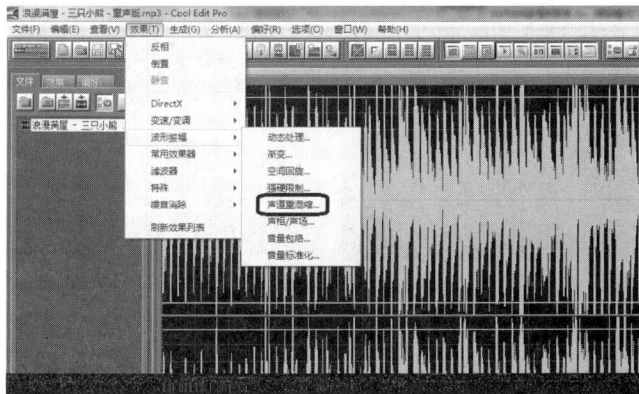

图 6-17　设置"声道重混缩"效果

步骤 4　设置选项。弹出相关设置界面，选择预置中的"Vocal Cut"选项，如图 6-18 所示，单击预览按钮就可以实时听到去了人声后的效果了。在图 6-18 中左侧声道滑杆可以根据歌曲自行调节，直到效果满意为止，单击"确定"按钮，软件开始处理。

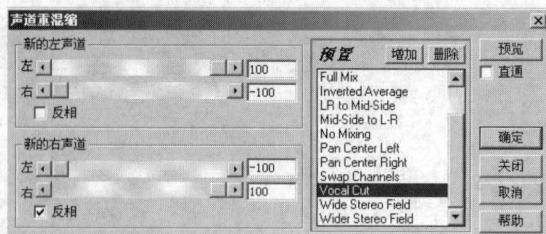

图 6-18　设置"Vocal Cut"选项

步骤 5　完成消声处理。处理完毕后，另存为自己喜欢的音频格式就可以了，保存在指定路径下即可，如图 6-19 所示。

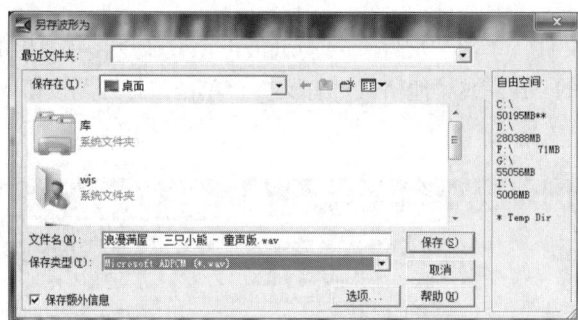

图 6-19　设置处理好声音文件的路径和文件格式

2. 录制原音

步骤 1　导入伴奏音乐文件。返回 Cool Edit Pro 软件主界面（选择"文件"|"关闭"命令，再单击左上角"切换为波型编辑界面"按钮即可），右击音轨 1 右侧空白处，在弹出的快捷菜单中打开"插入"|"音频文件…"对话框，插入刚消除人声音的 WAV 格式的伴奏文件，如图 6-20 所示。

> **注意**　MP3 格式的音乐文件也可以。

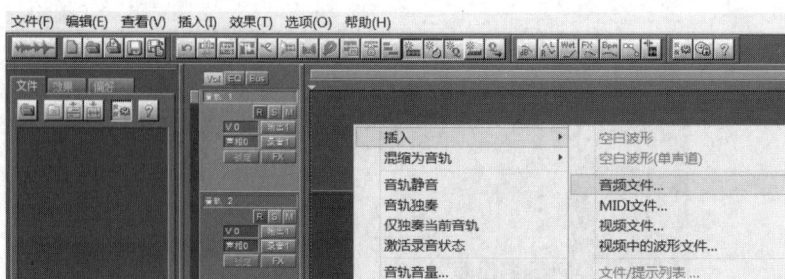

图 6-20　导入伴奏音乐文件

步骤 2　开始录音。单击音轨 2 中的"R"按钮，再单击左下方的红色"录音键"按钮，就可以跟随着伴奏音乐开始演唱和录制，如图 6-21 所示。录制完成后可单击左下方"播放"按钮进行播放试听，若不满意可以重新录制，直到满意为止。

图 6-21　开始录音

步骤 3　保存声音文件。双击图 6-21 左侧"音轨 2*"声音文件，进入波形编辑界面，将刚录制好的声音文件根据需要保存为 WAV 格式或 MP3 格式。

> 录制时要关闭音箱，通过耳机来听伴奏，跟着伴奏进行演唱和录音。录制前一定要调节好总音量及麦克音量，保证录音效果。若录制时有环境或电流的噪音则可用软件的"效果"|"噪音消除"功能进行降噪处理。

素材都处理好后就可以进行 PPT 制作了。

6.2　创建并编辑演示文稿

在启动 PowerPoint 2010 时，就已经创建了一份演示文稿，默认的名称为"演示文稿 1"，用户就可以直接为该演示文稿输入内容，然后将其保存下来。

6.2.1　新建空演示文稿

在 PowerPoint 2010 中，可以使用多种方式新建演示文稿，包括新建空白演示文稿、利用设计模板、利用内容提示向导和利用现有演示文稿等。

步骤 1　启动演示文稿。启动 PowerPoint 2010，即可出现图 6-22 所示的"演示文稿 1"幻灯片设计窗口，一般是"标题幻灯片"版式。可在此幻灯片上输入标题和副标题来作为封面。

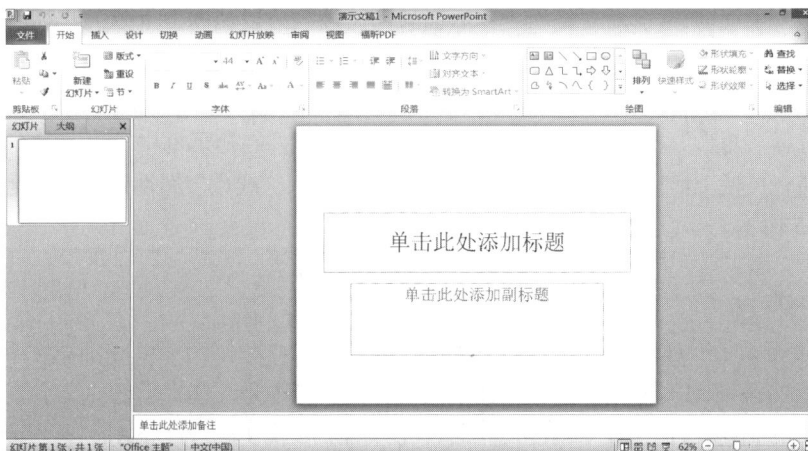

图 6-22　"演示文稿"编辑窗口

步骤2　选择并应用设计模板。单击菜单栏上"设计"选项卡，在"主题"组中选择所需要的幻灯片主题，也可以从网上下载主题模版，如图6-23所示。

图6-23　应用设计模板后的幻灯片

步骤3　选择版式。设计封面后可单击工具栏上的"新建幻灯片"按钮添加其他幻灯片。选择"开始"选项卡下的"幻灯片"组"版式"下拉按钮，在打开"Office 主题"对话框中选择所需要的版式。

6.2.2　在幻灯片中插入艺术字与文本

艺术字是具有特殊效果的文字，它的灵活多变和绚丽多彩是一般的格式文本无法比拟的。艺术字也是一种图形对象，在幻灯片中适当地使用艺术字，可以使演示文稿增色不少。将标题设置为艺术字，能使标题更加醒目、美观。

步骤1　插入艺术字。选择"插入"选项卡下的"文本"组"艺术字"下拉按钮，在打开的"艺术字"样式中选择合适的艺术字样式，如选择第三行四列"渐变填充—蓝色"样式。

步骤2　设置艺术字文本效果。选择艺术字，在"艺术字样式"选项中单击"文本效果"下拉按钮，在打开的下拉菜单中选择"转换"|"弯曲"选项，再选择"倒V型"样式。

步骤3　编辑艺术字。在"请在此放置您的文字"占位符中输入文本"动画片介绍"，并设置其"字体"为"卡通简体"（若字体库中没有需要的字体，可以从网上下载），即可在幻灯片中插入艺术字，并调整艺术字的位置，如图6-24所示。

步骤4　设置副标题。选择"插入"选项卡下的"插图"组中的"形状"下拉按钮，在打开的形状库中选择"矩形"，在幻灯片合适位置画一个矩形，并在矩形框中输入文字"猫和老鼠"，设置文字字体，再将矩形框的"填充"属性设置"无填充"，"线条"属性设置为"无线条"，完成效果如图6-25所示。

小贴士

（1）占位符是带有虚线或影线标记边框的框，如图6-24艺术字所示。它能容纳标题和正文，以及图表、表格和图片等对象。在输入文本之前，占位符中是一些提示性的文字。当用鼠标单击占位符中的提示后，这些提示就消失，而且光标的形状就变成一短竖线，这时就可以在占位符中输入文本了。当在占位符中输入文本后，若不选中该占位符，其边框就不显示出来。

（2）可以调整占位符的位置，其操作步骤为：选中占位符后，拖动占位符边框到合适的位置释放即可。若要调整占位符的大小，其操作步骤为：选中占位符后，拖动其边框上的句柄即可。

（3）在应用了幻灯片版式后，幻灯片中的占位符就不能添加，但可以删除。当需要在幻灯片占位符外的位置添加文本时，可以选择"插入"|"文本框"|"横排文本框"或"垂直文本框"选项来添加文本，也可以利用"形状"下拉库中的"基本形状"中的"矩形""圆周矩形"等形状，在幻灯片中的适当位置拖动鼠标即可画出，再选中形状，通过"编辑文字"用来添加文本。

图 6-24　艺术字设置完成的效果　　　　　　图 6-25　在幻灯片中输入副标题

6.2.3　设置动画效果

增加动画效果能够使一张演示文稿更加生动而富有吸引力。PowerPoint 2010 提供了一些非常便捷地实现动画效果的功能，可以实现图片的动感效果。

步骤 1　设置艺术字动态效果。选定艺术字，再单击"动画"选项卡中"高级动画"组中的"添加动画"下拉按钮，在打开的动画库中选择艺术字所需要的动态效果，如"轮子"效果，如图 6-26 所示。也可以通过单击"动画"选项卡下的"动画"组中选择。

步骤 2　设置动画效果参数。艺术字动画效果设置好后，再单击"动画"选项卡中"动画"组中的"效果选项"下拉按钮，在打开的效果选项中选择"8 轮辐图案"选项，即可完成动画效果参数设置。

图 6-26　设置动态效果

步骤 3　设置副标题动态效果。同步骤 1 的操作，选定副标题，再单击"动画"选项卡下的"动画"组中选择艺术字所需要的显示动态效果，如"飞入"效果，再设置"飞入"效果的效果选项。

步骤 4　设置"计时"选项。在"动画"选项卡中"计时"组中，动态效果"开始"的方式有："单击时""与上一动画同时"和"上一动画之后"3 种方式，可以根据需要来进行设置，如此例设置的是"与上一动画同时"。还可以设置动画显示的先后顺序，如图 6-27 所示。

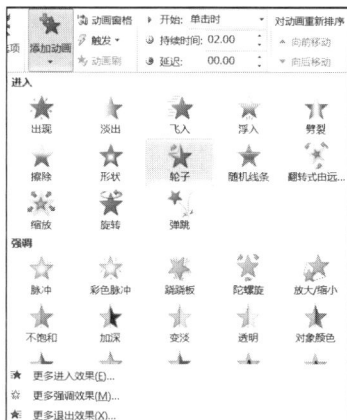

图 6-27　设置动态效果"计时选项"

6.2.4　为其他幻灯片设置图片动感效果

为其他幻灯片设置图片动感效果的操作步骤如下。

步骤 1　添加幻灯片。单击"开始"选项卡"幻灯片"组中"新建幻灯片"下拉按钮，在打开"Office 主题"选项中，选择对应的样式，"版式"下拉按钮，在打开的"版式库"中选择"标题和内容"版式，如图 6-28 所示，就添加了一张幻灯片。

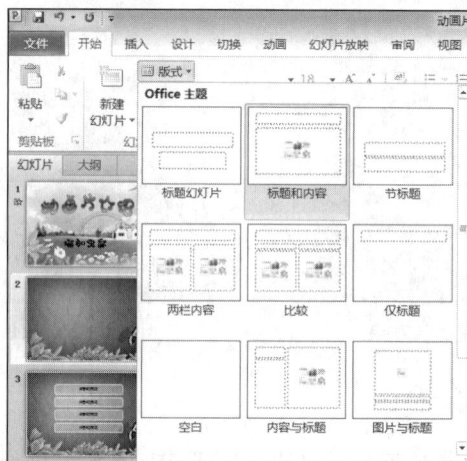

图 6-28　"标题和内容"版式的幻灯片

步骤 2　添加标题。在标题占位符中输入"猫和老鼠"文本，并设置好字体、大小、颜色等。

步骤 3　插入图片。选择"插入"选项卡下的"图像"组中"图片"选项，在"插入图片"对话框中选择所需要插入的图片，再单击"插入"按钮。图片插入完成后调整图片的大小，位置，再设置图片的动画效果。

步骤 4　设置标题动画方案。选定"猫与老鼠"标题，再单击"动画"选项卡中"高级动画"组中的"添加动画"下拉按钮，在打开的选项菜单中选择"其他动作路径"选项。

步骤 5　设置动作路径。在弹出图 6-29 所示的"添加动作路径"对话框，选定"橄榄球形"动画类型，单击"确定"按钮。再设置"动画"选项卡"计时"组中的"开始"选项，将其设置为"与上一动画同时"选项，其他均采用系统默认状态，调整标题路径位置，即可完成对标题动态效果设置，完成效果如图 6-30 所示。

步骤 6　添加进入动态效果。再选定幻灯片中的图片，单击选项卡中的"添加动画"按钮，在出现的下拉菜单中选择 "更多进入效果"选项，如图 6-31 所示。

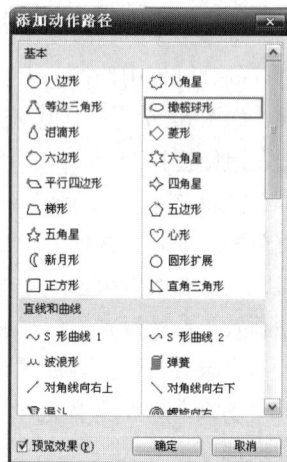

图 6-29　"添加动作路径"
对话框

步骤 7　设置进入动态效果类型。在打开的"添加进入效果"对话框，选中"玩具风车"动画类型，单击"确定"按钮（也可以通过单击"动画"选项卡下的"动画"组中选择动画类型）。设置好动态效果后再设置"计时"组中将其"开始"选项设置为"上一动画之后"选项，"进入效果"就设置完成了。

图 6-30 设置标题动态效果

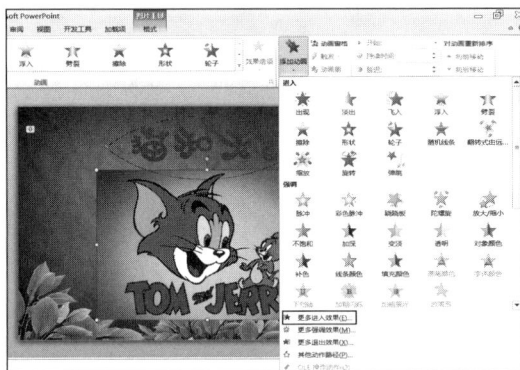

图 6-31 为图片设置进入动态效果

步骤 8 添加退出动态效果。根据需要设置退出动态效果，和添加进入动态效果一样，为文字和图片添加退出动态效果。

步骤 9 完成设置。按照上述步骤 1～步骤 8 的操作，设置好新幻灯片的版式，再输入标题等文字和插入图片等，并完成动态效果设置。

采用类似操作步骤，根据需求完成其他幻灯片的设置。并以"动画片介绍.PPTX"为文件名保存在指定位置。

6.2.5 设置幻灯片的切换效果

设置幻灯片的切换效果操作步骤如下。

步骤 1 设置"切换"效果。选定第一张幻灯片，选择"切换"选项卡"切换到此幻灯片"组中，在样式库中选择任一切换样式，如"形状"切换样式，选定样式后再设置"效果选项"，如"增强"效果。

步骤 2 设置"换片"方式。在"切换"选项卡"计时"组中，设置选定幻灯片的换片方式，如勾选"设置自动换算时间"方式，并设置好换片需要的时间。

步骤 3 依次再设置其他幻灯片的切换效果，使其他幻灯片都具有不同的切换效果。

> ✏️ **小贴士**
>
> 单击"计时"组中的"全部应用"按钮，可以直接将步骤 1、步骤 2 设置好的切换效果方案应用于所有幻灯片，步骤 3 就可以不执行了。

6.2.6　添加音乐效果

在幻灯片中除了可以插入图形之外，还可以插入声音等多媒体对象，这样就可以制作出声色俱佳的演示文稿。PowerPoint 2010 有"插入"和"嵌入"两种添加背景音乐效果的方式。

1．插入方式

步骤1　插入声音文件。选定第一张幻灯片，再选择"插入"选项下的"媒体"组"音频"选项中的"文件中的音频"，在打开的对话框中选择需要插入的声音文件，单击"插入"按钮后，插入所需声音文件，如图 6-32 所示，则在第一张幻灯片中插入了一个音频小图标。

图 6-32　"插入"选项插入声音

步骤2　设置音频选项。选定"音频"图标，单击"音频工具" | "播放"选项，在"音频选项"组中分别将"开始"选项设置为"跨幻灯片播放"，并勾选"放映时隐藏"，如图 6-33 所示。

图 6-33　"音频"参数设置

步骤3　取消声音播放。若在幻灯片中还需要插入视频文件，为避免视频文件声音和插入声音文件冲突，可选定"音频"图标，再单击"动画" | "动画窗格"按钮，在打开的"动画窗格"中单击声音文件下拉按钮，再选择"效果选项"，在"效果选项"对话框"效果"选项卡中，设置"开始播放"为"从头开始"，"停止播放"为"在（F）：4 张幻灯片后"，如图 6-34 所示，完成设置后单击"确定"按钮即可。"开始播放"和"停止播放"参数可根据需要来设置。

图 6-34　"播放音频"参数设置

✎ **小贴士**

（1）不能删除插入的原声音文件，否则声音播放不了。

（2）若需要将此 PPT 文件复制到另一台计算机上，则必须将插入的声音文件与 PPT 文件一同复制到另一台计算机，复制好后再打开此 PPT 时需要重新插入声音文件。

（3）可插入 PPT 允许插入的多种音频格式文件。

2．嵌入方式

步骤 1　插入声音文件。选定第一张幻灯片，单击"切换"菜单下"计时"组中的"声音"下拉列表框，在弹出的列表框中选择"其他声音..."，如图 6-35 所示。在打开的"添加音频"对话框中选择要插入的声音文件。

步骤 2　完成声音文件插入。选择好声音文件后，再单击"确定"，关闭"添加声音"对话框，此时"切换"菜单下"计时"组中的"声音"选项中就出现了刚插入的声音文件，完成了声音文件的嵌入。

步骤 3　取消声音播放。若在幻灯片中还需要插入视频文件，为避免视频文件声音和插入声音文件冲突。先选定插入视频文件所在的幻灯片，单击"切换"菜单下"计时"组中的"声音"下拉列表框，在弹出的列表框中选择"停止前一声音"，如图 6-36 所示。

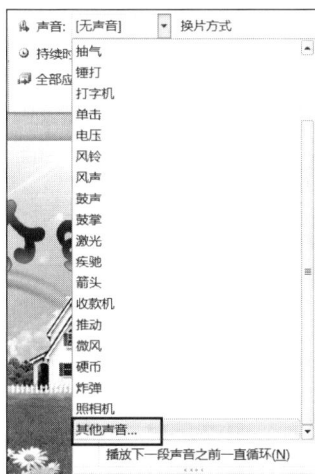

　　　　　图 6-35　设置嵌入声音　　　　　　　　　图 6-36　停止播放声音设置

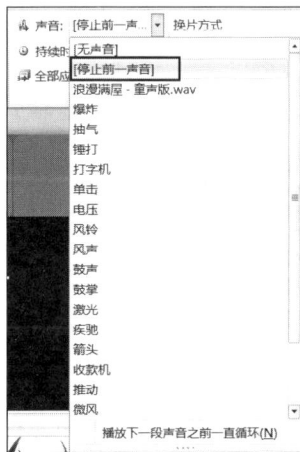

✎ **小贴士**

（1）添加的声音文件必须为"．wav"格式。

（2）复制到另一台计算机播放时，不需要再一起复制声音文件，即原声音文件可以删除。

（3）完成声音插入后不要点击"全部应用"按钮。

6.2.7　插入视频

有时，制作 PPT 时，需要用一些视频片段来丰富或更形象化主题，现简单介绍常用的 3 种视频插入方式。

1．直接播放视频

步骤1 插入视频文件。选定要插入视频的幻灯片，再选择"插入"选项下的"媒体"组"视频"选项中的"文件中的视频"，在打开的对话框中选择需要插入的视频文件，单击"插入"按钮后，则在该张幻灯片中插入了视频。

步骤2 设置视频参数。调整插入视频的位置，再选定视频，单击"视频工具"｜"播放"选项，在"视频选项"组中分别将"开始"选项设置为"自动播放"，并勾选"全屏播放"等选项。

步骤3 播放设置。在播放过程中，可以将鼠标移动到视频窗口中，单击一下，视频就能暂停播放。如果想继续播放，再用鼠标单击一下即可。

直接播放视频是最简单、最直观的一种方法。但不能更改视频文件的路径和文件名，也不能删除原视频文件。

2．"Windows Media Player"控件播放视频

步骤1 选择控件类型。选定要插入视频的幻灯片，单击"开发工具"选项下"控件"组中的"其他控件" 按钮，打开的控件选项中，选择"Windows Media Player"选项，如图6-37所示。

步骤2 设置URL属性。将鼠标移动到选定幻灯片的编辑区域中，画出一个合适大小的矩形区域，随后该区域就会自动变为"Windows Media Player"的播放界面。选中该播放界面，再单击"开发工具"选项下"控件"组中的"属性"按钮，或者右击选中的播放界面，在打开的快捷菜单中选择"属性"命令，在打开的"属性"窗口，在"**URL**"设置项中正确输入需要插入到幻灯片中视频文件的详细路径及文件名，如图6-38所示。

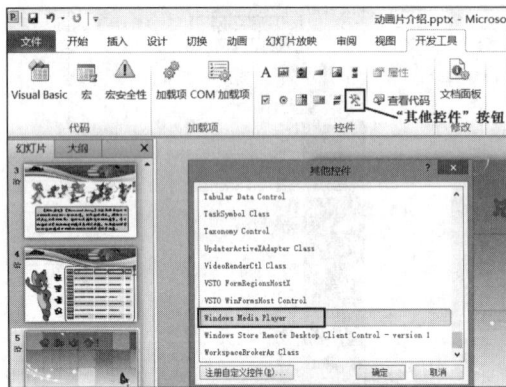

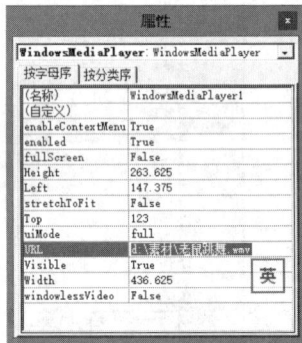

图6-37 选择控件   图6-38 设置"URL"属性选项

步骤3 完成设置。就能通过"播放""暂定""停止"等控制按钮来控制播放指定的视频。

"Windows Media Player"控件播放视频有多种可供选择的操作按钮，播放进程可以完全自己控制，更加方便、灵活，更适合幻灯片中图片、文字、视频在同一页面的情况。但不能更改视频文件的路径和文件名，也不能删除原视频文件。

3．"Shockwave Flash Object"控件播放视频

步骤1 文件格式转换。"Shockwave Flash Object"控件要求视频文件的格式必须是".swf"格式，利用"格式工厂"软件将原文件".wmv"格式转换为".swf"文件格式。

步骤2 选择控件类型。选定要插入视频的幻灯片，单击"开发工具"选项下"控件"组中的"其他控件" 按钮，打开的控件选项中，选择"Shockwave Flash Object"选项。

步骤 3　设置 Movie 属性。将鼠标移动到选定幻灯片的编辑区域中，画出一个合适大小的矩形区域，随后该区域就会自动变为 "Shockwave Flash Object" 的播放界面。选中该播放界面，再单击 "开发工具" 选项下 "控件" 组中的 "属性" 按钮，或者右击选中的播放界面，在打开的快捷菜单中选择 "属性" 命令。在打开的 "属性" 窗口，将 "Movie" 设置项中正确输入需要插入到幻灯片中视频文件的详细路径及文件名，如 "d:\素材\老鼠跳舞.swf"。

"Shockwave Flash Object" 控件播放视频是将视频文件嵌入到 PPT 中，设置成功后不受原视频文件影响，即删除原视频文件也不影响视频的播放。

小贴士

功能区中的 "开发工具" 选项卡设置可通过单击 "文件" | "选项" 按钮，在打开的 "选项" 对话框中单击 "自定义功能区" 按钮，在右侧展开的 "主选项卡" 列表框中勾选 "开发工具" 选项，再单击 "确定" 按钮，即可在菜单栏上添加 "开发工具" 选项卡。

6.2.8　添加幻灯片编号及徽标

通过设置幻灯片母版（母版是一张可以预先定义背景颜色、文本格式的特殊幻灯片，对它的修改将直接作用到应用该母版的幻灯片中）可以将通用的或者相近的设置属性应用到所有的幻灯片中，以保证每一张幻灯片的风格一致，还可以提高编辑效率。

母版包括幻灯片母版、讲义母版和备注母版。幻灯片母版主要用于幻灯片标题、正文等格式设置；讲义母版主要用于设置打印讲义的统一格式；备注母版用于设置备注的统一格式。

步骤 1　选择 "幻灯片编号" 命令。单击 "插入" 选项 "文本" 组中的 "页眉和页脚" 按钮，系统将弹出 "页眉和页脚" 对话框，如图 6-39 所示。

步骤 2　设置 "页眉和页脚" 对话框。在打开的对话框中勾选 "日期和时间" 复选框，选择 "自动更新" 选项，勾选 "幻灯片编号" 复选框，设置好后单击 "全部应用"，即可为幻灯片加上日期和编号。

步骤 3　选择 "幻灯片母版" 命令。选择菜单栏中的 "视图" 选项卡 "母版视图" 组中的 "幻灯片母版" 命令，如图 6-40 所示。

图 6-39　"页眉和页脚" 对话框

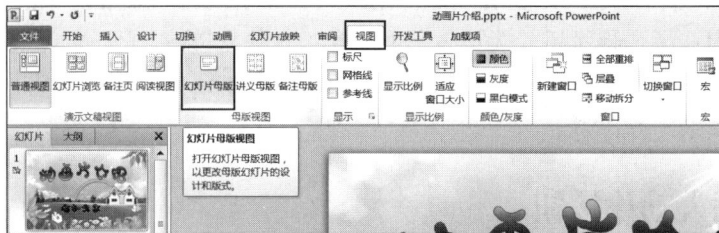

步骤 4　选择插入图片命令。单击菜单栏中的 "插入" 选项 "图像" 组中 "图片" 按钮，在打开的 "插入图片" 对话框，选择所需图片作为徽标插入到母版中，并调整好徽标的大小和位置。

图 6-40　编辑窗口中的幻灯片母版

步骤 5　完成添加徽标设置。选择 "幻灯片母版" 选项卡 "关闭" 组中 "关闭母版视图"，即可将徽标插入到所有幻灯片中。

6.3 设置交互式演示文稿

6.3.1 创建超级链接

在默认的状态下，放映演示文稿时，其中的幻灯片会依次从第一张顺序显示到最后一张。通过在演示文稿中创建超级链接，可以根据需要自行控制幻灯片的放映顺序。

步骤 1 选择"超链接"命令。选中第 1 张幻灯片中的"猫与老鼠"副标题文本，再单击"插入"选项卡"链接"组中的"超链接"按钮，在弹出的快捷菜单中选择"超链接"命令，则弹出图 6-41 所示的"插入超链接"对话框。

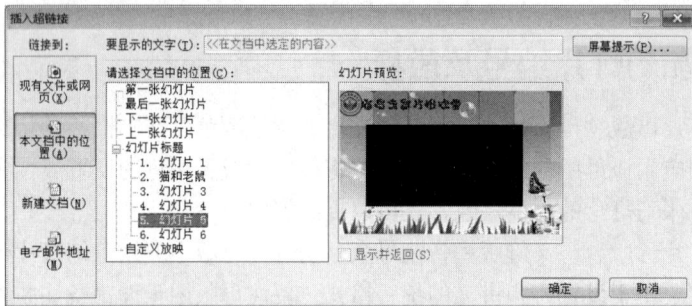

图 6-41 "插入超链接"对话框

步骤 2 设置链接到文档位置。在"插入超链接"对话框中，单击选择左边的"链接到"列表中的"本文档中的位置"选项，在"幻灯片标题"中选择所需要链接到的幻灯片，单击"确定"按钮，在放映时当单击第一张幻灯片的"猫与老鼠"文本，就可以直接链接到第五张幻灯片。

步骤 3 完成其他超链接设置。用同样的方法还可设置其他幻灯片中的文字和图片的超链接。

📝 小贴士

（1）设置超链接之前，最好先创建好所有的幻灯片。

（2）对文本或图形对象创建超链接时，除了可以使用"超链接"命令，还可以使用"插入"选项卡"链接"组中的"动作"。

（3）删除超链接的方法是：选择要删除超链接的文本或图形对象，单击鼠标右键，在弹出的快捷菜单中选择"删除超链接"命令（注意：删除超链接并不意味着删除代表超链接的文本或图形。相反，如果删除了代表超链接的所有文本或整个图形对象，那么就同时删除了该超链接）。

6.3.2 插入动作按钮

插入动作按钮，可以增强演示文稿的交互性，放映幻灯片时，只要单击动作按钮，就可以跳转到设置好的目标位置。

步骤 1　设置动作按钮。选择第二张幻灯片，单击"幻灯片放映"|"动作按钮"命令，从弹出的动作按钮列表中选择"动作按钮：前进或下一项"动作按钮　，如图 6-42 所示。

步骤 2　选择适当位置。这时鼠标变成"＋"形状时，在幻灯片中适当的位置单击，出现动作按钮，并弹出"动作设置"对话框，如图 6-43 所示，单击"超链接到（H）"右侧下拉按钮，选择所需选项。

步骤 3　调整大小和位置。单击"确定"按钮，调整好动作按钮的大小和位置即可完成动作按钮设置。

图 6-42　设置动作按钮

图 6-43　"动作设置"对话框

步骤 4　完成其他幻灯片动作按钮设置。用同样的方法可以给其他幻灯片添加所需要的动作按钮。

小贴士

（1）如果不想使用有现成图案的动作按钮，而是希望按钮上面的图案别致一些，那么，可以在动作按钮列表中选择空白的动作按钮，然后在上面放置自选图形。

（2）可以在任何一种动作按钮上面添加文字，只需右击按钮，在弹出的快捷菜单中选择"添加文本"命令。但习惯上，常常选择没有任何图案的动作按钮添加文字，从而创建自定义效果的动作按钮。

（3）若所有幻灯片所需的动作按钮相同，则可在幻灯片的母版中设置，并将所设的按钮图标对齐。

6.4　演示文稿的放映设计

有时候，可能要针对不同的用户或观众放映演示文稿指定的部分，这就要设置幻灯片的放映范围和方式。

6.4.1　设置排练时间

设置排练时间操作步骤如下。

步骤 1　选择"排练时间"命令。单击"幻灯片放映"|"排练计时"命令，幻灯片将开始放

映，同时屏幕的左上角将显示用于计时的"录制"对话框，如图 6-44 所示。

步骤 2 打开提示对话框。待幻灯片放映结束时，单击"录制"对话框右上角的"关闭"按钮，或按下 Esc 键，即可结束排练，并关闭"录制"对话框，同时系统将弹出提示对话框，如图 6-45 所示。

图 6-44 "录制"对话框   图 6-45 "幻灯片排练时间提示"对话框

步骤 3 完成排练时间设置。单击提示对话框中的"是"按钮，保存幻灯片的排练时间，并关闭对话框，系统将自动换到"幻灯片浏览视图"模式，且在幻灯片下方将显示每张幻灯片的排练时间。

6.4.2 设置幻灯片的放映方式

通过设置幻灯片的放映方式，我们可以将幻灯片设置成用户手动放映或自动播放。

步骤 1 选择"设置放映方式"命令。单击"幻灯片放映"|"设置幻灯片放映"命令，系统将弹出"设置放映方式"对话框。

步骤 2 设置"放映方式"对话框。在"设置放映方式"对话框中，设置其参数，如图 6-46 所示。

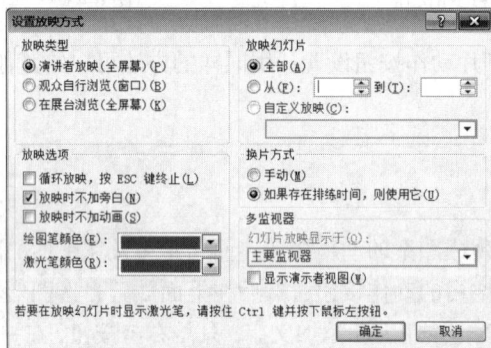

图 6-46 "设置放映方式"对话框

步骤 3 完成放映方式设置。单击"确定"按钮，关闭对话框，并返回演示文稿编辑窗口，完成对幻灯片放映方式的设置操作。

6.4.3 幻灯片放映及打包

使用 PowerPoint 2010 提供的演示文稿"打包"工具，可以将放映演示文稿所涉及的有关文件或程序连同演示文稿一起打包，形成一个文件，存放到其他位置，再到其他计算机上进行拆包放映。

步骤 1 选择"观看放映"命令。单击"幻灯片放映"|"从头开始"命令，即可开始自动放映幻灯片。

步骤 2 文件保存。单击"文件"|"保存"命令，对幻灯片进行保存，文件名为"动画片介绍"。

步骤 3 演示文稿"打包"。单击"文件"|"保存并发送"，在展开的菜单中选择"将演示文稿打包成 CD"命令，将幻灯片"打包"。

本章小结

本章通过"动画片介绍"幻灯片的设计和制作过程，主要学习了在幻灯片中插入艺术字、文本框、图片、音乐等对象及其动画效果的设置，以及超链接、动作按钮、幻灯片的排练时间等的设置方法和技巧。利用对象的延时及幻灯片的排练时间可以有效地控制幻灯片的放映效果。

习　题　六

一、单项选择题

1. PowerPoint 2010 最主要的功能是（　　　）。
   A. 创建和显示图形演示文稿　　　　　　B. 文字处理
   C. 图形处理　　　　　　　　　　　　　D. 收发邮件

2. 不属于幻灯片视图的是（　　　）。
   A. 幻灯片视图　　B. 备注页视图　　C. 大纲视图　　　　D. 页面视图

3. 在 PowerPoint 中添加动画效果是指（　　　）。
   A. 使幻灯片上的文本、形状、声音、图像、图表和其他对象具有动画效果
   B. 插入多媒体动画
   C. 设置幻灯片切换时的动画效果
   D. 插入具有动画效果的影片文件

4. 用 PowerPoint 制作产品宣传方案，希望在演示时能满足不同对象的需要，处理该演示文稿的最优操作方法是（　　　）。
   A. 制作一份包含适合所有客户对象的演示文稿，每次放映时按需要删减
   B. 制作一份包含适合所有客户对象的演示文稿，放映前隐藏不需要的幻灯片
   C. 制作一份包含适合所有客户对象的演示文稿，利用自定义幻灯片放映功能创建不同的演示方案
   D. 针对不同客户对象，分别制作不同的演示文稿

5. 在 PowerPoint 中，下面表述正确的是（　　　）。
   A. 幻灯片的放映必须是从头到尾的顺序播放
   B. 所有幻灯片的切换方式可以是一样的
   C. 每个幻灯片中的对象不能超过 10 个
   D. 幻灯片和演示文稿是一个概念

6. 在 PowerPoint 中，下面不是幻灯片的对象的为（　　　）。
   A. 占位符　　　　　　B. 图片　　　　　　C. 表格　　　　　　D. 文本

7. 在 PowerPoint 中，幻灯片的移动和复制应该在（　　　）。
   A. 幻灯片浏览视图下进行　　　　　　　B. 不能进行
   C. 幻灯片放映视图下进行　　　　　　　D. 任意视图下进行

8. 在 PowerPoint 中，欲在幻灯片中出现幻灯片编号，需要（　　　）。

A. 在幻灯片的页面设置中设置

B. 在幻灯片的页眉/页脚中设置

C. 在幻灯片母版中设置

D. 在幻灯片母版和幻灯片的页眉/页脚中分别做相应的设置

9. 若要将单位 LOGO 插入到演示文稿的每页幻灯片右上角，最优操作方法是（　　　）。

A. 打开幻灯片母版视图，将 LOGO 插入在母版中

B. 打开幻灯片普通视图，将 LOGO 插入在幻灯片中

C. 打开幻灯片放映视图，将 LOGO 插入在幻灯片中

D. 打开幻灯片浏览视图，将 LOGO 插入在幻灯片中

10. 将演示文稿保存为放映文件，最优的操作方法是（　　）。

A. 在"文件"后台视图中选择"保存并发送"，将演示文稿打包成可自动放映的 CD

B. 将演示文稿另存为.PPSX 文件格式

C. 将演示文稿另存为.POTX 文件格式

D. 将演示文稿另存为.PPTX 文件格式

二、填空题

1. 保存 PowerPoint 演示文稿后，其文件的缺省扩展名为＿＿＿＿＿＿。

2. 在放映幻灯片时，希望退出放映状态，可以按＿＿＿＿＿＿键。

3. 应用＿＿＿＿＿＿可以给幻灯片轻松添加包括项目动画及幻灯片切换等动画在内的一系列动画效果。

4. 对于一个较大的演示文稿来说，可以通过＿＿＿＿＿＿命令记录每张幻灯片的放映时间。

5. 在 PowerPoint 中，在一张打印纸上打印多少张幻灯片，是通过＿＿＿＿＿＿设定的。

6. 在 PowerPoint 窗口中，＿＿＿＿＿＿被虚线框或斜线框环绕，它们已被预先进行了格式化，具有特殊的字体和字号。

7. ＿＿＿＿＿＿是背景颜色、线条、文本颜色及其他 6 种颜色经巧妙搭配而成。

8. 设置超级链接之前，应先＿＿＿＿＿＿＿＿＿＿。

三、上机操作题

1. 下载和制作幻灯片主题相关的视频、音乐、图片等素材，并对素材进行前期处理，处理完成后以相应的格式保存在指定路径，文件名自定。

2. 启动 PowerPoint，创建一个幻灯片，主题自定，并将制作好的幻灯片保存在指定路径，文件名自定。要求：

（1）幻灯片的张数不少于 6 张；

（2）每张幻灯片的版式都不相同，并配有相关图片和简略文字说明；

（3）幻灯片中必须有动态效果设置和背景音乐；

（4）设置幻灯片的切换效果和切换时间；

（5）在第六张幻灯片后添加一张幻灯片，并在此幻灯片中插入剪辑过的 SWF 格式的影片（控件方式）；

（6）在第七张幻灯片后添加一张幻灯片，并插入艺术字"谢谢！"。

3. 打开"素材\第 6 章"文件夹中的 PowerPoint.pptx，按如下需求完成制作，并保存到指定路径。

（1）由于文字内容较多，将第七张幻灯片中的内容区域文字自动拆分为 2 张幻灯片进行展示；

（2）为布局美观，将第六张幻灯片中中的内容区域文字转换为"水平项目符号列表"SmartArt 布局，并设置该 SmartArt 样式为"中等效果"；

（3）在第五张幻灯片中插入一个标准折线图，并按照如下数据信息调整 PowerPoint 中的图表内容：

	笔记本电脑	平板电脑	智能手机
2010年	10.5	1.8	1.0
2011年	8.2	2.1	2.2
2012年	7.6	2.5	2.6
2013年	4.5	2.8	3.0
2014年	2.9	3.2	3.9

（4）为该折线图设置"擦除"进入动画效果，效果选项为"自左侧"，按照"系列"逐次单击显示"笔记本电脑""平板电脑"和"智能手机"的使用趋势，最终，仅在该幻灯片中保留这 3 个系列的动画效果；

（5）为演示文档中的所有幻灯片设置不同的切换效果；

（6）为演示文档创建 3 个节，其中"议程"节中包含第一张和第二张幻灯片，"结束"节中包含最后一张幻灯片，其余幻灯片包含在"内容"节中；

（7）为实现幻灯片可以自动放映，设置每张幻灯片的自动放映时间不少于 2 秒；

（8）删除演示文档中每张幻灯片的备注文字信息。

4. 利用 PowerPoint 应用程序制作相册。相关素材图片"Photo(1).jpg ~ Photo(12).jpg"均保存在"素材\第 6 章"文件夹中，操作要求如下：

（1）利用 PowerPoint 应用程序创建一个相册，每张幻灯片中包含 4 张图片，并将每幅图片设置为"居中矩形阴影"相框开关；

（2）设置相册主题为"素材\第 6 章"文件夹中的"相册主题.pptx"样式；

（3）为相册中每张幻灯片设置不同的切换效果；

（4）在标题幻灯片后插入一张新幻灯片，并将其设置为"标题和内容"版式。标题输入"摄影社团优秀作品赏析"；内容文本框中分别输入"湖光春色""冰消雪融"和"田园风光"；

（5）将"湖光春色""冰消雪融"和"田园风光"3 行文字转换为样式名为"蛇形图片重点列表"的 SmartArt 对象，并将 Photo(1).jpg、Photo(6).jpg 和 Photo(9).jpg 定义为该 SmartArt 对象的显示图片；

（6）为 SmartArt 对象添加自左至右的"擦除"进入动画效果，并在幻灯片放映时该 SmartArt 对象素可以逐个显示；

（7）在 SmartArt 对象元素中添加幻灯片跳转链接，单击"湖光春色"标注形状可跳转至第三张幻灯片，单击"冰消雪融"标注形状可跳转至第四张幻灯片，单击"田园风光"标注形状可跳转至第五张幻灯片；

（8）将"素材\第 6 章"文件夹中的"ELPHRG01.wav"声音文件作为该相册的背景音乐，并在幻灯片放映时即开始播放；

（9）完成上述操作后，将该相册保存为"相册.pptx"文件。

第7章
常用办公软件的使用

为了让计算机发挥更大的作用，提高办公效率，除必备的操作系统之外，工具软件也必不可少，现介绍几种常用办公软件。

7.1　电子图书阅读器

目前，网上的电子图书很多，它们的格式也不同，常见的有：

（1）EXE，下载后直接可以运行的格式。

（2）TXT，最常见的文本格式，用"记事本"即可打开。

（3）DOC，用 Word 打开。

（4）HTML，网页格式，支持图片、音乐与动画，可用 FrontPage 等进行编辑。

（5）PDF，Adobe 公司的文件格式，目前是使用最普及的电子书格式。

便携式文档文件（Portable Document Format，PDF）像 Word 文档一样，也可用来保存文本格式和图像信息。PDF 文件要使用专用的阅读器程序才能打开，如 Adobe Reader 软件。

（6）CAJ，CAJ 为中国学术期刊全文数据库英文缩写，需要专门的 CAJ 浏览器打开。

（7）ePub（电子出版）是一个自由的开放标准，属于一种可以"自动重新编排"的格式；也就是文字内容可以根据阅读设备的特性，以最适于阅读的方式显示。可用 Firefox 上的相应的插件打开，也可用专门软件打开，如 EPUBReader。

7.1.1　安装 Adobe Reader

Adobe Reader 是一款免费软件，可以在网上下载。下面介绍 Adobe Reader 的安装方法。

步骤 1　打开 Adobe Reader 程序。双击 Adobe Reader 安装程序图标，出现图 7-1 所示的安装界面。

步骤 2　启动安装向导。处理 Adobe Reader 完成后，启动其安装向导，如图 7-2 所示。

步骤 3　安装软件。单击"下一步"按钮，然后按照向导的提示，一步一步安装下去，最后打开向导的最后一步"安装完成"，如图 7-3 所示。

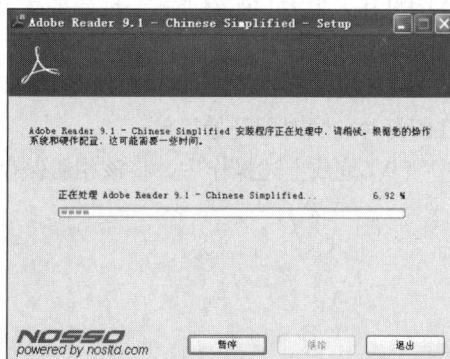

图 7-1　正在处理 Adobe Reader

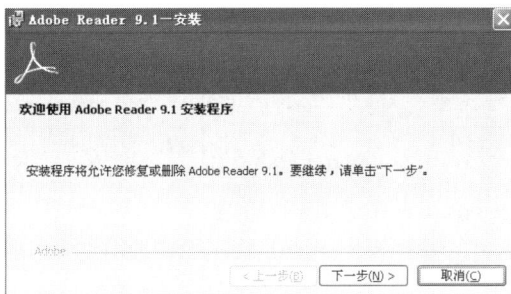

图 7-2　启动安装向导

图 7-3　安装完成

步骤 4　完成安装。单击"完成"按钮，即可完成 Adobe Reader 9.1 软件的安装。

7.1.2　利用 Adobe Reader 阅读电子图书

安装了 Adobe Reader 后，就可以随时阅读 PDF 格式的电子图书了。

步骤 1　打开 PDF 文档。打开 PDF 文档所在的文件夹，此时该类文档的文件图标都变成 Adobe Reader 的程序图标，如图 7-4 所示。也可以从"开始"菜单中启动 Adobe Reader，然后单击菜单栏上的"文件"|"打开"命令来打开 PDF 文档。此外，第一次启动 Adobe Reader 时，会打开一个"许可协议"对话框，如图 7-5 所示，然后单击"接受"按钮即可进入 Adobe Reader 程序界面。

图 7-4　PDF 文档所在的文件夹

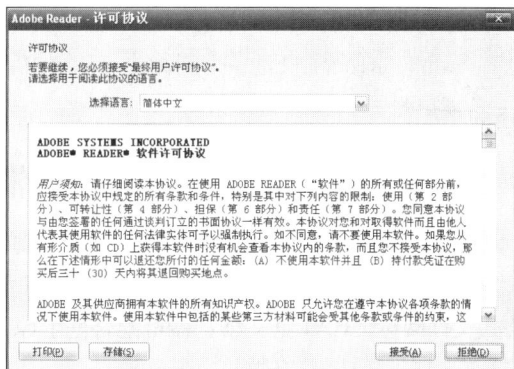

图 7-5　"许可协议"对话框

步骤 2　利用其他方法打开 PDF 文档。单击工具栏上的"打开"按钮" "，或选择菜单栏上的"文件"|"打开"命令，从"打开"对话框中选择要打开的文件，即可打开 PDF 文件。

步骤 3　PDF 文档窗口。直接双击要打开的文档名称，如图 7-4 中的 001.pdf，也可启动 Adobe Reader，并打开该文档，整个文档分成两部分，左侧是导览区，右侧是正文区，如图 7-6 所示。

也可以对 Adobe Reader 进行一些相应的设置，方法是选择"编辑"|"首选项"命令，即可打开"首选项"对话框进行设置，如图 7-7 所示。

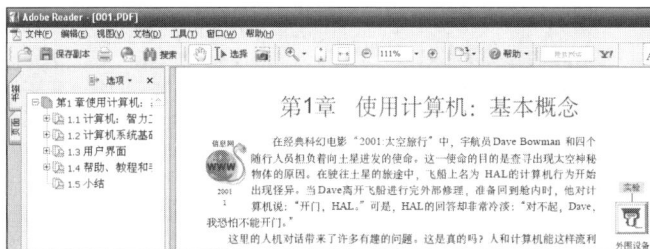

图 7-6　使用 Adobe Reader 阅读 PDF 文档

图 7-7　"首选项"对话框

小贴士

Adobe Reader 只是一个阅读或打印 PDF 文档的工具，如果要制作、编辑 PDF 文档，则需要功能更强大的 Acrobat 程序。

7.1.3　安装 CAJViewer 阅读器

CAJ 全文浏览器是中国期刊网的专用全文格式阅读器，CAJ 浏览器也是一个电子图书阅读器（也称 CAJ 阅读器或 CAJ 全文浏览器），CAJ 浏览器支持中国期刊网的 CAJ、NH、KDH 和 PDF 格式文件阅读。CAJ 全文浏览器可配合网上原文的阅读，也可以阅读下载后的中国期刊网全文，并且它的打印效果与原版的效果一致。

步骤 1　打开 CAJViewer 程序。双击 CAJViewer 安装执行文件，出现图 7-8 所示的安装向导界面。

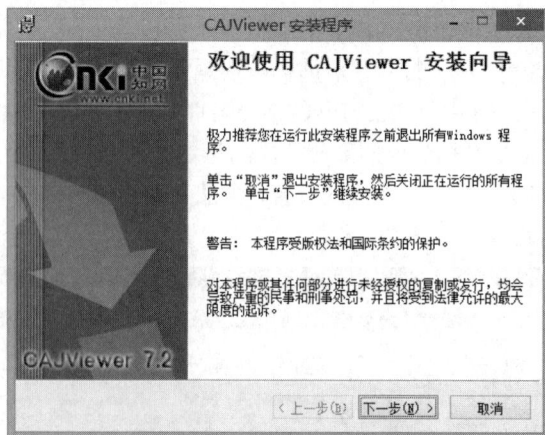

图 7-8　CAJViewer 安装向导界面

步骤 2　设置许可证协议。在出现的"许可证协议"界面，选择"我接受许可证协议"选项，如图 7-9 所示，单击"下一步"按钮。

　　步骤 3　设置用户信息。在"用户信息"界面，设置相关用户信息，如图 7-10 所示，再单击"下一步"，然后按照向导的提示，一步一步安装下去。

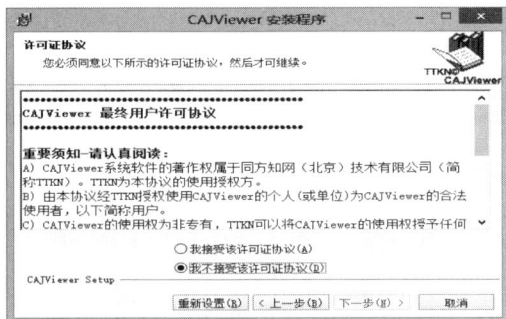

图 7-9　设置许可证协议　　　　　　　　　图 7-10　设置用户信息

　　步骤 4　完成安装。单击"完成"按钮，即可完成 CAJViewer 阅读器软件的安装。
CAJViewer 阅读器软件安装好后就可以打开 CAJ 格式的文件了，如图 7-11 所示。

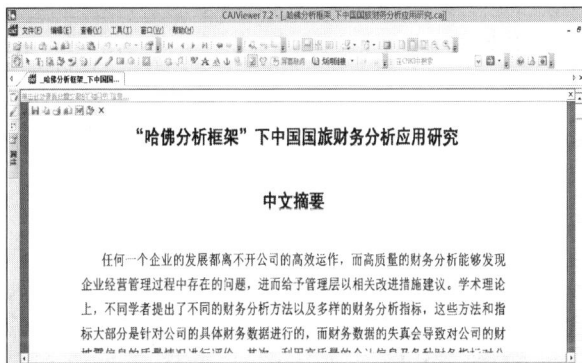

图 7-11　使用 CAJViewer 软件打开 CAJ 格式文件

7.1.4　安装 EPUBReader 阅读器

　　Epub Reader for Windows 是一个 Windows 实用 ePub 电子书阅读器，它支持查看 EPUB 格式的电子书，同时还支持快速把 EPUB 格式电子书转换为 PDF 或者 JPG 格式。

　　步骤 1　打开 EPUBReader 程序。双击 EPUBReader 阅读器安装执行文件，出现图 7-12 所示的安装向导界面。

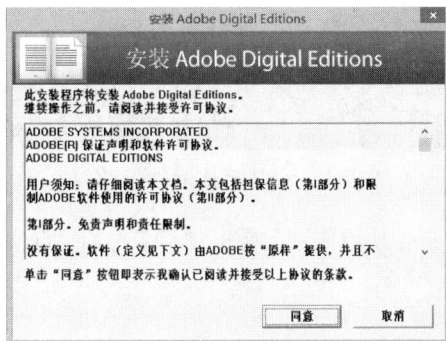

图 7-12　EPUBReader 程序设置许可协议

步骤2 设置助手。在出现的"设置助手"界面，选择"继续"选项，如图 7-13 所示，单击"下一步"按钮。

步骤3 授权设置。在"授权"设置界面，选择"不授权计算机"，如图 7-14 所示，再单击"激活"按钮，完成计算机授权激活任务。

图 7-13　设置助手

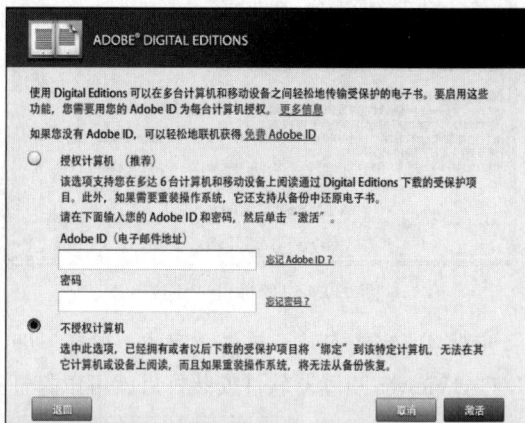

图 7-14　授权设置

步骤4 完成安装。单击"完成"按钮，即可完成 EPUBReader 阅读器软件的安装。

步骤5 添加图书项目。打开 EPUBReader 阅读器软件，单击"图书馆"下拉菜单，选择"向图书馆中添加项目"命令，在打开的"添加项目到图书馆"对话框中选择要添加的图书项目，如"追寻现代中国"，如图 7-15 所示。

图 7-15　添加图书项目到图书馆

步骤6 打开指定图书。选中所要添加的图书项目名称后，点出"打开"按钮，即可打开"追寻现代中国"一书，如图 7-16 所示。

图 7-16　打开指定图书

7.2　英汉互译——金山词霸

使用计算机离不开英文，无论是上网、使用软件还是浏览文档，都会遇到一些不认识的英文单词。如果每次都去查词典，则非常费时费力。

7.2.1　金山词霸的使用

金山词霸是目前最流行的翻译工具之一，是集真人语音和汉英、英汉、汉语词典于一体的多功能软件。可以实现中英文互译、单词发声和屏幕取词等多种功能，是用户工作和学习的好帮手。

金山词霸是金山与谷歌面向互联网翻译市场联合开发，适用于个人用户的免费翻译软件。软件含部分本地词库，轻巧易用；支持中、日、英三语查询，并收录 30 万单词纯正真人发音，含 5 万长词、难词发音。

安装了金山词霸后，默认设置会随着计算机的启动而启动，若未使用默认方式启动金山词霸，则可以通过开始菜单或桌面上的快捷方式启动它。

1. 查找单词

步骤 1　查找单词。在"输入"文本框中，输入要查找的生词（英文或中文都可以）。

步骤 2　显示查找内容。单击左侧"词典"按钮，此时预览区中自动显示相关的内容，如图 7-17 所示。

图 7-17　使用金山词霸词典功能

2．自动取词

开启金山词霸的自动取词功能后，当用户的鼠标指向屏幕上（文档或网页）的中文或英文时，会自动对该词进行翻译，然后进行查词典、复制解释和朗读等操作，如图 7-18 所示。

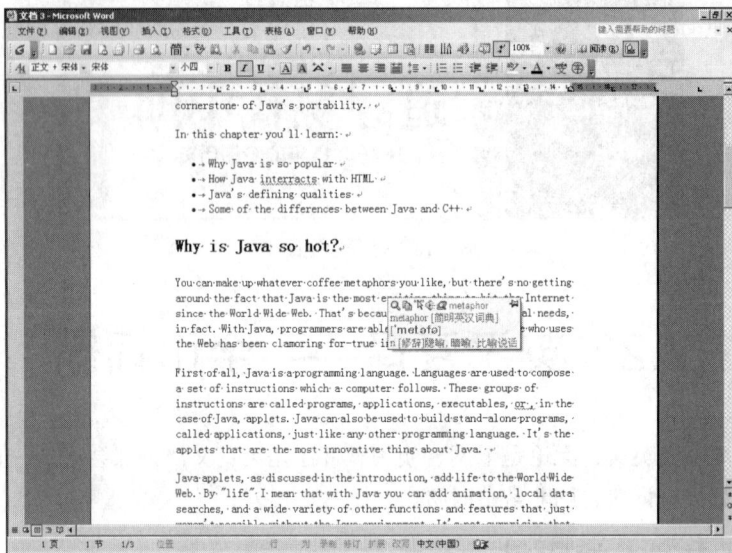

图 7-18　屏幕取词

3．翻译功能

翻译功能界面如图 7-19 所示，在"原文"下方文本框中输入要翻译的文字，如"办公自动化"，单击"翻译"按钮，则在下方会出现已翻译好的单词或句子等，还可以全文和网页翻译。

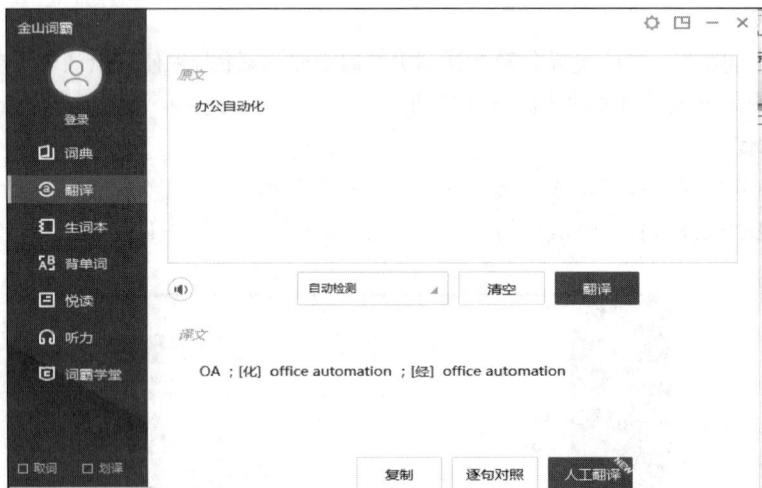

图 7-19　金山词霸的翻译功能

7.2.2　金山快译的使用

金山快译是北京金山软件有限公司开发的软件，它是一款强大的中日英翻译软件，既有广阔的词海，也可灵活准确地翻译。通过金山快译，一篇篇英文、日文文章，或丰富多彩的英文、日文网页就会被自动翻译成符合我们习惯的汉语。

金山快译可以即时翻译英文、日文网站，翻译后版式不变，提供智能型词性判断，可以根据翻译的前后文给予适当的解释，并支持原文对照查看。

安装了金山快译后，可以从"开始"菜单中启动它。启动后，在屏幕的右上角，会出现一个金山快译工具栏，如图 7-20 所示。

金山快译的主要功能如下。

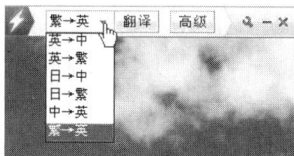

图 7-20　金山快译工具栏

1. 蕴含全新的专业词库

金山快译对专业词库进行全新增补修订，蕴含多领域专业词库，收录百万专业词条，实现了对英汉、汉英翻译的特别优化，使中英日专业翻译更加高效准确。包括：基本词库（252495 条）、电子（254272 条）、机械（304292 条）、化工（39521 条）、土木（69269 条）、医学（54606 条）、法律（75322 条）、财经（77305 条）、商业管理（39695 条）、商业书信（32577 条）、保健（50465 条）及汽车修护（7177 条）等专业性翻译词库。

2. AI 翻译引擎全面更新

金山快译历经多次人工智能（Artificial Intelligence，AI）翻译引擎全面更新，支持更多的档案翻译格式，包括 PDF、TXT、Word、Outlook、Excel、HTML 网页、RTF 和 RC 格式文件。可直接翻译整篇文章，同时，翻译搭配多视窗整合界面，加强易用性操作，是英文/日文网页、Office 文件翻译的首选软件。

3. 高效准确的快速翻译

全新的快速翻译功能，可针对 WPS、Word、Excel、PDF、Outlook、IE、TXT 等软件进行高效、快速、准确的翻译，在翻译中您可选择不同的翻译模式，对结果进行查看，大大提高了学习、工作效率。

4. 全能专业的高级翻译

高级翻译采用全新的多语言翻译引擎，不仅扩充了翻译语种的范围，有效提高了翻译的质量；用户还可以通过高级翻译选择专业词典、用户词典进行翻译；全新的翻译筛选提供了选择最优翻译结果的通道，而中文摘要则帮助在论文及阅读中提取全文重点内容，并进行翻译。也可在界面上进行查词、查句操作，将常用的功能以直观的效果提出，节省了用户的操作时间。

5. 新增中日英繁翻译聊天功能

金山快译支持对 QQ、RTX、MSN、雅虎通等软件进行全文翻译聊天功能，帮助进行多语言的聊天，达到无障碍的沟通。

6. 网页翻译更加快速准确

及时翻译英文、日文网站，翻译后版式不变，并提供智能型词性判断，可以根据翻译上下文给予适当的解释，并支持原文对照查看。

7. 加强特色专业翻译

采用新一代人工智能文法解析，可以处理关系子句及倒装句等变化句型。

7.3　压缩解压软件——WinRAR

WinRAR 是目前流行的压缩工具，界面友好，使用方便，在压缩率和速度方面都有很好的表现。其压缩率较高，3.x 版采用了更先进的压缩算法，是现在压缩率最大、压缩速度最快的格式之一。3.x 版增加了扫描压缩文件内病毒、解压缩"增强压缩"ZIP 压缩文件的功能，升级了分卷压缩的功能等。

其主要特点有：①对 RAR 和 ZIP 的完全支持；②支持 ARJ、CAB、LZH、ACE、TAR、GZ、UUE、BZ2、JAR、ISO 类型文件的解压；③多卷压缩功能；④创建自解压文件，可以制作简单的安装程序，使用方便；⑤强大的数据恢复记录功能，对数据的保护无微不至，新增的恢复卷的使用功能更强大；⑥强大的压缩文件修复功能，最大限度地恢复损坏的 RAR 和 ZIP 压缩文件中的数据，如果设置了恢复记录，甚至可能完全恢复等。

7.3.1　安装压缩软件

安装压缩软件操作步骤如下。

步骤 1　安装 WinRAR 压缩软件。双击安装文件图标"▓"，弹出第一个安装界面，用户通过单击"浏览"按钮选择安装位置，列表框中是该软件的介绍，如图 7-21 所示。

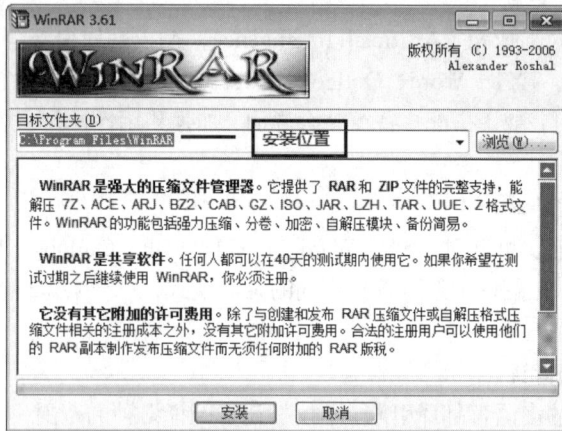

图 7-21　软件安装界面

步骤 2　设置选项。单击下面的"安装"按钮后，弹出文件关联界面，勾选"RAR""ZIP""T-ZIP"这些必要文件关联格式，也可以全部勾选。在窗口右侧的界面栏，可按照选择勾选相关选项。同样在外壳整合设置栏中，也可以选择将 WinRAR 整合到资源管理器中，或层叠右键关联菜单等，如图 7-22 所示。

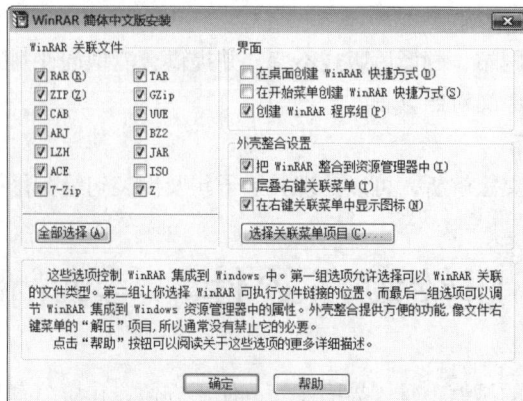

图 7-22　勾选需要的复选框

步骤 3　设置关联菜单项目。在关联菜单界面，"解压文件""解压到当前文件夹""解压到 <文件夹\>""用 WinRAR 打开（用于自解压文件）""添加到压缩文件中"等选项为常用 WinRAR 选项，建议勾选，如图 7-23 所示。

步骤 4　完成安装。单击"确定"按钮，出现最后的完成界面。单击"完成"按钮安装使用，如图 7-24 所示。安装完成后，压缩文件的图标就会变成几本书的图标""。

图 7-23　勾选"关联菜单项目"　　　　　　　图 7-24　完成软件安装

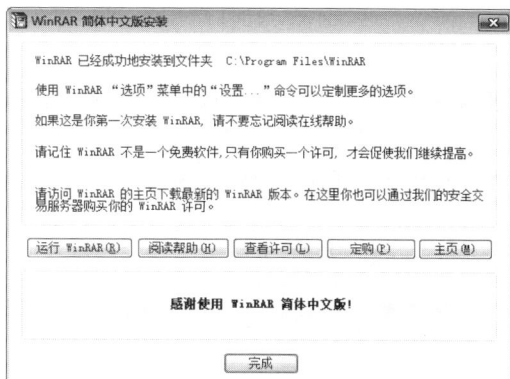

7.3.2　解压文件

解压文件操作步骤如下。

步骤 1　解压方式。在压缩文件上单击鼠标右键，在弹出的菜单中选择"解压到当前文件夹"或"解压到文件名\（E）"命令，这样就把文件解压到了指定的位置，如图 7-25 所示。

图 7-25　选择解压的方式

步骤 2　设置对话框。在压缩文件上单击鼠标右键，或双击压缩文件图标。在弹出的菜单中选择"解压文件（A）...",然后弹出一个对话框，可手动选择解压的位置，然后单击"确定"按钮即可，如图 7-26 所示。

图 7-26　"解压路径和选项"对话框

7.3.3 压缩文件

压缩文件操作步骤如下。

步骤 1 选择压缩文件。选定要压缩的文件，如"办公自动化"，单击鼠标右键，在弹出的菜单中选择"添加到'办公自动化.rar'"命令，这表示在当前目录下生成"办公自动化.rar"压缩文件，如图 7-27 所示。

步骤 2 设置文件存放位置。若要将文件存放在其他位置，则选择图 7-27 中的"添加到压缩文件"命令，在弹出图 7-28（a）所示的对话框中，单击"浏览"按钮。弹出"查找压缩文件"对话框，在"查找范围"选项的下拉列表中选择文件存放位置，如图 7-28（b）所示。

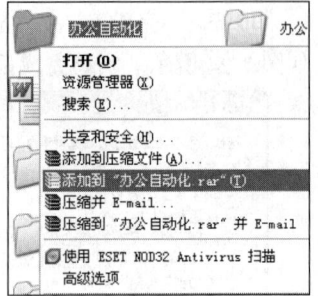

图 7-27 选择要压缩的文件

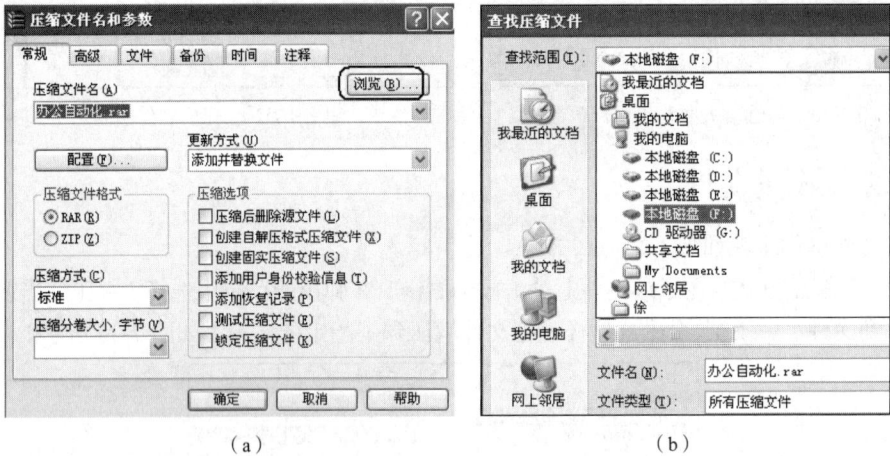

（a）	（b）

图 7-28 选择压缩文件存放的位置

步骤 3 选定文件存放的位置后，单击"打开"按钮，返回"压缩文件名和参数"对话框，再单击"确定"按钮即可对文件进行压缩，如图 7-29 所示。

7.3.4 通过压缩为文件加密

在压缩时可以对压缩文件设置密码。用户可通过压缩的方法对一个或多个文件进行加密，方法如下。

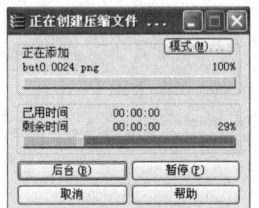

图 7-29 创建压缩文件

步骤 1 设置"高级"选项对话框。选定要压缩文件，如"办公自动化"，单击鼠标右键，在弹出的快捷菜单中选择"添加到压缩文件"命令，在打开的"压缩文件名和参数"对话框中单击"高级"选项卡，在"高级"选项卡对话框中选择"设置密码"选项，如图 7-30 所示。

步骤 2 输入密码。在打开的"带密码压缩"对话框的"输入密码"文本框中输入密码，如123456。在"再次输入密码以确认"文本框中再次输入密码，如 123456，以确认。并勾选"加密文件名"复选框。这样，不但可对文件加密，并连被压缩文件的名称都加密不显示，单击"确定"按钮完成加密，如图 7-31 所示。

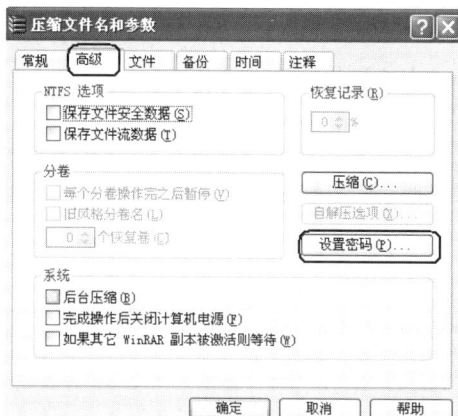

图 7-30　设置 WinRAR 密码

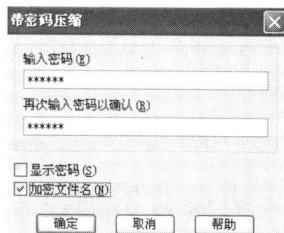

图 7-31　设置密码

小贴士

还可以把某些重要的文件伪装成其他类型的文件来达到加密的目的。例如，将一个"成绩表"文本文档伪装成 JPEG 图片文件。具体操作如下。

步骤 1　压缩"成绩表.txt"文件。把"成绩表"文本文档先加密码压缩一次，以确保文件的安全性。

步骤 2　设置压缩文件名。同时选中"成绩表"压缩包和一个 JPEG 图片文件，单击鼠标右键，从弹出的快捷菜单中选择"添加到压缩文件"，在"压缩文件名和参数"窗口的"常规"选项卡中，把压缩文件名由"成绩表.rar"改为"梅花.jpeg"，然后完成压缩，如图 7-32 所示。压缩后的文件还是 JPG 文件，双击打开看到的还是图片文件，而"成绩表"压缩包是看不到的。

步骤 3　恢复成绩表。如果要找到"成绩表"压缩包也很简单。鼠标双击任意一个"RAR"格式文件，在弹出的对话框中单击菜单栏上的"文件"|"打开压缩文件"命令。在"查找压缩文件"对话框中找到"梅花.jpg"文件并打开它，在弹出对话框中就可以看到"成绩表.rar"文件，如图 7-33 所示。再单击"解压到"图标，就可以在指定目录下恢复成绩表压缩包，再对其解压即可。

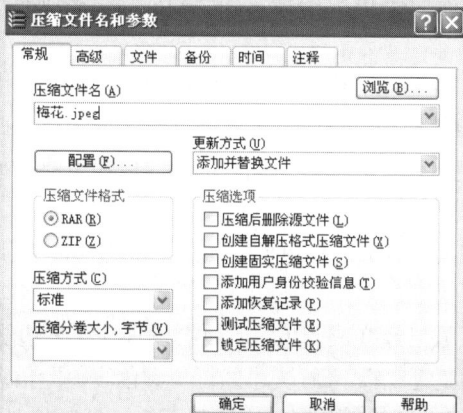

图 7-32　设置压缩文件名

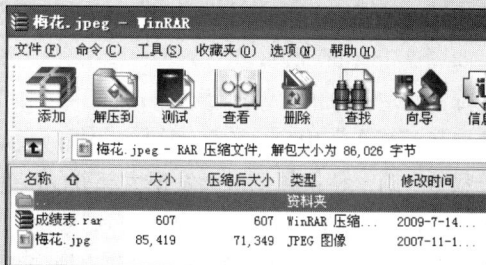

图 7-33　恢复成绩表

7.4　图像处理软件—— Photoshop

Photoshop 是一款优秀的平面设计及图像处理软件。可以用它处理以像素所构成的数字图像，还可以制作产品包装、产品宣传单设计、标志设计等平面设计作品，还可以有它来合成数码照片及网页设计等。

Photoshop 有很多功能，在图像、图形、文字、视频、出版等各方面都有涉及。

7.4.1　更换背景颜色

方法一：使用"替换颜色"命令替换背景

步骤 1　在 Photoshop 中打开原图。

步骤 2　右击背景图层，在弹出的快捷菜单中选择"复制图层"，如图 7-34 所示。

图 7-34　复制图层

步骤 3　单击选中复制生成的"背景副本"，选择菜单"图像"|"调整"|"替换颜色"命令。

步骤 4　在弹出图 7-35（a）所示的"替换颜色"窗口中，将鼠标移动到原图中指针会变成滴管状，在需要替换的颜色区域上任意一处单击，若要替换的是背景，则单击背景区域即可，此时会发现在"替换颜色"窗口中的人物基本上变为黑色，而头发区域变成白色，白色代表要替换的区域，如图 7-35（b）所示。

步骤 5　左键单击"替换颜色"窗口下方中"替换"区域的颜色框，如图 7-36 所示，在弹出的"选择目标颜色"窗口中选择想要的背景颜色。

步骤 6　确定替换颜色后会发现大部分的红色区域已经变成蓝色，不过会发现在头发边缘位置仍然保留着大量的红色杂边，杂边可通过增大"颜色容差"来解决，如将"颜色容差"值调整成最大值200，这时会发现头发边缘的杂边消失了，但脸部的部分区域也变暗了，如图 7-37 所示，单击"确定"按钮应用"颜色替换"。

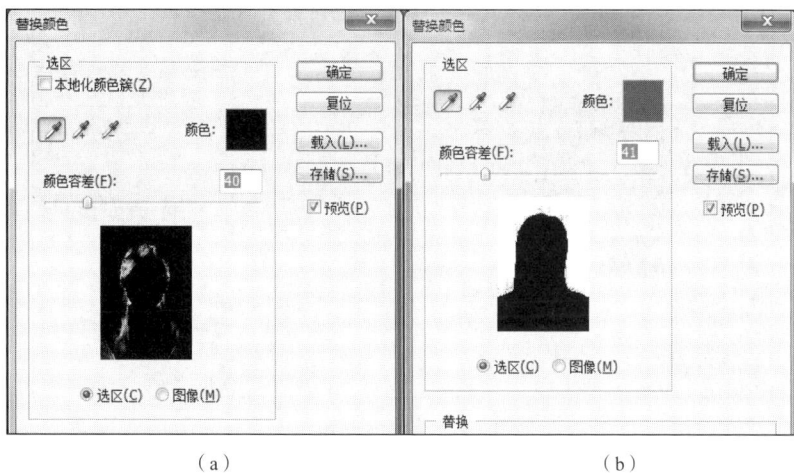

（a） （b）

图 7-35 选定背景颜色选区

图 7-36 重新选择背景颜色

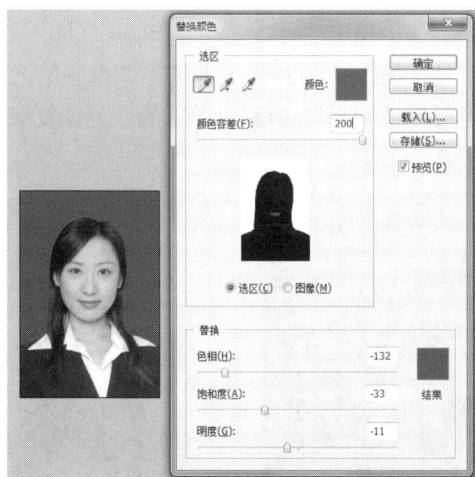

图 7-37 调整"颜色容差"值

步骤 7 添加图层蒙版。单击图层面板下方的"添加图层蒙版"按钮即可，位置如图 7-38 所示。

图 7-38　添加图层蒙版

步骤 8　添加图层蒙版后，左键单击"图层蒙版缩略图"，如图 7-39（a）所示，再单击"前景色"颜色框进行前景色设置，确保前景色为黑色，如图 7-39（b）所示。

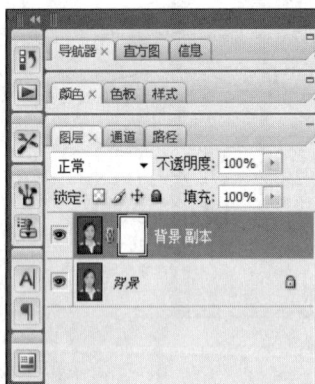

图 7-39（a）　图层蒙版缩略图

图 7-39（b）　设置前景色

步骤 9　单击选择画笔工具，如图 7-40 所示，并适当调整画笔大小，然后在人物中脸部的位置进行来回的涂抹（注意：不要涂抹到头发边缘），脸部的颜色恢复成原始状态，可适当调整图片的亮度和对比度，效果如图 7-41 所示。

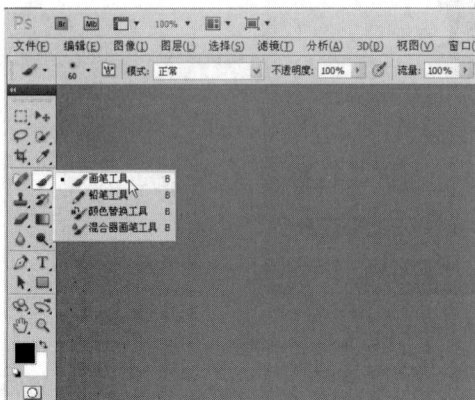

图 7-40　选择"画笔"工具并设置大小

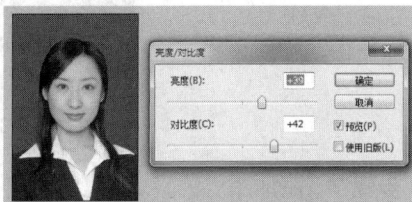

图 7-41　完成效果图

方法二：使用"魔棒工具"替换背景

步骤 1　在 Photoshop 中打开原图。

步骤 2　右击工具箱选择"魔棒工具"，并设置容差参数值为 50，如图 7-42 所示，也可根据图片自行调整容差参数值。

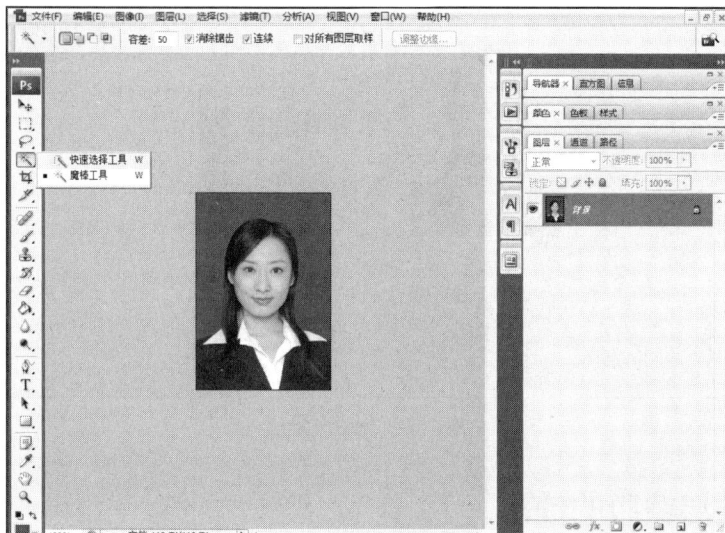

图 7-42　选择"魔棒工具"并设置容差值

步骤 3　用"魔棒工具"单击图片中背景部分，再右击图片中背景部分，在弹出的快捷菜单中选择"羽化"，并设置合适的羽化半径值，如图 7-43 所示。

图 7-43　选择"魔棒工具"并设置羽化半径值

步骤 4　按"Shift+Delete"组合键，删除背景颜色，如图 7-44 所示。

步骤 5　设置前景色为"蓝色"（RGB：0，191，243 或 CMYK:67%，2%，0%，0%），再选择工具栏上"油漆桶工具"，单击背景色即可替换背景颜色，最后，存储为 JPEG 格式即可。

图 7-44　删除背景色

7.4.2　图层蒙版的使用

图层蒙版的使用步骤如下。

步骤 1　在 Photoshop 中打开所需要合成的图，并将一张图复制到另一张图上，如图 7-45 所示。

步骤 2　选中小朋友图层，单击图层面板下方的"添加图层蒙版"按钮即可，位置如图 7-46 所示。

图 7-45　复制操作

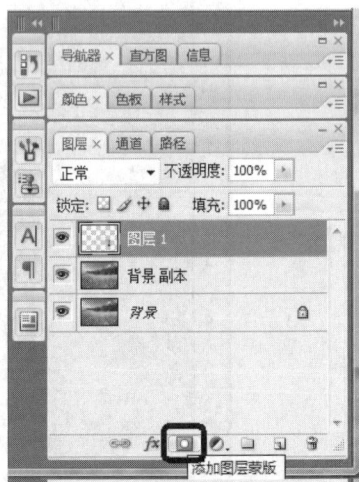

图 7-46　添加图层蒙版

步骤 3　单击"前景色"颜色框进行前景色设置，确保前景色为黑色。再选择画笔，设置画笔大小，涂抹图片多余部分即可，若涂错了，则可将前景色设置为白色，再用画笔涂回想露出的部分即可，如图 7-47 所示。

步骤 4　完成效果图如图 7-48 所示。

图 7-47　涂抹所选图片背景　　　　　　　　图 7-48　完成效果图

7.4.3　修复画笔工具

"修复画笔工具" 是 Photoshop "修复画笔工具" 组中的一员，Photoshop "修复画笔工具" 组包括："污点修复工具""修复画笔工具""修补工具"和"红眼工具"。这些工具可修复图像中的缺陷，如修复破损的图像、去除人物皱纹、去除照片中的红眼等。

步骤 1　在 Photoshop 中打开原图。

步骤 2　在工具箱选择"修复画笔工具"，在属性栏中设置画笔的大小为"15"，选择"取样"单选按钮，其余参数默认，如图 7-49 所示。

图 7-49　设置"修复画笔工具"选项

步骤 3　在面部无斑的皮肤上定义参考点，按住 Alt 键在参考点位置处单击，然后，在斑点处单击鼠标左键清除斑点，如图 7-50 所示。

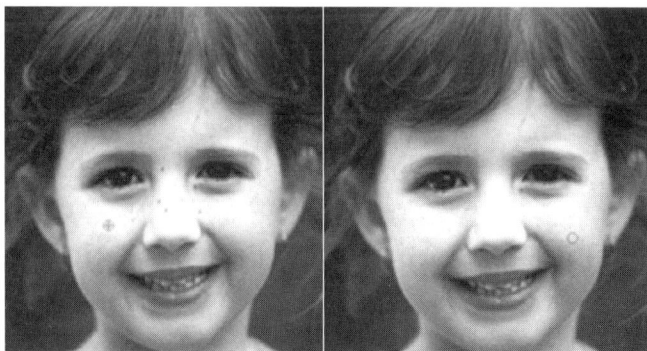

图 7-50　选参考点并清除斑点

步骤 4　利用同样的方法清除其他位置的斑点，完成后斑点全部都清除完毕。

7.4.4　图像编辑命令

图像编辑命令的操作步骤如下。

步骤 1　在 Photoshop 中打开"瓷瓶.jpg"和"国画.jpg"两个文件，选择工具箱的"移动工具"将国画图片拖入"瓷瓶.jpg"，或将国画图片复到制"瓷瓶.jpg"中，如图 7-51 所示。

步骤 2　选择菜单栏"编辑"|"自由变形"命令，此时，国画图片上出现了 7 个控点，拖动这 7 个控点调整图片大小，如图 7-52 所示。

图 7-51　复制或移动操作

图 7-52　选择"自由变形"命令

步骤 3　为便于观察操作的准确性，设置"图层"属性。选中"图层 1"，在"图层"调板属性框中将"图层 1"的不透明度设置为 50%，如图 7-53 所示。

步骤 4　鼠标右击，在弹出的快捷菜单中选择"变形"命令，或选择菜单栏"编辑"|"变换"|"变形"命令，进入变形网格状态，将鼠标移到控点上单击并拖动，改变控点位置，调整"国画.jpg"图片，不断拖动鼠标调整控制柄的长度和角度，使其适合瓶身弧度，直至满意，单击 Enter 键确认操作，如图 7-54 所示。

图 7-53　设置"图层"属性

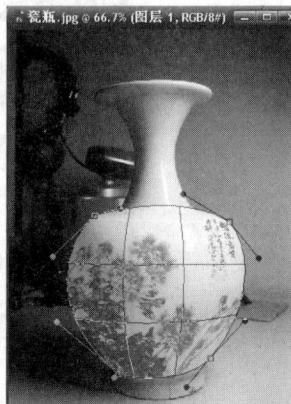

图 7-54　调整国画控点位置

步骤 5　在"图层"调板上将图层的混合模式设为"正片叠底"，不透明度为"100%"，设置完成后如图 7-55 所示。

步骤 6　完成效果如图 7-56 所示。

图 7-55　设置"正片叠底"图层模式

图 7-56　完成效果图

7.5　数据恢复软件——EasyRecovery

EasyRecovery 是世界著名数据恢复公司 Ontrack 的技术杰作，它是一个威力非常强大的硬盘数据恢复工具。能够帮助恢复丢失的数据以及重建文件系统。EasyRecovery 不会向原始驱动器写入任何数据，它主要是在内存中重建文件分区表使数据能够安全地传输到其他驱动器中。

EasyRecovery 可以从被病毒破坏或是已经格式化的硬盘中恢复数据，支持长文件名，恢复被破坏的硬盘中丢失的引导记录、BIOS 参数数据块、分区表、FAT 表和引导区等；并且能够对 ZIP 文件以及微软的 Office 系列文档进行修复。

步骤 1　启动软件进入主界面。启动 EasyRecovery Professional，进入软件主界面，选择数据修复项会出现图 7-57 所示的界面，可以根据自己的需要来选择应用。

步骤 2　数据恢复界面介绍。一般在恢复数据前可用磁盘诊断来诊断硬盘。在主界面左侧选择任何一种数据修复方式都会出现相应的用法提示，"高级恢复"是带有高级选项可以自定义的进行恢复，如设定恢复的起始和结束扇区，文件恢复的类型等；"删除恢复"是针对被删除文件的恢复；"格式化恢复"是对误操作格式化分区进行分区或卷的恢复，"Raw 恢复"是针对分区和文件目录结构受损时拯救分区重要数据的功能；"继续恢复"是继续上一次没有进行完毕的恢复事件继续恢复；"紧急启动盘"是创建紧急修复软盘，内含恢复工具，在操作系统不能正常启动时候修复，如图 7-58 所示。

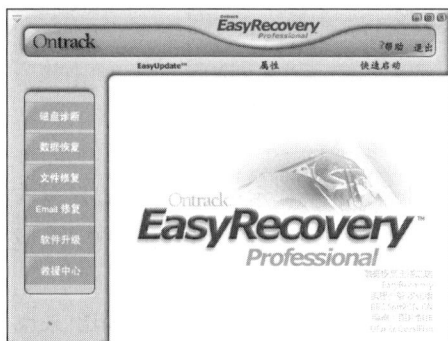

图 7-57　EasyRecovery 软件主界面

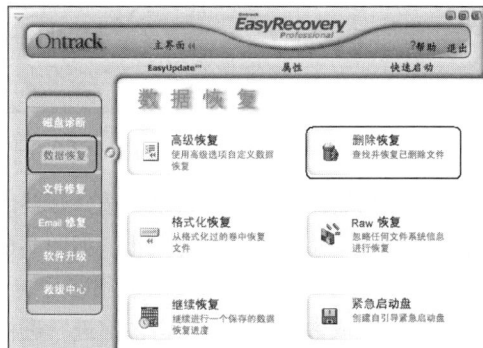

图 7-58　选择"数据恢复"界面中的"删除恢复"

步骤3 删除恢复。选择"删除恢复"操作，再选择想要恢复的文件所在驱动器进行扫描，也可以在文件过滤器下直接输入文件名或通配符来快速找到某个或某类文件。如果要对分区执行更彻底的扫描，可以勾选"完全扫描"复选框，单击"前进"按钮，如图7-59所示。

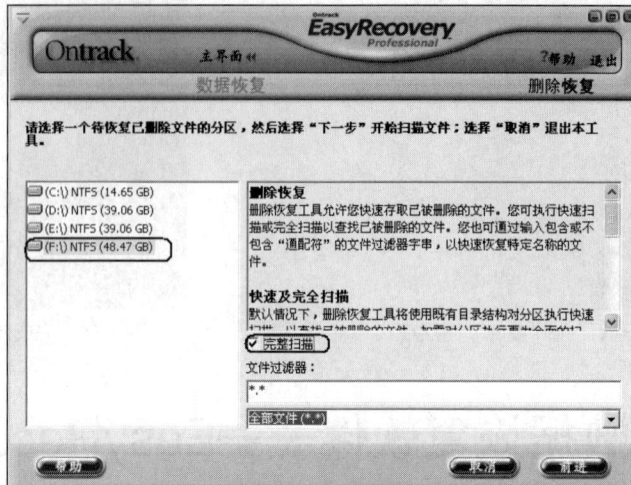

图 7-59　选择驱动器及扫描方式

步骤4 勾选要恢复的文件。扫描之后，曾经删除的文件及文件夹会全部呈现出来，如图7-60所示。因为文件夹的名称和文件的位置会发生一些变化，因此就需要耐心地寻找、勾选。勾选完成后，单击"前进"按钮。如果不能确认文件是否是想要恢复的，可以通过单击"查看文件"命令来查看文件内容（这样会很方便地知道该文件是否是自己需要恢复的文件）。

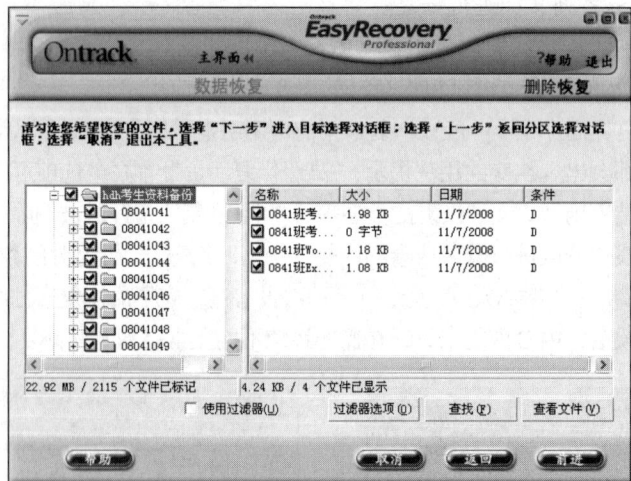

图 7-60　选择要恢复的文件

步骤5 设置恢复文件的目录。选择好要恢复的文件后，它会提示选择一个用以保存恢复文件的逻辑驱动器，应选在其他分区上，如图7-61所示。最好准备一个大容量的移动硬盘，这一点在误格式化某个分区时尤为重要（使用的时候一定要记住这点）。

步骤6 完成数据恢复。单击"前进"进行扫描后，会出现恢复摘要，可以打印出来也可以保存为文件，如图7-62所示。当恢复完成后要退出时，会弹出保存恢复状态的对话框。如果进行保存，则可以在下次运行 EasyRecovery Professional 时通过执行 EasyRecovery Professional 命令继续以前的恢复。这一点在没有进行完全部恢复工作时非常有用。

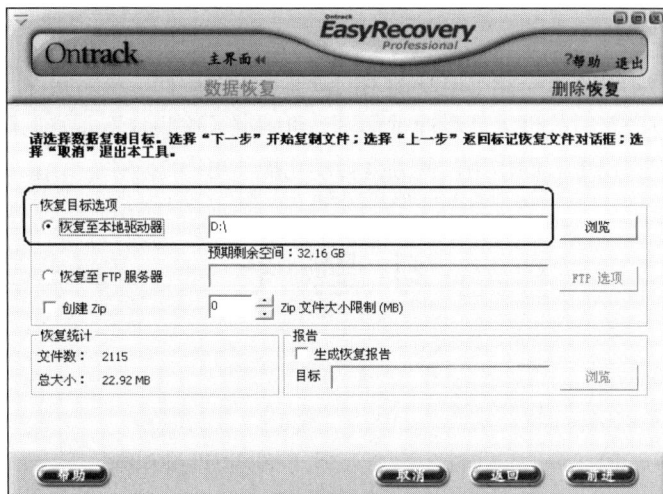

图 7-61 选择恢复文件的目录位置

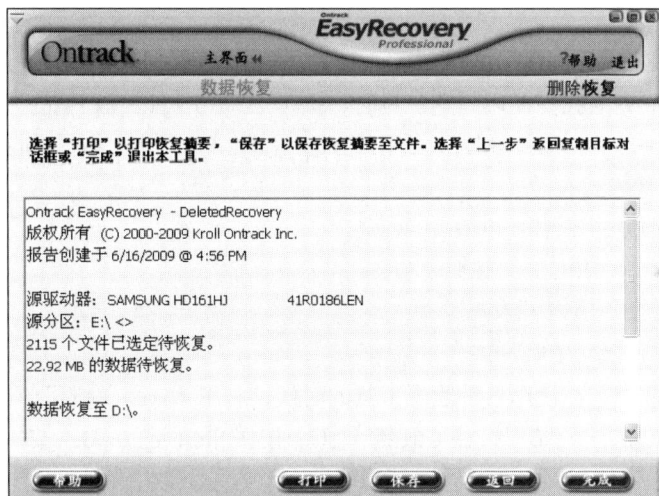

图 7-62 完成恢复操作

小贴士

删除文件后不要再对磁盘进行写操作、碎片整理、删除分区操作；虽然可以指定专门的文件夹进行搜索，但是还是要勾选上它所在的逻辑分区，因为这样能更好地保证文件的完整性；文件一定要保存到其他分区上，有别于它所在的分区；在预览中出现乱码，特别是 Word 文件，不必担心，只要找到文件，把它保存出来，也是有可能恢复的；在平时做文件保存时，尽量为文件、文件夹起个正规的名字，很多重复的名字也是造成文件永远恢复不过来的主要原因；对于体积大的文件，由于在写磁盘时的特点，文件可能不会在连续的区域中，此时一定要做"完全扫描"或"完全格式化恢复"，不要再做"快速"方面的处理，这样能更完整地恢复被删除文件。

本章小结

  工具软件很多，本章着重介绍了电子图书阅读器、看图软件、压缩软件、翻译软件、数据恢复软件等几种常见办公工具软件。读者通过学习，可掌握了这些常见办公工具软件的应用，让计算机在工作学习中发挥出更大的作用，使办公自动化操作更得心应手。

习 题 七

一、单项选择题

1. 打开 PDF 格式文件的软件是（   ）。

  A. Adobe Reader   B. Adobe Photoshop

  C. Adobe Acrobat   D. FrontPage

2. 金山公司开发的软件很多，其中集真人发音和汉英、英汉、汉语词典于一体的多功能软件是（   ）。

  A. 金山影霸   B. 金山快译   C. 金山词霸   D. WPS

3. 在 Photoshop 中当我们使用画笔工具时，按（   ）可以对画笔的图标进行切换。

  A. Ctrl   B. Alt   C. Tab   D. CapsLock

4. 最常见的图像格式有（   ）等。

  A. EXE、COM、BAT、PRG

  B. BMP、GIF、JPEG、TIFF 和 PNG

  C. RAR、PDF、AVI、INI

  D. TXT、DOC、XLS、PPT

5. 在 Photoshop 中，在使用各种绘图工具的时候，利用（   ）键可暂时切换到吸管工具。

  A. 按住 Alt 键   B. 按住 Ctrl 键   C. 按住 Shift 键   D. 按住 Tab 键

6. Photoshop 中当使用魔棒工具选择图像时，在"容差"数值输入框中，输入（   ）数值所选择的范围相对最大。

  A. 5   B. 10   C. 15   D. 25

7. （   ）是针对分区和文件目录结构受损时拯救分区重要数据的功能。

  A. 高级恢复   B. 删除恢复   C. 格式化恢复   D. Raw 恢复

8. 下列适合处理平面图像的工具软件是（   ）。

  A. Authorware   B. Photoshop   C. AutoCAD   D. 3DS MAX

二、填空题

1. PDF 全称是_____，即是便携式文档文件之意，可以像 Word 文档一样，也可用来保存文本格式和图像信息。

2. Adobe Reader 软件对 PDF 文件只能执行_____的操作，不能制作和编辑。

3. Photoshop 中按住_____键可保证椭圆选框工具绘出的是正圆形。

4. Photoshop 中可以根据像素颜色的近似程度来填充颜色，并且填充前景色或连续图案的工具是_____。

5. 双击要解压的压缩文件，在打开的 WinRAR 主窗口中，单击工具栏上的_____按钮，可以解压该文件。

6. _____是一个威力非常强大的硬盘数据恢复工具。

三、上机操作题

1. 打开一网页，利用"金山快译"软件完成网页翻译（中文网页译成英文，英文网页译成中文），并将网页以文本格式，自己学号为文件名保存在"第 7 章"指定的文件夹中。

（1）若计算机上没有安装金山快译软件，请从网上或资源库下载并安装金山快译软件。

（2）打开一网页，使用金山快译软件对其进行翻译并浏览。

（3）执行"文件"|"另存为"操作，将翻译好的网页以学号为文件名，文本格式文件类型保存在"第 7 章"指定的文件夹中。

2. 利用 WinRAR 压缩"PS"文件夹，要求以自解压格式（.exe 文件）保存在"第 7 章"指定的文件夹中。

3. 打开 PS 文件夹中"照片素材.jpg"文件，替换背景色为蓝色，并以"更改背景色.jpg"为文件名保存在"第 7 章"指定的文件夹中。

4. 打开 PS 文件夹中"酒杯.jpg"和"荷花.jpg"两个文件，利用"自由变换"和"变形"等命令，将荷花图像融入红酒杯中。完成后以"荷花酒杯.jpg"为文件名保存在"第 7 章"指定文件夹中，合成图效果如图 7-63 所示。

图 7-63　合成效果图

提示　设置"图层"调板的"设置图层混合模式"为"变亮"模式。

第8章

局域网组建及 Internet 应用

目前，计算机网络是一大热门课题，应用需求极为广泛。人们提出了"网络就是计算机"的概念，计算机网络伴随着计算机已成为人们工作、学习、生活中不可缺少的一部分。

8.1　计算机网络概述

计算机网络是计算机技术与通信技术发展的结晶，并在用户需求（应用）的促进下得到进一步地发展。计算机网络就是将相同或不同地理位置的多台计算机通过通信设施（通信线路及设备）和各种外围设备连接在一起，以实现网络中各计算机之间的信息交流及资源共享的系统，如人们通过网络与其他人进行交流、查阅信息、实现共享资源和进行联机游戏等。

8.1.1　计算机网络的发展

自 1946 年第一台计算机问世以来，计算机网络发展经历了以下 5 个过程。

（1）单机。从 1946 年到 20 世纪 50 年代末，计算机只能支持单用户使用，计算机的所有资源为单个用户所占用，用户使用计算机只能前往某个固定场所（如计算机房）。

（2）分时多用户。从 20 世纪 50 年代到 20 世纪 60 年代末，可以利用分时多用户系统支持多个用户利用多台终端共享单台计算机的资源。一台主机可以有几十个用户甚至上百个用户同时使用，如图 8-1 所示。

（3）远程终端访问。从 20 世纪 50 年代末到 20 世纪 60 年代中后期，可以利用通信线路将终端连至主机，用户可以在远程终端上访问主机，不受地域限制地使用计算机的资源，如图 8-2 所示。

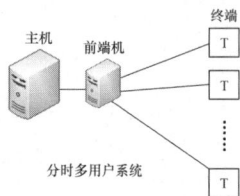

图 8-1　分时多用户系统

（4）计算机网络。从 20 世纪 60 年代末开始，人们能够将多台计算机通过通信设备连在一起，相互共享资源。1968 年，世界上第一个计算机网络——ARPANET 诞生。

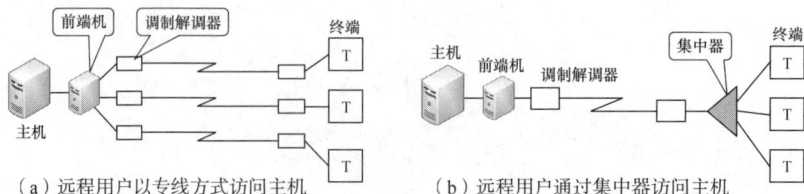

（a）远程用户以专线方式访问主机　　　　（b）远程用户通过集中器访问主机

图 8-2　远程终端访问系统

20 世纪 70 年代中期，价廉物美的个人计算机问世，使得一个企业或者部门可以很容易地拥有一台或者多台计算机，出现了局域网，促进了计算机网络的发展。

（5）Internet。20 世纪 90 年代，计算机网络发展成了全球的网络——因特网（Internet），计算机网络技术和网络应用得到了迅猛的发展。

8.1.2　计算机网络的功能

计算机网络主要向用户提供资源的共享和数据的传输，而用户本身无需考虑自己以及所用资源在网络中的位置。

（1）资源共享。计算机网络突破地理位置限制，实现资源共享。用户可以使用网络中任意一台计算机所附接的硬件设备，包括利用其他计算机的中央处理器来分担用户的处理任务。例如，同一网络中的用户共享打印机、共享硬盘空间等。用户可以使用远程主机的软件（系统软件和用户软件），既可以将相应软件调入本地计算机执行，也可以将数据送至对方主机，运行软件，并返回结果。网络用户可以使用其他主机和用户的数据。从而大大地提高资源利用率，降低用户的投资。

（2）数据通信。计算机网络支持用户之间的数据传输，如电子邮件、文件传输、IP 电话、视频会议等。

（3）提高计算机系统的可靠性和可用性。网络上每台计算机都可以通过网络相互成为后备机。一旦某台计算机出现故障，它的任务就可由其他计算机代为完成，提高了系统的可靠性。当网上某台计算机负荷过重时，网络系统会将部分任务转交给其他负荷较轻的计算机去处理，均衡了各计算机的负载，提高了每一台机的可用性。

（4）分布式处理。通过计算机网络，可以将一个复杂的大任务分解成若干个子任务，并分散到不同的计算机上处理，同时运作，共同完成，提高了整个系统的效率。

8.1.3　计算机网络的分类

1. 按跨度分类

网络的跨度是指网络可以覆盖的范围，根据网络覆盖的范围，网络可以分类为广域网、局域网、城域网等。

（1）广域网（Wide Area Network，WAN）。广域网有时也称远程网，其覆盖范围通常在数十公里以上，可以覆盖整个城市、国家，甚至整个世界，具有规模大、传输延迟大的特征。广域网通常使用的传输装置和媒体由电信部门提供；但随着多家经营的政策落实，也出现其他部门自行组网的现象。在我国除电信网外，还有广电网、联通网等为用户提供远程通信服务。

（2）局域网（Local Area Network，LAN）。局域网也称局部区域网络，覆盖范围常在几公里以内，限于单位内部或建筑物内，常由一个单位投资组建，具有规模小、专用、传输延迟小的特征。目前我国决大多数企业都建立了自己的企业局域网。局域网只有与局域网或者广域网互连，进一步扩大应用范围，才能更好地发挥其资源共享的作用。

（3）城域网（Metropolitan Area Network，MAN）。随着网络技术的发展，新型的网络设备和传输媒体的广泛应用，距离的概念逐渐淡化，局域网以及局域网互连之间的区别也逐渐模糊。同时，越来越多的企业和部门开始利用局域网以及局域网互连技术组建自己的专用网络，这种网络覆盖整个企业，范围可大可小。

20 世纪 80 年代末开始，局域网和广域网趋向组合连接，即构成"结合网"。在结合网中，每个用户可以同时享用局域网内和广域网内的资源。

2. 按拓扑结构分类

（1）星状网络拓扑结构。以一台中心处理机（通信设备）为主而构成的网络，其他入网机器仅与该中心处理机之间有直接的物理链路，中心处理机采用分时或轮询的方法为入网机器服务，所有的数据必须经过中心处理机，如图 8-3 所示。适用场合：局域网、广域网。

星状网的特点：①网络结构简单，便于管理（集中式）；②每台入网机均需物理线路与处理机互连，线路利用率低；③处理机负载重（需处理所有的服务），因为任何两台入网机之间交换信息，都必须通过中心处理机；④入网主机故障不影响整个网络的正常工作，中心处理机的故障将导致网络的瘫痪。

（2）总线网络拓扑结构。所有入网设备共用一条物理传输线路，所有的数据发往同一条线路，并能够由附接在线路上的所有设备感知。入网设备通过专用的分接头接入线路。总线网拓扑是局域网的一种组成形式，如图 8-4 所示。适用场合：局域网，对实时性要求不高的环境。

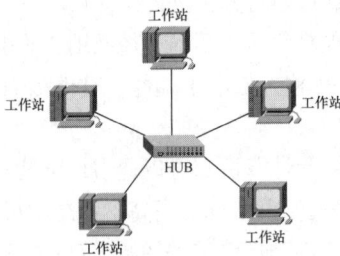

图 8-3　星状网拓扑结构图

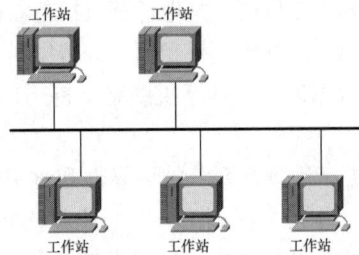

图 8-4　总线网拓扑结构图

总线网的特点：①多台机器共用一条传输信道，信道利用率较高；②同一时刻只能由两台计算机通信；③某个节点的故障不影响网络的工作；④网络的延伸距离有限，结点数有限。

（3）环状网络拓扑结构。入网设备通过转发器接入网络，每个转发器仅与两个相邻的转发器有直接的物理线路。环状网的数据传输具有单向性，一个转发器发出的数据只能被另一个转发器接收并转发。所有的转发器及其物理线路构成了一个环状的网络系统，如图 8-5 所示。适用场合：局域网，实时性要求较高的环境。

环状网特点：①实时性较好（信息在网中传输的最大时间固定）；②每个节点只与相邻两个节点有物理链路；③传输控制机制比较简单；④某个节点的故障将导致物理瘫痪；⑤单个环网的节点数有限。

（4）网状网络拓扑结构。利用专门负责数据通信和传输的节点机构成的网状网络，入网设备直接接入节点机进行通信。网状网络通常利用冗余的设备和线路来提高网络的可靠性，因此，节点机可以根据当前的网络信息流量有选择地将数据发往不同的线路，如图 8-6 所示。

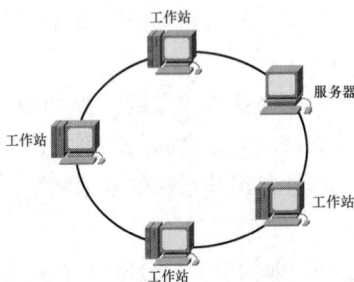

图 8-5　环状网拓扑结构图

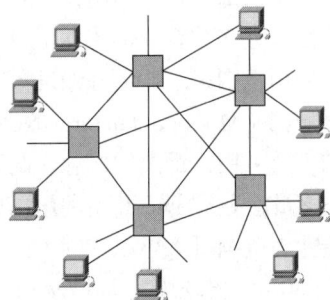

图 8-6　网状拓扑结构图

适用场合：主要用于地域范围大、入网主机多（机型多）的环境，常用于构造广域网络。

3．按管理性质分类

根据对网络组建和管理的部门和单位不同，常将计算机网络分为公用网和专用网。

（1）公用网。由电信部门或其他提供通信服务的经营部门组建、管理和控制，网络内的传输和转接装置可供任何部门和个人使用；公用网常用于广域网络的构造，支持用户的远程通信，如我国的电信网、广电网、联通网等。

（2）专用网。由用户部门组建经营的网络，不容许其他用户和部门使用；由于投资的因素，专用网常为局域网或者是通过租借电信部门的线路而组建的广域网络，如由学校组建的校园网、由企业组建的企业网等。

（3）利用公用网组建专用网。许多部门直接租用电信部门的通信网络，并配置一台或者多台主机，向社会各界提供网络服务，这些部门构成的应用网络称为增值网络（或增值网），即在通信网络的基础上提供了增值的服务，如中国教育科研网——CERNET，全国各大银行的网络等。

4．按网络的工作模式分类

计算机网络通常采用两种不同工作模式：对等网（Peer to Peer）模式和客户机/服务器（Client/Server）模式。

（1）对等网（Peer to Peer）。在对等网络中，所以计算机地位平台，没有从属关系，也没有专用的服务器和客户机。网络中的资源是分散在每台计算机上的，每一台计算机都有可能成为服务器也以可能成为客户机，网络的安全验证在本地进行，如图 8-7 所示。对等网能够提供灵活的共享模式，组网简单、方便，但难于管理，安全性能较差。它可满足一般数据传输的需要，所以一些小型单位在计算机数量较少时可选用"对等网"结构。

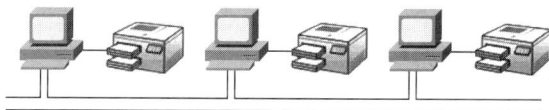

图 8-7　对等网

（2）客户机/服务器模式（Client/Server）。为了使网络通信更方便、更稳定、更安全，我们引入基于服务器的网络（Client/Server，C/S），如图 8-8 所示。这种类型中的网络中有一台或几台较大计算机集中进行共享数据库的管理和存取，称为服务器，而将其他的应用处理工作分散到网络中其他计算机上去做，构成分布式的处理系统。服务器控制管理数据的能力已由文件管理方式上升为数据库管理方式，因此，C/S 中的服务器也称为数据库服务器，注重于数据定义及存取安全备份及还原，并发控制及事务管理，执行诸如选择检索和索引排序等数据库管理功能。它有足够的能力做到把通过其处理后用户所需的那一部分数据而不是整个文件通过网络传送到客户机，减轻了网络的传输负荷。C/S 结构是数据库技术的发展和普遍应用与局域网技术发展相结合的结果。

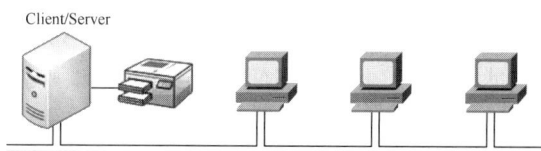

Client/Server

图 8-8　客户机/服务器模式

8.2 组建小型局域网

局域网（LAN）是指同一座建筑、同一所大学或方圆几公里地域内的专用网络。局域网常常用于连接公司办公室或工厂里的个人计算机和工作站，以便共享资源和交换信息。

对于有多台计算机的家庭或办公室，可以通过网络设备将这些计算机组建成一个小型局域网，以便共享 Internet 和本地数据资源。

随着无线网络的科学技术发展，无线网络目前也越来越普及。比尔•盖茨也曾提出：未来计算机能与人对话，进入无线网络。具有看、听和说的能力。无论是在家里还是办公室，人们都能够通过对话操纵计算机。

无线上网分两种，一种是通过手机开通数据功能，以计算机通过手机或无线上网卡来达到无线上网，速度则根据使用不同的技术、终端支持速度和信号强度共同决定。另一种无线上网方式即无线网络设备，它是以传统局域网为基础，以无线路由器和无线网卡来构建的无线上网方式。

8.2.1 组建无线局域网

无线局域网（Wireless Local Area Network，WLAN），顾名思义，就是采用无线通信技术代替传统电缆，提供传统有线局域网功能的网络。无线局域网（WLAN）产业是当前整个数据通信领域发展最快的产业之一。因其具备灵活性、可移动性及较低的投资成本等优势，无线局域网解决方案作为传统有线局域网络的补充和扩展，得到了快速的应用，如图 8-9 所示。

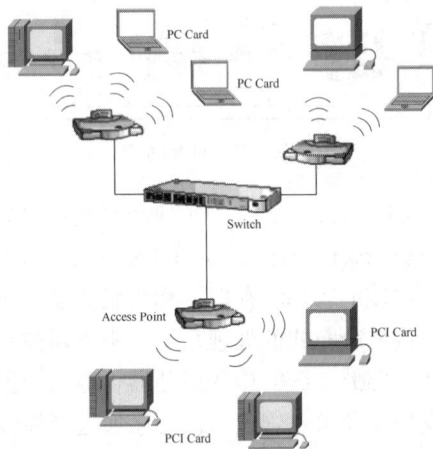

图 8-9 无线局域网

1. 制作网线

网卡通过接口与网络线相连，同轴电缆和双绞线与网卡相连需有与接口相对应的接头。以制作双绞线为例，介绍双绞线的制作方法。

制作压制双绞线 RJ-45 水晶头时，把双绞线两端头通过 RJ-45 水晶头连接网卡和集线器，需在双绞线两端压制水晶头。压制水晶头需使用专用网线钳按下述步骤制作。

步骤 1 剥线。用卡线钳剪线刀口将线头剪齐，再将双绞线端头伸入剥线刀口，使线头触及前挡板，然后适度握紧卡线钳同时慢慢旋转双绞线，让刀口划开双绞线的保护胶皮，取出端头从而剥下保护胶皮，如图 8-10 所示。

步骤 2　理线。双绞线由 8 根有色导线两两绞合而成，将其整理平行按橙白、橙、绿白、兰、兰白、绿、棕白、棕 8 种颜色平行排列，整理完毕用剪线刀口将前端修齐，如图 8-11 所示。

图 8-10　剥线

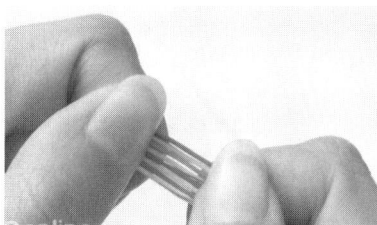

图 8-11　理线

步骤 3　插线。一手捏住水晶头，将水晶头有弹片一侧向下，另一只手捏平双绞线，稍稍用力将排好的线平行插入水晶头内的线槽中，8 条导线顶端应插入线槽顶端，如图 8-12 所示。

步骤 4　压线。确认所有导线都到位后，将水晶头放入卡线钳夹槽中，用力捏几下卡线钳，压紧线头即可，如图 8-13 所示。

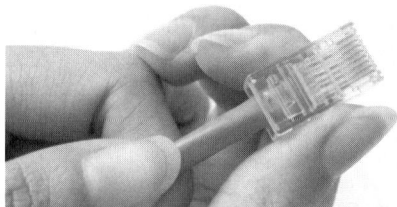

图 8-12　插线

图 8-13　压线

步骤 5　测试网线。重复上述方法制作双绞线的另一端即制作完成，网线制作好后要用测线仪检查一下所做的网线是否符合要求。将网线两头分别插入测线仪两端，若从 1～8 指示灯都有绿灯闪过，就表示网络是符合要求的，如图 8-14 所示。

2. 网线连接

步骤 1　准备工作。准备好 1 台无线路由器和 2 条（或 1 条）网线，图 8-15 所示是各种无线路由器类型。

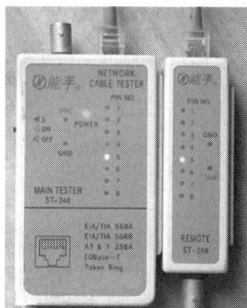

图 8-14　测线仪测试网线

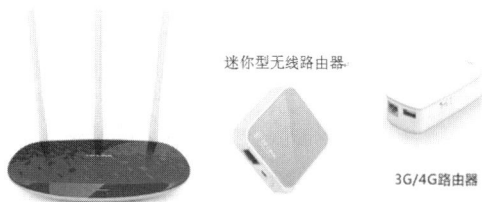

图 8-15　无线路由器类型

步骤 2　设备连接网线。将一条网线一头插入无线路由器 "WAN" 接口，另一头插入墙面上外网接入口，将另一条网线的一头插入宽带路由器任意一个"LAN"接口，另一头插入台式计算机的网络接口上，如图 8-16 所示。

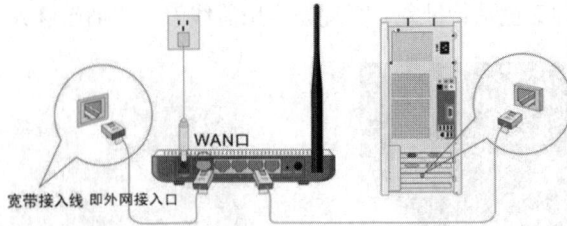

图 8-16　无线路由器和台式计算机网线连接

若是笔记本电脑或智能手机，则不需要后一条网线，只需将一条网线的一头插入无线路由器"WAN"接口，另一头插入墙面上外网接入口即可，配置无线路由器时可用无线网卡来设置。

3. 配置无线路由器

步骤1　打开路由器管理界面。在连接好路由器的台式计算机（或笔记本电脑）的 IE 浏览器，在地址栏输入后台管理地址：192.168.1.1（迷你型无线路由器的地址一般为 192.168.1.253，具体地址请参照产品说明书），在弹出的图 8-17 所示登录框中设置密码：******，确认密码：******，进入无线路由器设置界面。

注意　有的无线路由器是要求输入用户名：admin，密码：admin，如图 8-18 所示（不同路由器有不同的后台管理页面风格，具体设置可参照产品说明书）。

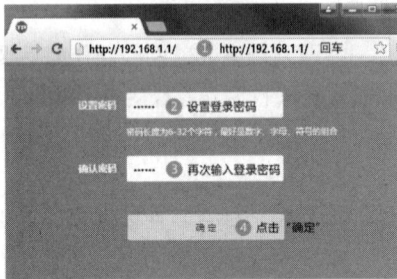

图 8-17　路由器后台管理登录界面

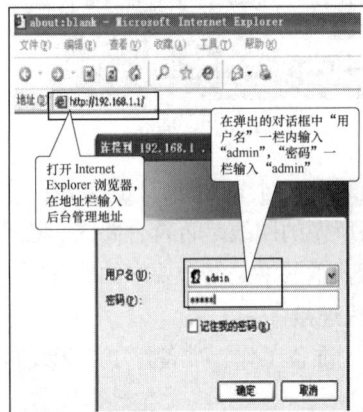

图 8-18　进入无线路由器管理界面

步骤2　检测上网方式。登录成功后，路由器会自动检测上网方式，如图 8-19 所示。

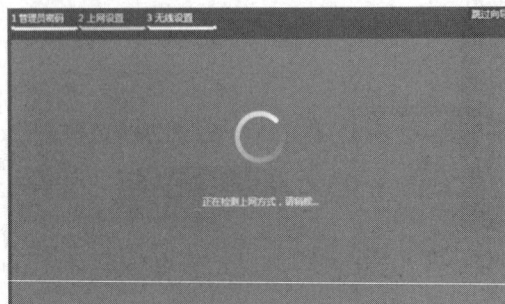

图 8-19　检测上网方式

步骤 3　设置上网方式。一般上网方式默认是"宽带拨号上网"方式，如图 8-20 所示。上网方式除"宽带拨号上网"方式外，还有"固定 IP 地址"和"自动获得 IP 地址"上网方式，可以根据无线路由器检测到的上网方式进行选择。

一般学校宿舍、办公室、小区等可以选择"自动获得 IP 地址"上网方式，该上网方式不需要设置账号和密码；学校计算机实验室的计算机一般都是设置了静态 IP 地址的，可以选择"固定 IP 地址"上网方式，该上网方式需要设置固定的 IP 地址、网关和 DNS 等。

图 8-20　设置上网方式

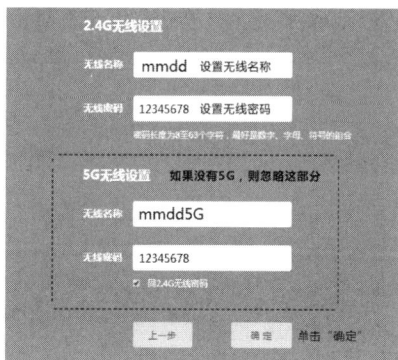

步骤 4　设置无线名称和密码，如图 8-21 所示，设置完成，保存配置。TP-LINK 路由器默认的无线信号名称为路由器品牌型号，且没有密码。为确保网络安全，建议一定要设置无线密码，防止他人非法蹭网。

步骤 5　创建 TP-LINK ID，TP-LINK ID 是用来将路由器连接到云服务器，实现在线升级、应用安装、远程管理等功能的管理 ID。请选择创建免费的 TP-LINK ID，如图 8-22 所示，然后按照提示进行设置。也可以单击右上角的跳过，不做配置。

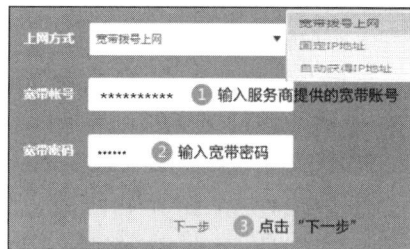

图 8-21　设置无线网络名称和密码

图 8-22　设置 TP-LINK ID

路由器成功连接网络后，界面才会提示创建 TP-LINK ID。如果界面没有提示创建 TP-LINK ID，说明路由器 WAN 口未拨号成功，要重新设置直到设置成功。

8.2.2　常用网络命令介绍

1. ping 命令

网络设置好后（或者网络在使用过程中出现故障），可使用 Ping 命令测试与路由器的连通。ping 是一个使用频率很高的实用测试程序，用于确定本地主机是否能与另一台主机交换（发送与接收）数据包。根据返回的信息，可以推断 TCP/IP 参数是否设置正确以及运行是否正常。通常情况下，可使用 ping 命令来检验网络运行情况。

步骤 1　单击"开始"|"运行"命令，在"运行"对话框中输入"ping ip 地址"后按 Enter 键，如图 8-23 所示。

步骤 2　ping 命令可以测试 TCP/IP 是否安装正确以及网络是否通畅。如要 ping 一下自己计算机 IP 地址是否通畅，输入"ping 10.10.131.252"命令并按 Enter 键，出现图 8-24 所示的信息。有响应则表示自己计算机 IP 设置没问题。否则会出现没有响应"Request timed out"等提示信息。

如图 8-24 所示，10.10.131.252 是本机 IP 地址；bytes=32 是发送的字节数；time 是时间的意思，返回的时间数值越小表示速度越快；TTL 是数据包从去到返回所生存的时间。

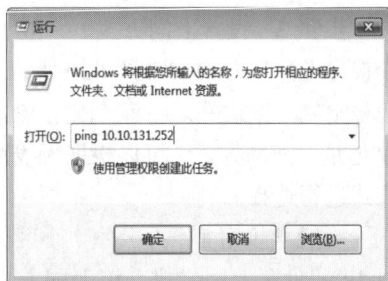

图 8-23　"运行"对话框

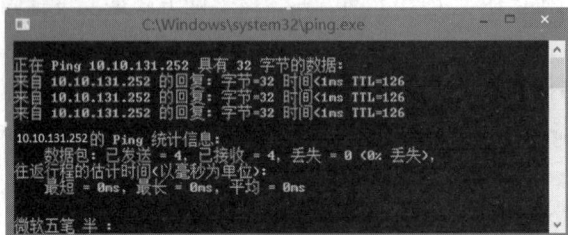

图 8-24　ping 本机 IP

TTL 字段值可以帮助我们识别操作系统类型，例如：UNIX 及类 UNIX 操作系统 ICMP 回显应答的 TTL 字段值为 255；Compaq Tru64 5.0 ICMP 回显应答的 TTL 字段值为 64；微软 Windows 8 操作系统 ICMP 回显应答的 TTL 字段值为 126 等。

2. ipconfig 命令

ipconfig 命令显示所有当前的 TCP/IP 网络配置值、刷新动态主机配置协议（DHCP）和域名系统（DNS）设置。使用不带参数的 ipconfig 可以显示所有适配器的 IP 地址、子网掩码、默认网关，如 ipconfig（显示信息）、ipconfig/all（显示所有连接信息）、ipconfig/renew（初始化所有适配器）和 ipconfig/release（释放所有适配器）等命令。

如果用户的 IP 地址是自动获取的，而用户想知道自己的 IP 地址、网关及 MAC 地址等，则可用 ipconfig/all 命令来实现。

步骤 1　单击"开始"|"运行"命令，在"运行"对话框中输入"cmd"后按 Enter 键或单击确定打开命令提示符。

步骤 2　在出现的提示符下输入"ipconfig/all"命令并单击 Enter 键或"确定"按钮，出现图 8-25 所示的信息。

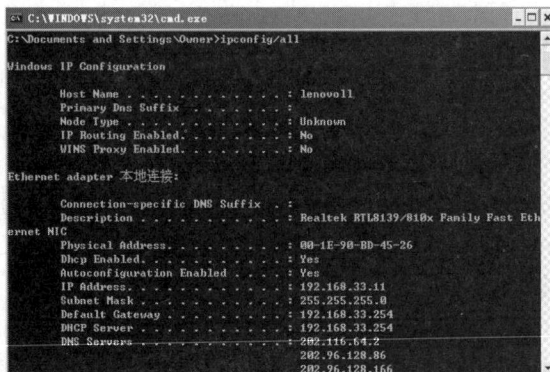

图 8-25　"ipconfig/all"命令显示信息

从图 8-25 中可以看到本机的物理地址、IP 地址、网关及 DNS 服务器地址等信息。

通过上述两个常用命令，用户可简单判断自己计算机网络是否通畅，或是哪里出了问题。

8.3　打印机共享及映射网络驱动器

在网络中，不仅可以共享各种软件资源，还可以设置共享硬件资源，如设置打印机共享，这样局域网中的其他用户也能使用这台打印机了。要设置共享打印机，需要先将该打印机设置为共享，并在网络中其他计算机上安装该打印机的驱动程序。

8.3.1　设置本地打印机共享

设置本地打印机共享操作步骤如下。

步骤 1　开启来宾账户。打开"控制面板"窗口，双击"用户账户"图标，在"用户账户"窗口中单击"Guest"图标，再单击启用 Windows 7 中的 Guest 账户（只有启用 Guest 账户，局域网其他主机才能使用这台计算机上的共享打印机），如图 8-26 所示。

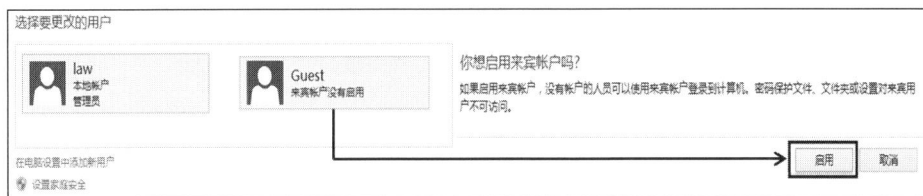

图 8-26　启用 Guest 来宾账户

步骤 2　设置共享。单击"开始"按钮，选择"设备和打印机"选项，在打开的"设备和打印机"对话框中选中要设置共享的打印机图标，鼠标右击该打印机图标，在弹出的窗口中右击要共享的打印机（前提是打印机已正确连接，驱动已正确安装），选择"打印机属性"，在"打印机属性"窗口中选择"更改共享选项"按钮，再出现的窗口中勾选"共享这台打印机"选项，并设置共享打印机共享名，如图 8-27 所示。

步骤 3　高级共享设置。右击系统托盘的网络连接图标，打开"网络和共享中心"，查看网络类型，单击"更改高级共享设置"，勾选"启用网络发现"和"启用文件和打印机共享"选项，然后保存修改，如图 8-28 所示。

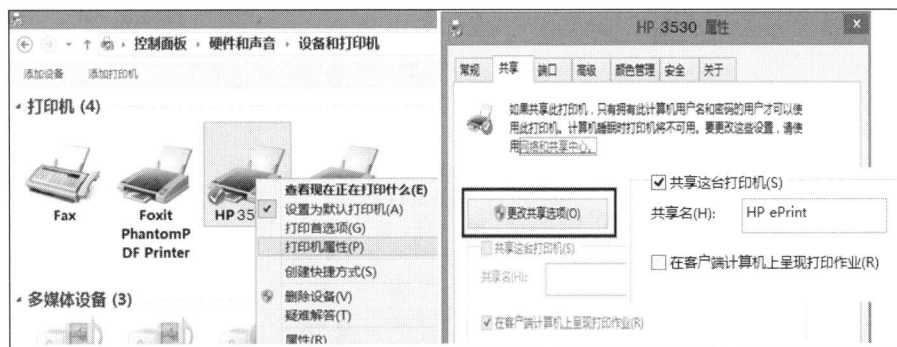

图 8-27　设置打印机"共享"选项

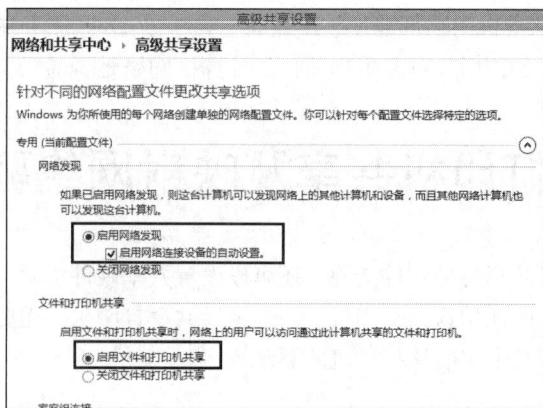

图 8-28　设置"高级共享"

步骤 4　设置本地安全策略。打开"开始"｜"附件"｜"运行"命令，在"运行"命令对话框中输入 "gpedit.msc" 并按 Enter 键。在打开"本地组策略编辑器"窗口，依次双击："计算机配置"｜"Windows 设置"｜"安全设置"｜"本地策略"｜"用户权限分配"｜"拒绝从网络访问这台计算机"选项，再双击"拒绝从网络访问这台计算机"，如图 8-29 所示，在"拒绝从网络访问这台计算机属性"中，选中"Guest "，将其删除，然后确定。

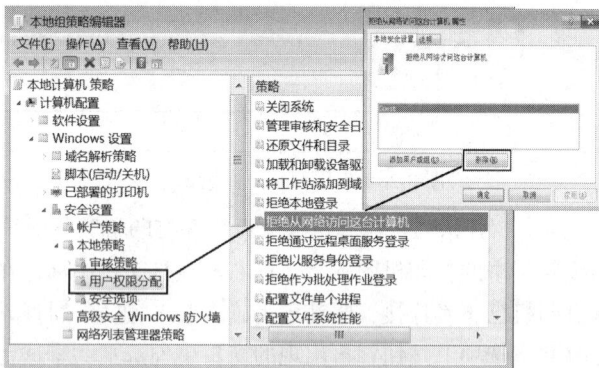

图 8-29　设置本地安全策略

步骤 5　设置网络访问安全。在"本地组策略编辑器"窗口依次双击："计算机配置"｜"Windows 设置"｜"安全设置"｜"本地策略"｜"安全选项"，再双击"网络访问：本地账户的共享和安全模型"，在"网络访问：本地账户的共享和安全模型属性"中，选择"仅来宾—对本地用户进行身份验证，其身份为来宾"，如图 8-30 所示，确定退出。

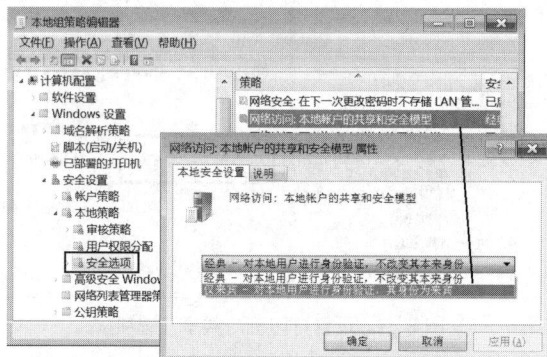

图 8-30　设置网络访问安全选项

8.3.2　在局域网中其他主机上安装共享打印机

在局域网中其他主机上安装共享打印机操作步骤如下。

步骤 1　设置工作组。右击桌面"计算机"图标，选择"属性"，在弹出的窗口中找到工作组，检查局域网内的计算机是否都处于一个工作组。若计算机的工作组设置不一致，请单击"更改设置"命令，在打开的窗口中进行工作组设置，确保局域网内的计算机是否都处于一个工作组，完成后重启计算机，使设置生效。

步骤 2　选择命令。选择"开始"|"设备和打印机"命令，在弹出的"设备和打印机"对话框上方中单击"添加打印机"命令，在打开的"添加打印机"对话框中单击"下一步"。

步骤 3　设置本地或网络打印机。打开打印机类型设置界面，如图 8-31 所示。选择"网络打印机或连接到其他计算机的打印机"单选钮，然后单击"下一步"按钮。

步骤 4　选择"浏览打印机"选项。单击"下一步"按钮，系统会自动搜索可用的打印机。若不需要系统自动搜索，则可选择"我需要的打印机不在列表中"，再单击"下一步"按钮，则在弹出的对话框中选择"浏览打印机"选项，如图 8-32 所示。

図 8-31　设置网络打印机　　　　　　図 8-32　选择"浏览打印机"选项

步骤 5　选择打印机。找到连接着打印机的计算机，单击"选择"，在弹出的对话框中选择目标打印机（打印机名就是在第二步中设置的名称），再单击"选择"即可，如图 8-33 所示。

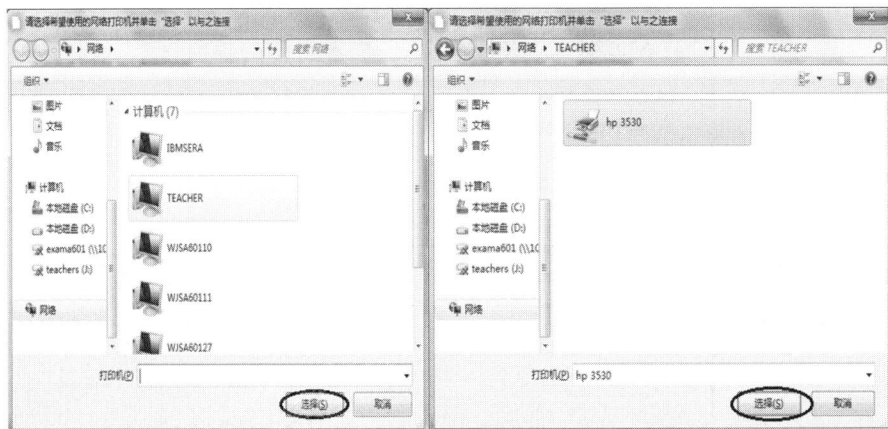

図 8-33　选择共享的打印机

步骤6 完成设置。将选择的网络打印机设置为默认打印机，并按提示安装驱动程序，即可完成客户机端的共享打印机设置。

安装好共享打印机后，就可以使用该局域网上的打印机打印文档了。

8.3.3 设置网络打印机

设置网络打印机操作步骤如下。

步骤1 将配有网卡的打印机分配一个 IP 地址，如 192.168.1.123，并用网线连接好。

步骤2 在需要安装打印机的计算机中输入打印机的 IP 地址，如图 8-34 所示。

步骤3 在打开的打印机界面，找到驱动程序安装位置，并安装驱动程序，如图 8-35 所示，驱动程序安装成功后，能打印出测试页，表示这台网络打印机已经正确安装好。

图 8-34　输入网络打印机 IP 地址　　　　图 8-35　安装网络打印机驱动程序

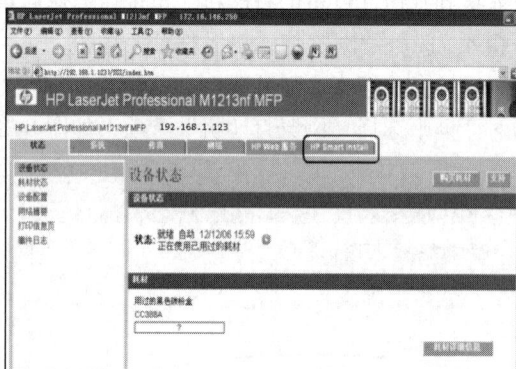

8.3.4 映射网络驱动器

在网络中用户可能经常需要访问某一个或几个特定的网络共享资源，若每次都通过"网上邻居"依次打开，比较麻烦，这时可以使用"映射网络驱动器"功能，将该网络共享资源映射为网络驱动器，再次访问时，只需双击该网络驱动器图标即可。

步骤1 打开窗口。双击桌面上的"计算机"图标，打开"计算机"窗口，在"计算机"窗口中选择"工具"｜"映射网络驱动器"命令，打开"映射网络驱动器"对话框，如图 8-36 所示。

图 8-36　"映射网络驱动器"对话框

步骤 2　设置网络驱动器位置和名称。在"驱动器"下拉列表框中选择一个驱动器号；在"文件夹"下拉列表框中输入要映射为网络驱动器的位置及名称，如图 8-37 所示，单击"完成"按钮即可。

步骤 3　输入网络凭据。在打开的"Windows 安全"对话框中输入要映射的网络驱动器计算机的用户名和密码，单击"确定"按钮，如图 8-38 所示。

图 8-37　设置驱动器和文件夹

图 8-38　输入网络凭据

步骤 4　完成设置。单击"完成"按钮即可建立该共享文件夹的网络驱动器，如图 8-39 所示。

图 8-39　设置完成效果

8.4　远程控制

远程控制是在网络上由一台计算机（主控端——Remote/客户端）远距离去控制另一台计算机（被控端——Host/服务器端）的技术。随着网络的高度发展，计算机的管理及技术支持的需要，远程操作及控制技术越来越引起人们的关注。远程控制一般支持下面的这些网络方式：LAN、WAN、拨号方式、互联网方式。

8.4.1　远程控制技术的作用

1. 远程办公

通过远程控制功能我们可以轻松地实现远程办公，这种远程办公方式新颖、轻松，从某种方面来说可以提高员工的工作效率和工作兴趣。

2. 远程技术支持

通常，远距离的技术支持必须依赖技术人员和用户之间的电话交流来进行，这种交流既耗时又容易出错。但是有了远程控制技术，技术人员就可以远程控制用户的电脑，就像直接操作本地计算机一样，只需要用户的简单帮助就可以得到该机器存在的问题的第一手材料，很快就可以找到问题的所在，并加以解决。

3. 远程交流

利用远程技术，商业公司可以实现和用户的远程交流，采用交互式的教学模式，通过实际操作来培训用户，使用户从技术支持专业人员那里学习示例知识变得十分容易。而教师和学生之间也可以利用这种远程控制技术实现教学问题的交流，学生可以不用见到老师，就得到老师手把手的辅导和讲授。学生还可以直接在计算机中进行习题的演算和求解，在此过程中，教师能够轻松看到学生的解题思路和步骤，并加以实时的指导。

4. 远程维护和管理

网络管理员或者普通用户可以通过远程控制技术为远端的电脑安装和配置软件、下载并安装软件修补程序、配置应用程序和进行系统软件设置。

8.4.2 Windows 7 系统"远程协助"应用

"远程协助"，就是通过网络让其他人帮助自己解决问题，而且整个过程是互动的，可以和远方的专家通过文本、语音来交互地解决问题。

步骤 1 启用远程协助。要计算机 A 上选择"开始"|"控制面板"命令，在出现的"控制面板"窗口中双击"系统"图标，在"系统属性"窗口中切换至"远程"选项卡，在该选项卡中勾选"允许从这台计算机发送远程协助邀请"选项，然后单击"高级"按钮，在弹出的"远程协助设置"窗口内勾选"允许此计算机被远程控制"，如图 8-40 所示。

步骤 2 选择远程协助方式。在计算机 B 上选择"开始"|"帮助和支持"，打开 Windows 帮助和支持窗口，Windows 7 的帮助和支持需要联网访问相应的页面下载相应的信息。单击工具栏中的"询问"，按钮，打开对应的页面。再单击打开页面中的"Windows 远程协助"链接可弹出远程协助邀请文件创建向导，如图 8-41 所示。

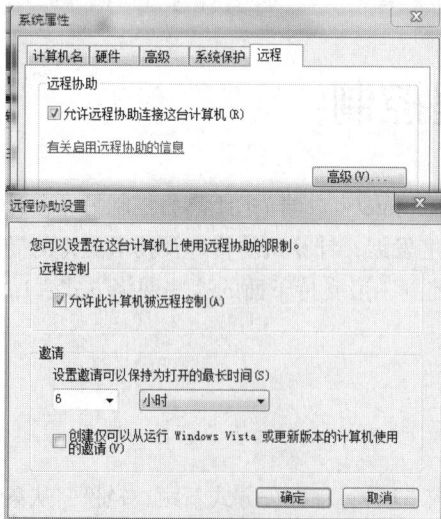

图 8-40　设置远程协助参数

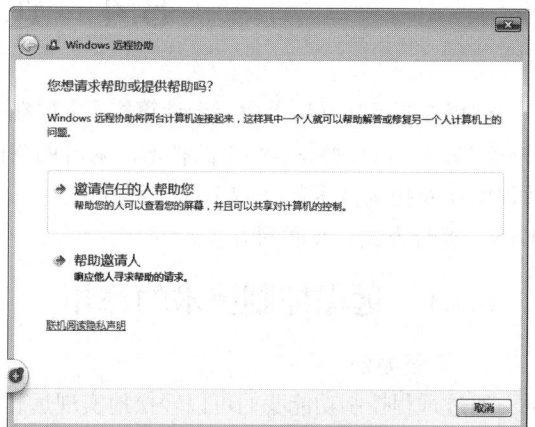

图 8-41　设置远程协助邀请

注意：两个选项一个是"邀请信任的人帮助您"，一个是"帮助邀请人"，可以根据需要进行选择。此例选择"邀请信任的人帮助您"选项进入邀请方式选择窗口。我们选择并单击"将该邀请保存为文件"弹出另存为窗口，我们选择一个路径保存邀请文件即可。邀请文件保存完毕后会弹出等待传入对话框，并且会自动生成随机一个连接密码，如图 8-42 所示。

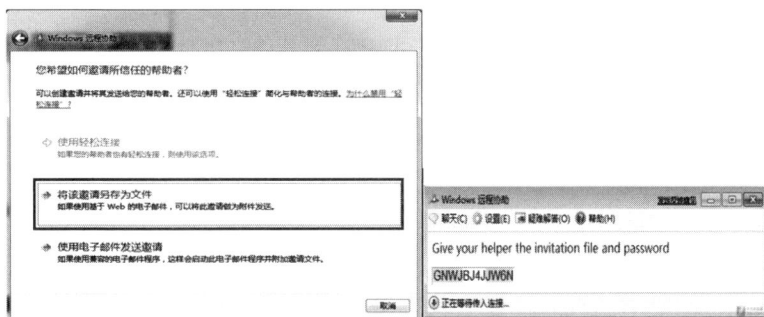

图 8-42　选择邀请方式并生成随机连接密码

Windows 7 随机生成远程协助密码无疑大大地提升了远程协助的安全性，杜绝了恶意连接。另外，当需要远程协助时双击打开邀请文件每次会生成不同的连接密码。

步骤 3　接受远程协助。在 Windws 7 中的该邀请文件弹出"提示输入密码"对话框，输入 Windows 7 的连接端随机生成的密码后成功连接到 Windows 7。此时 Windows 7 弹出对话框询问是否允许连接你的计算机，单击"是"后远程协助的连接就完成了，如图 8-43 所示。

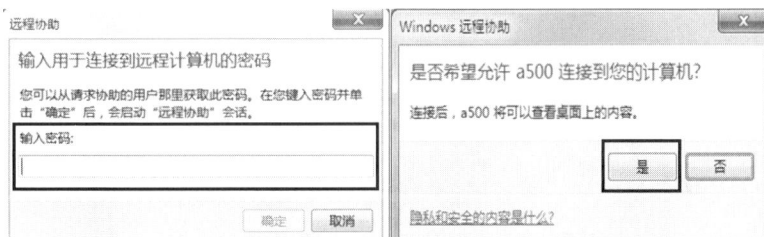

图 8-43　输入随机连接密码进行连接设置

步骤 4　获得控制权。单击远程协助面板中的"取得控制"申请控制权，此时在 Windows 7 方会弹出对话框询问是否授权；当授权后，另一方就可完成控制 Windows 7 了，如图 8-44 所示。

图 8-44　完成"远程协助"操作界面

主控双方还可以在"远程协助"对话框中键入消息、交谈和发送文件。被控方如果想终止控制，可按 Esc 键或单击"终止控制"按钮，就可以取回对计算机的控制权。

8.4.3 利用 QQ 远程协助

现在越来越多的人，都在使用 QQ 远程协助，特别是计算机技术人员、客服人员等，经常使用 QQ 远程协助，来处理一些计算机系统的故障和维护系统以及网上答疑等。

步骤 1 启用 QQ 远程协助。在 QQ 聊天窗口打开要找的帮助方的 QQ 聊天对话框，单击 QQ 聊天对话框的菜单栏中的"远程桌面"按钮下拉选项，如图 8-45 所示。

图 8-45 选择远程协助

步骤 2 聊天窗口右侧出现提示：您正在邀请张三远程控制您的电脑，请等待对方回应…，或单击下方"拒绝"按钮，就可以取消该请求。

步骤 3 单击"接受"，此时协助方就可以对对方的计算机进行操作了。若不需要帮助了，就单击窗口右上方"断开"按钮，就可以断开连接了，如图 8-46 所示。

图 8-46 应用程序共享窗口

8.4.4 Windows 7 系统"远程桌面"应用

使用"远程协助"进行远程控制实现起来非常简单，但它必须由主控双方协同才能够进行，所以 Windows 7 专业版中又提供了另一种远程控制方式——"远程桌面连接"。

"远程桌面连接"是一种远程管理模式，它主要是用于网络管理员在服务器上对远程计算机进行管理。利用"远程桌面连接"，可以在远离办公室的地方通过网络对计算机进行远程控制，即使主机处在无人状况，"远程桌面"仍然可以顺利进行，远程的用户可以通过这种方式使用计算机中的数据、应用程序和网络资源，也可以进行协同工作。

远程桌面连接也属于 C/S（客户/服务器）模式的，所以在建立连接前也需要配置好连接的服务器端和客户端。这里的服务器端是指接受远程桌面连接的计算机一方，而客户端是发起桌面连接的计算机一方。

1. 配置远程桌面主机

远程桌面的主机必须是安装了 Windows 7 的计算机，且主机必须与 Internet 连接，并拥有合法的公网 IP 地址。要启动 Windows 7 的远程桌面功能必须以管理员或 Administrators 组成员的身份登录进入系统，这样才具有启动 Windows 7 "远程桌面" 的权限。

步骤　右击 "计算机" 图标，选择 "属性" 命令。在出现的对话框中单击 "远程设置" 按钮，再在弹出的 "系统属性" 窗口中单击 "远程" 选项卡，根据需要选择 "远程桌面" 选项中的 "允许运行任意版本远程桌面的计算机连接（较不安全）" 选项或 "仅允许运行使用网络级别身份验证的远程桌面的计算机连接（更安全）" 选项，如图 8-47 所示。

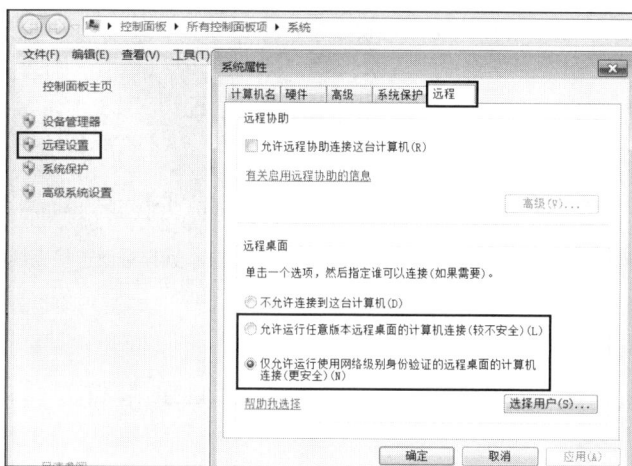

图 8-47　设置远程桌面连接选项

2. 访问远程桌面

步骤 1　在客户机上运行 "远程桌面连接" 程序，会显示 "远程桌面连接" 对话框，在 "计算机" 选项框中输入被远程控制计算机的 IP 地址，如 10.10.155.252，如图 8-48 所示；再单击 "显示选项" 按钮，出现图 8-49 所示的对话框。

步骤 2　在 "本地资源" 选项卡中单击 "详细信息" 按钮，在打开的对话框中勾选 "DATA(D:)" 选项或勾选 "驱动器" 选项，如图 8-49 所示，方便远程计算机之间文件传输。

图 8-48　输入 IP 地址并打开 "显示选项"

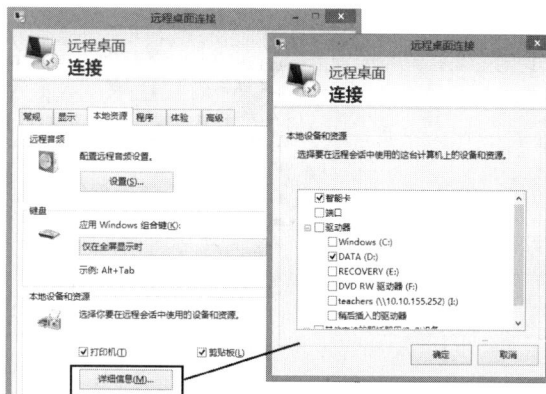

图 8-49　设置 "本地资源" 选项

步骤 3 设置完成后，单击"连接"按钮，连接成功后会看到一个登录的窗口，如图 8-50 所示。在登录窗口中输入被远程控制计算机的用户名和密码，就可以打开被远程控制计算机"远程桌面"窗口；可以看到远程计算机上的桌面设置、文件和程序，还可以看到本地磁盘的盘符标记，并可以对远程计算机进行操作了，如图 8-51 所示。

图 8-50　远程桌面管理凭据

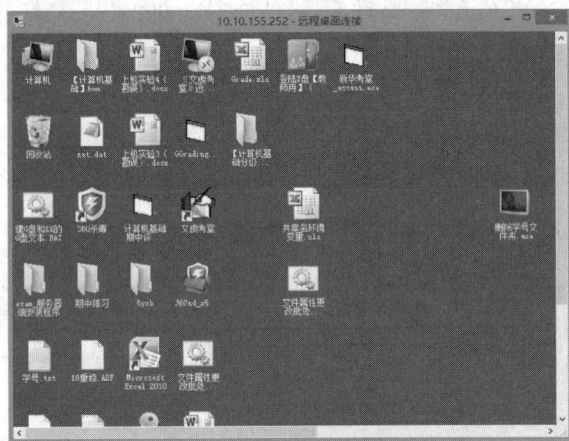

图 8-51　远程桌面连接完成后的效果

小贴士

设置远程桌面连接的计算机是要设置用密码登录的，否则无法进行远程桌面连接。

8.5　网络信息安全

随着计算机技术的飞速发展，信息网络已经成为社会发展的重要保证。计算机网络的广泛应用，也促进了社会的进步和繁荣，并为人类社会创造了巨大财富。但由于计算机及其网络自身的脆弱性以及人为的攻击破坏，以及信息窃取手段越来越来高明，由信息泄露造成的悲剧也越来越多，网络安全随着全球信息化步伐的加快而变到越来越重要，上至国家机器，下至企业个人都需要立刻重视个人信息安全。图 8-52 所示是网络信息安全目前面临的威胁类型。

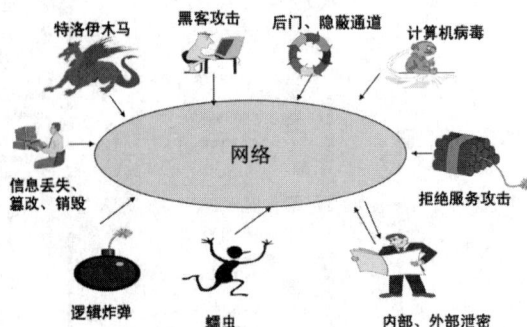

图 8-52　信息安全面临的威胁类型

网络安全是指网络系统的硬件、软件及其系统中的数据受到保护，不受偶然的或者恶意的原因而遭到破坏、更改、泄露，系统连续可靠正常地运行，网络服务不中断。网络安全从其本质上来讲就是网络上的信息安全。从广义来说，凡是涉及到网络上信息的保密性、完整性、可用性、真实性和可控性的相关技术和理论都是网络安全的研究领域。

8.5.1　信息安全基本概念

计算机网络信息的安全性可以定义为：保障网络信息的保密性、完整性、网络服务可用性和可审查性。即要求网络保证其信息系统资源的完整、准确和具有一定的传播范围，并能及时提供所有用户所选择的网络服务。

1.　网络安全的特征

网络安全应具有以下 4 个方面的特征，如图 8-53 所示。

（1）保密性：信息不泄露给非授权用户、实体或过程，或供其利用的特性。

（2）完整性：数据未经授权不能进行改变的特性。即信息在存储或传输过程中保持不被修改、不被破坏和丢失的特性。

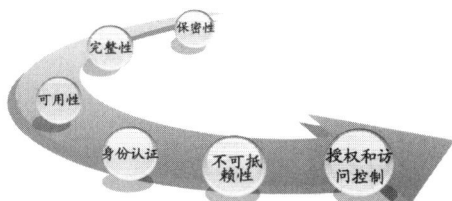

图 8-53　信息安全要求

（3）可用性：可被授权实体访问并按需求使用的特性。即当需要时能否存取所需的信息。例如，网络环境下拒绝服务、破坏网络和有关系统的正常运行等都属于对可用性的攻击。

（4）可控性：对信息的传播及内容具有控制能力。

2.　网络安全的结构层次

（1）物理安全。

① 自然灾害（如雷电、地震、火灾等），物理损坏（如硬盘损坏、设备使用寿命到期等），设备故障（如停电、电磁干扰等），意外事故。解决方案是：防护措施，安全制度，数据备份等。

② 电磁泄漏，信息泄漏，干扰他人，受他人干扰，乘机而入（如进入安全进程后半途离开），痕迹泄露（如口令密钥等保管不善）。解决方案是：辐射防护，屏幕口令，隐藏销毁等。

③ 操作失误（如删除文件，格式化硬盘，线路拆除等），意外疏漏。解决方案是：状态检测，报警确认，应急恢复等。

④ 计算机系统机房环境的安全。特点是：可控性强，损失也大。解决方案：加强机房管理，运行管理，安全组织和人事管理。

（2）安全控制。

① 微机操作系统的安全控制。主要用于保护存贮在硬盘上的信息和数据。如用户开机键入的口令（某些微机主板有"万能口令"），对文件的读写存取的控制（如 UNIX 系统的文件属性控制机制）。

② 网络接口模块的安全控制。在网络环境下对来自其他机器的网络通信进程进行安全控制。主要包括：身份认证，客户权限设置与判别，审计日志等。

③ 网络互联设备的安全控制。对整个子网内的所有主机的传输信息和运行状态进行安全监测和控制。主要通过网管软件或路由器配置实现。

（3）安全服务。

①对等实体认证服务；②访问控制服务；③数据保密服务；④数据完整性服务；⑤数据源点

认证服务；⑥禁止否认服务。

（4）安全机制。

①加密机制；②数字签名机制；③访问控制机制；④数据完整性机制；⑤认证机制；⑥信息流填充机制；⑦路由控制机制；⑧公证机制

3. 网络加密方式

（1）链路加密方式。

（2）节点对节点加密方式。

（3）端对端加密方式。

8.5.2　信息安全策略

安全策略建立全方位的防御体系，甚至包括：告诉用户应有的责任，公司规定的网络访问、服务访问、本地和远地的用户认证、拨入和拨出、磁盘和数据加密、病毒防护措施，以及雇员培训等。所有可能受到攻击的地方都必须以同样的安全级别加以防护。

1. 信息安全的威胁

（1）计算机病毒。

（2）黑客和黑客软件。

（3）系统和网络安全漏洞。

2. 常用信息安全技术

（1）防火墙技术。

（2）网络安全扫描技术。

（3）入侵检测技术。

3. 信息安全保护手段

（1）应用身份认证技术。

（2）进行数据加密。

（3）应用数据备份技术。

（4）权限设置技术。

4. 计算机信息安全防范措施

（1）加大打击网络病毒犯罪力度，打击网络病毒传播行为，维护网络安全。

（2）重点应用安全系数高的计算机系统。

（3）重要计算机系统特定防护，如采取开启防火墙等措施。

防火墙是一种由计算机硬件和软件的组合，在 Internet 与内部网之间建立一个安全网关，设置一道屏障，是网络之间一种特殊的访问控制设施，防止恶意程序和黑客攻击电脑或内部网络，可以监测、限制、更改跨越防护火墙的数据流，尽可能地对外部屏蔽网络内部的信息、结构和运行状况。使用防火墙是一种确保网络安全的方法。

（4）及时安装系统漏洞补丁程序

系统漏洞是构成计算机网络安全的一个重要因素，计算机系统漏洞包括软件漏洞、硬件漏洞及应用程序漏洞 3 个方面，而用户在进行计算机系统配置时操作不当也会形成计算机系统漏洞。为了解决计算机系统的漏洞问题，系统开发商会及时更新系统补丁，保护系统的安全。

（5）安装杀毒软件

（6）养成良好的上网习惯，定期对计算机进行清理

8.5.3　网络安全事件案例

1．DDoS 攻击

分布式拒绝服务（Distributed Denial of Service，DDoS）攻击指借助于客户/服务器技术，将多个计算机联合起来作为攻击平台，对一个或多个目标发动 DDoS 攻击，从而成倍地提高拒绝服务攻击的威力。利用客户/服务器技术，主控程序能在几秒钟内激活成百上千次代理程序的运行。DDoS 的攻击方式有很多种，最基本的 DDoS 攻击就是利用合理的服务请求来占用过多的服务资源，从而使合法用户无法得到服务的响应。分布式拒绝服务攻击体系结构如图 8-54 所示。

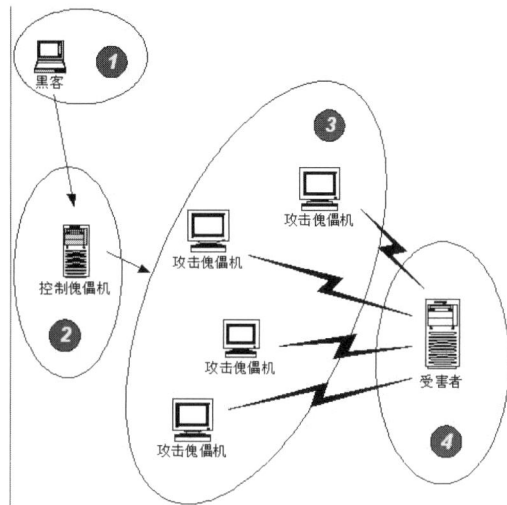

图 8-54　分布式拒绝服务攻击体系结构

2010 年 1 月 12 日上午 7 点钟开始，中国最大中文搜索引擎"百度"遭到黑客攻击，长时间无法正常访问。主要表现为跳转到一雅虎出错页面，出现"天外符号"等，范围涉及四川、福建、江苏、吉林、浙江、北京、广东等国内绝大部分省市。

2016 年 11 月 22 日报道，因美国主要域名服务器提供商遭受严重的 DDoS 攻击，导致大规模互联网瘫痪席卷全美，受害企业横跨支付、餐饮、网络社交、财经媒体等多个不同领域，包括 PayPal、星巴克、Twitter、《华尔街日报》在内的众多站网无法访问。

2．Phishing 网络欺诈

网络钓鱼 （Phishing）攻击者利用欺骗性的电子邮件和伪造的 Web 站点来进行网络诈骗活动，受骗者往往会泄露自己的私人资料，如信用卡号、银行卡账户、身份证号等内容。

最典型的网络钓鱼攻击将收信人引诱到一个通过精心设计与目标组织的网站非常相似的钓鱼网站上，并获取收信人在此网站上输入的个人敏感信息，通常这个攻击过程不会让受害者警觉。它是"社会工程攻击"的一种形式。网络钓鱼是一种在线身份盗窃方式。

早期的案例主要在美国发生，但随着亚洲地区的因特网服务日渐普遍，有关攻击亦开始在亚洲各地出现。从外观看，与真正的银行网站无异，但却在用户以为是真正的银行网站而使用网络银行等服务时将用户的账号及密码窃取，从而使用户蒙受损失。防止在这类网站受害的最好办法就是记住正宗网站的网址，并当链接到一个银行网站时，对网址进行仔细对比。而从 2004 年开始，有关诈骗亦开始在中国大陆出现，曾出现过多起假冒银行网站、支付宝网站等，图 8-55 所示是假冒的支付宝网站。钓鱼欺骗事件频频发生，给电子商务和网上银行蒙上了阴影。

图 8-55　钓鱼网站

本章小结

　　本章主要介绍如何组建小型办公局域网和 Internet 的一些基本应用，通过学习，应掌握计算机接入 Internet 的方法，了解小型局域网的硬件连接方法，掌握配置 Windows 7 网络，组建自己的家庭或小型办公网络，熟练掌握如何设置共享资源、使用网络资源，远程控制等知识。

习 题 八

一、单项选择题

1. 在 Internet 中，用字符串表示的 IP 地址称为（　　）。

　　A. 账户　　　　　　　B. 域名　　　　　　　C. 主机名　　　　　　D. 用户名

2. 连接到 Internet 上的机器的 IP 地址是（　　）。

　　A. 可以重复的　　　　　　　　　　　B. 唯一的

　　C. 可以没有地址　　　　　　　　　　D. 地址可以是任意长度

3. 一般来说，计算机网络按照其覆盖范围大小、地理位置以及网络的分布距离可分为 3 大类，其中（　　）是针对联网距离有限的数据通信系统。

　　A. 局域网　　　　　　B. 城域网　　　　　　C. 广域网　　　　　　D. 远程网络

4. 如要设置计算机的 IP 地址，则需要配置（　　）网络协议。

　　A. IPX/SPX　　　　　B. TCP/IP　　　　　　C. NETBEUI　　　　　D. POP3

5. 下列不属于计算机网络发展所经历的阶段的是（　　）。

　　A. 联机系统　　　　　B. 文件系统　　　　　C. 互连网络　　　　　D. 高速网络

6. （　　）结构不是局域网拓扑结构。

　　A. 总线　　　　　　　B. 环状　　　　　　　C. 星状　　　　　　　D. 全互连状

7. （　　）是在网络上由一台计算机远距离去控制另一台计算机的技术。

　　A. 路由技术　　　　　B. 远程控制　　　　　C. 通信技术　　　　　D. 分组技术

8. 使用（　　　）进行远程控制实现起来非常简单，但它必须由主控双方协同才能够进行命令。

    A. 远程桌面连接　　　　　　　　B. 远程桌面 Web 连接

    C. 远程协助　　　　　　　　　　D. 设备连接

9. 常见的网络信息系统安全因素不包括（　　　）。

    A. 网络因素　　　　　B. 应用因素　　　　C. 经济政策　　　　D. 技术因素

10. 信息安全服务包括（　　　）。

    A. 机密性服务　　　　　　　　　B. 完整性服务

    C. 可用性服务和可审性服务　　　D. 以上皆是

11. 下列情况中，（　　　）破坏了数据的完整性。

    A. 假冒他人地址发送数据　　　　B. 不承认做过信息的递交行为

    C. 数据在传输中途被篡改　　　　D. 数据在传输中途被窃听

12. 为确保学校局域网的信息安全，防止来自 Internet 的黑客入侵，采用（　　　）可以实现一定的防范作用。

    A. 网管软件　　　　B. 邮件列表　　　　C. 防火墙软件　　　　D. 杀毒软件

13. 为了减少计算机病毒对计算机系统的破坏，应（　　　）。

    A. 尽可能不运行来历不明的软件　　B. 尽可能用 U 盘启动计算机

    C. 把用户程序和数据写到系统盘上　　D. 不使用光盘和移动硬盘

二、填空题

1. 通常把 Internet 提供服务的一端称为_____，把访问 Internet 一端称为_____。

2. 网络安全的基本目标是实现信息的机密性、合法性、完整性和_____。

3. _____的特点是指借助于客户/服务器技术，将多个计算机联合起来作为攻击平台，对一个或多个目标发动 DDoS 攻击，从而成倍地提高拒绝服务攻击的威力。

4. _____是一种网络安全保障技术，它用于增强内部网络安全性，决定外界的哪些用户可以访问内部的哪些服务，以及哪些外部站点可以被内部人员访问。

5. 常用信息安全技术有：_____、_____和_____。

6. Internet 是全球信息网，其显著特点是具有强大的_____、众多的网络应用技术及_____。

7. 网络安全应具有_____、_____、_____和_____4 个方面的特征。

8. _____是指网络系统的硬件、软件及其系统中的数据受到保护，不受偶然的或者恶意的原因而遭到破坏、更改、泄露，系统连续可靠正常地运行，网络服务不中断。

三、上机操作题

1. 配置一台网络打印机。

2. 在一台计算机上对某一文件夹进行共享设置操作，完成后在另一台计算机上将刚设置好共享的文件夹进行映射网络驱动器操作。

3. 设置一个家庭或宿舍小型无线局域网。

第9章
计算机的使用和维护

随着计算机技术的发展，它不但能处理数值信息，还能处理文字、图形、图像、声音和动画等非数值信息，利用计算机可以高效地处理和加工信息，计算机已成为现代办公、学习不可缺少的工具。正确使用计算机，能保护系统数据，减少计算机硬件的损耗，使工作学习事半功倍。

9.1　计算机的组成

一个完整的计算机系统是由硬件系统和软件系统组成的。硬件都是看得见、摸得着的，是计算机的实体组成部分。软件相对于硬件而言，是使用计算机和发挥电脑功能的各种程序的总称。

9.1.1　硬件系统

计算机的硬件系统是指计算机的所有物理部件的集合，在计算机中起着载体的作用。从外观来看，硬件设备主要有主机、显示器、键盘和鼠标等，如图 9-1 所示。

可将硬件系统划分为主机和外部设备（简称外设）两大部分。外设常指安装在主机箱外的各部件，如显示器、键盘、鼠标、打印机、扫描仪、音箱和摄像头等。

外设按功能可分为输入设备和输出设备。输入设备是指使计算机从外部获得信息的设备，包括文字、图像、声音等信息。

图 9-1　硬件系统外观图

常用的输入设备有键盘、鼠标、扫描仪、话筒、手写板、数码相机和触摸屏等。输出设备是指从计算机中把信息处理的结果以人们能够识别的形式表现出来的设备。常用的输出设备有显示器、打印机和绘图仪等。

9.1.2　软件系统

软件是程序、数据和有关的文档资料的总称。如果没有软件，计算机就是一个毫无用处的空壳。因此，软件常被形象地比喻成计算机的灵魂。没有安装软件的计算机称为"裸机"，"裸机"无法完成任何有实际意义的操作。

软件分为系统软件和应用软件。系统软件根据功能又可分为操作系统、各种语言处理程序和数据库管理系统。

（1）操作系统：系统软件的基础部分，是用户和裸机之间的接口。是用来管理、控制和维护计算机各种软硬件资源，使用户能正常、高效、方便地使用计算机，提高计算机的利用率。目前常见的操作系统有 Windows 7、Windows 8、Windows 10、UNIX 和 Linux 等。

（2）各种程序语言的翻译程序：程序语言和编译系统的主要目标是研究开发容易编写、表达能力好和便于产生高效的目标程序和程序语言，以及便于使用的编译系统。Visual Basic、Borland C++、Borland Fortran、Turbor Pascal 等。

（3）数据库管理系统：管理大量数据，如 Access、Visual Foxpro。

应用软件是指为解决某些应用问题和实现某一特定功能而编写的程序。应用软件有很多，功能用途也不相同。常见的有 WPS、Office 办公文字处理软件；Photoshop、3ds Max 等图形图像处理软件；Dreamweaver、FrontPage、Flash 等网页制作软件。

在软件中，操作系统是基础平台，应用软件是做具体工作的，必须安装在操作系统上才能运行。因此，在装机时应最先安装的软件是操作系统，其次才是各种应用软件。

9.2　安装操作系统

计算机买回来后，一般都已经安装了操作系统和部分应用软件。但计算机在使用中，由于病毒或误操作，常会碰上一些问题需要重装系统，这样就需要了解计算机装机的过程。下面以 Windows 7 为例，详细介绍操作系统的安装。

9.2.1　设置系统启动方式

目前计算机启动方式分为从光驱启动、硬盘启动、U 盘启动 3 种。安装操作系统后的正常启动是从硬盘启动的。若要重装系统，或要对磁盘进行重新分区和格式化等，则需要从光驱启动。用光驱启动则需要设置计算机的第一启动顺序为从光驱启动，即从 CDROM 启动。

步骤 1　进入 BIOS 主界面。注意：不同品牌计算机的启动按键和界面都有所不同，一般按提示说明按对应键进入 BIOS 界面，如台式计算机按 Del 键进入 BIOS 设置主界面，联想、三星等品牌笔记本按 F2 功能键进入 BIOS 设置主界面，如图 9-2 所示，惠普台式计算机和笔记本均按 F10 功能键进入 BIOS 设置主界面。

步骤 2　设置系统启动顺序。用键盘上的→方向键选择第四项"BIOS" 选项，并按 Enter 键。在出现的界面上分别设置"Boot Mode""Boot priority"和"USB Boot"等选项，选项分别设置为"Legacy Support""Legacy first"和"Enabled"等，如图 9-3 所示。

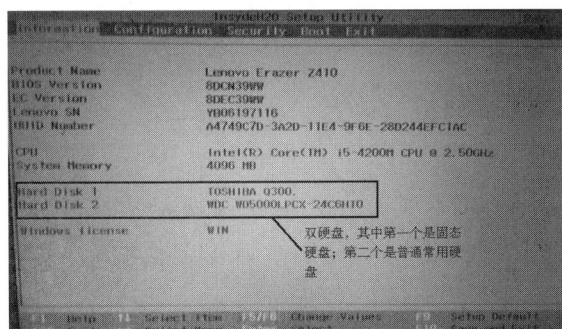

图 9-2　BIOS 设置主界机

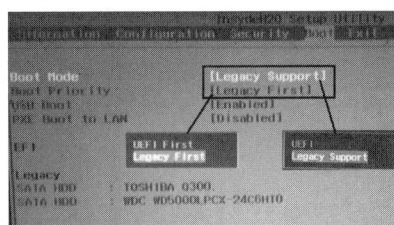

图 9-3　设置系统启动顺序

步骤3 保存并退出 BIOS。设置好 BIOS 启动顺序后，按 F10 功能键，在出现的 "SAVE to CMOS and EXIT(Y/N)?" 提示框中输入 "Y" 并按 Enter 键即可保存并退出 BIOS 设置。

目前主板有两种不同的引导方式，UEFI 是新式的 BIOS（支持 GPT 硬盘分区结构下操作系统的安装），Legacy 是传统 BIOS（支持所有 32 位 Windows 系统的安装，还支持在 MBR 硬盘分区结构下 64 位 Windows 的安装），对比采用传统 BIOS 引导启动方式，UEFI BIOS 减少了 BIOS 自检的步骤，节省了大量的时间，从而加快平台的启动，如图 9-4 所示。

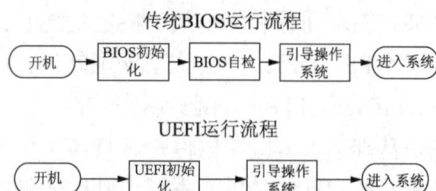

图 9-4　两种不同引导方式比较

小贴士

（1）MBR 分区表：Master Boot Record，即硬盘主引导记录分区表，只支持容量在 2.1TB 以下的硬盘，超过 2.1TB 的硬盘只能管理 2.1TB，最多只支持 4 个主分区或 3 个主分区和 1 个扩展分区，扩展分区下可以有多个逻辑分区。

（2）GPT 分区表：全局唯一标识分区表（GUID Partition Table），与 MBR 最大 4 个分区表项的限制相比，GPT 对分区数量没有限制，但 Windows 最大仅支持 128 个 GPT 分区，GPT 可管理硬盘大小达到了 18EB。只有基于 UEFI 平台的主板才支持 GPT 分区引导启动。

（3）ESP 分区：EFI System Partition，该分区用于采用了 EFI BIOS 的计算机系统，用来启动操作系统。分区内存放引导管理程序、驱动程序、系统维护工具等。如果计算机采用了 EFI 系统，或当前磁盘用于在 EFI 平台上启动操作系统，则应建议 ESP 分区。

（4）MSR 分区：即微软保留分区，是 GPT 磁盘上用于保留空间以备用的分区，如在将磁盘转换为动态磁盘时需要使用这些分区空间。

（5）SECURE BOOT 功能：Windows 8 中增加了一个新的安全功能 Secure Boot 内置于 UEFI BIOS 中用来对抗感染 MBR、BIOS 的恶意软件。Windows 8 缺省将使用 Secure Boot 在启动过程中，任何要加载的模块必须签名（强制的），UEFI 固件会进行验证，没有签名或者无法验证的，将不会加载。

一般来说，BIOS 设置大部分是英文版，但目前市场上也出现了部分主板 BIOS 设置支持中文版，如图 9-5 所示。

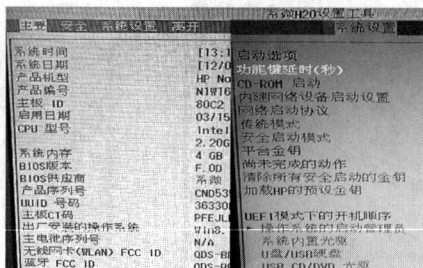

图 9-5　中文版 BIOS 设置

9.2.2　安装 Windows 7 操作系统

Windows 7 有多个版本，常见的是 Home Edition（家庭版）、Ultimate（旗舰版）和 Professional Edition（专业版）。中文版 Windows 7 的安装可以通过多种方式进行，通常使用升级安装、全新安装、双系统共存安装 3 种方式。下面主要介绍全新安装。

步骤 1　放入安装盘。将 Windows 7 安装光盘放入光驱后，在弹出的图 9-6 所示对话框中单击"运行 setup.exe"选项。

步骤 2　选择安装选项。在出现的安装界面中，选择"要现在安装（I）"单选项，然后按 Enter 键，如图 9-7 所示。

图 9-6　安装提示信息

图 9-7　选择"现在安装(I)"选项

步骤 3　单击"现在安装（I）"按扭开始安装。等会就会出现图 9-8 所示界面。

步骤 4　选择第二个选项"不获取最新安装更新"，双击第二个选项后就会出现图 9-9 所示"安装许可协议"界面。

图 9-8　"安装选择"界面

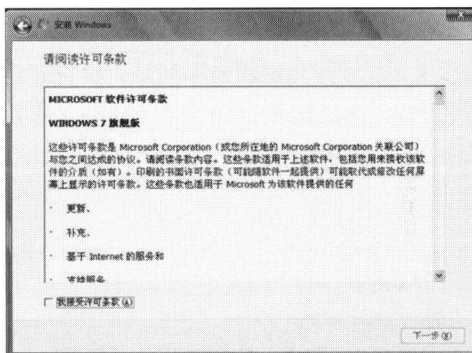

图 9-9　"安装许可协议"界面

步骤 5　在弹出的图 9-10 所示界面中，选择单击"自定义（高级）"安装。

步骤 6　分区容量信息。在图 9-11 所示界面中可以看到硬盘分区信息，也可以对硬盘重新分区。

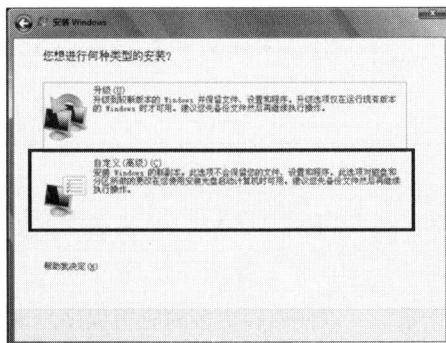

图 9-10　选择"自定义"安装

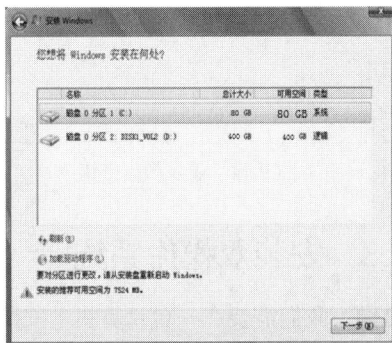

图 9-11　分区容量信息

> **小贴士**
>
> 如果对所划分的容量大小不满意，可以在图 9-11 所示的界面上选中要重新划分容量大小的分区，可根据提示信息选择相关选项，即可重新分区。

步骤 7 安装过程。单击确定继续，然后就会出现图 9-12 所示的安装过程。

步骤 8 设置 Windows 信息。电脑自动安装好相关文件后，出现图 9-13 所示界面，单击"下一步"，再在出现的所示界面中设置相关信息，如"用户名""计算机名"等。

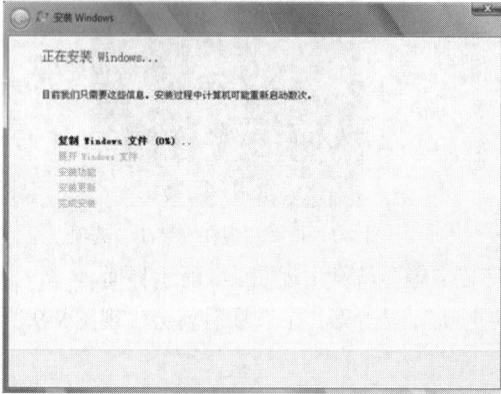
图 9-12　安装过程

图 9-13　设置安装信息

步骤 9 设置产品密钥或序列号，设置好后单击"下一步"，如图 9-14 所示。

步骤 10 选择相关选项。在图 9-15 所示的界面中，可以选择"使用推荐设置""仅安装重要更新"和"以后询问我"，一般选择"以后询问我"。然后按提示完成 Windows 7 系统安装。

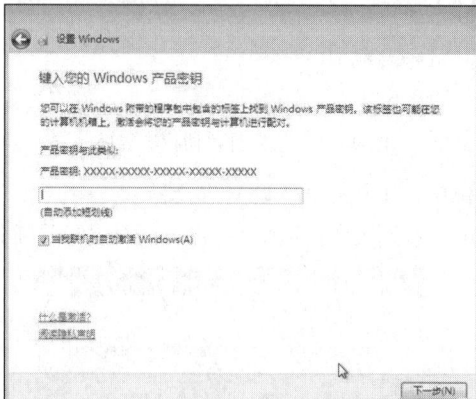
图 9-14　输入产品密钥

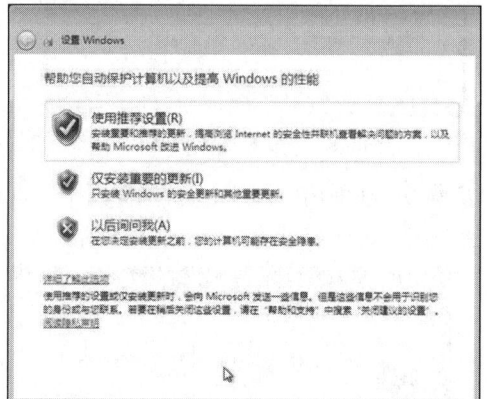
图 9-15　选择相关选项

9.2.3　安装双操作系统

有时候，我们需要在一台计算机上安装多个操作系统，以便兼容更多的应用程序。现介绍双系统的安装。

安装 Windows 7 操作系统至少需要 30GB 硬盘空间。Windows 7 和 Windows 10 的安装分区必须是 NTFS 格式。建议若 Windows 7 操作系统如果装在 C 盘，则可将 Windows 10 操作系统安装在 D 盘或除 C 盘之外的其他盘。

安装 Windows 10 操作系统步骤如下。

步骤 1　增加分区。右键单击计算机图标，在弹出的快捷菜单中选择"管理"选项，在打开的"计算机管理"对话框中选择"磁盘管理"，在一个分区较大的磁盘右键添加一个压缩卷，如图 9-16 所示。

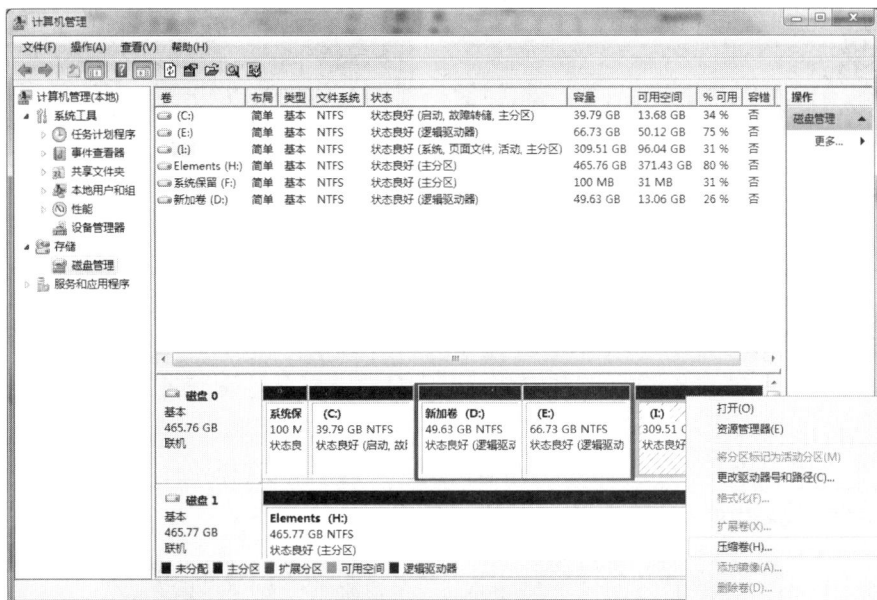

图 9-16　新建新分区

步骤 2　设置分区大小。在打开的想要分给新加卷的容量，这里是按 MB 计算的，1024MB=1GB，建议分 30GB 以上的空间，30GB 就是 30 × 1024 MB =30720 MB，再单击压缩，如图 9-17 所示，再在压缩卷选择"新建简单卷"，根据提示默认下一步，完成后一个 30GB 的新分区就生成了。

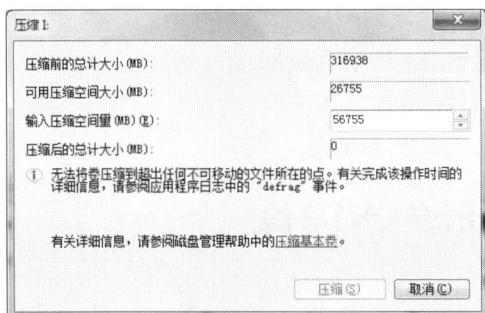

图 9-17　设置分区大小

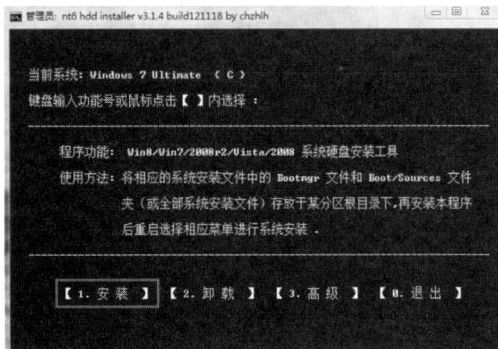

图 9-18　选择"安装"选项

步骤 3　安装 nt6 工具镜像文件。将下载好的 iso 文件解压在盘的根目录，再单击"1. 安装"，如图 9-18 所示。

步骤 4　安装完成后，按"2. 重启"，如图 9-19 所示。

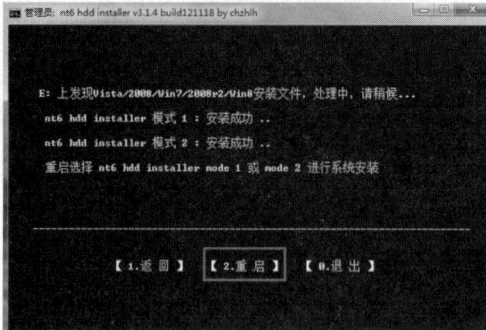

图 9-19　选择"重启"选项　　　　　　图 9-20　选择对应选项

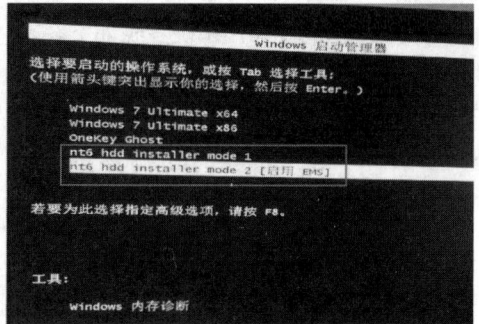

步骤 5　重启后用箭头上下键选择红框内的任意一项"nt6"的加载项，如图 9-20 所示，然后按 Enter 键。

步骤 6　安装 Windows 10。重启后可自行选择语言、时间及输入法的安装，在安装过程中，安装的路径应该选择刚才压缩出来的新的 30GB 磁盘上。Windows 安装程序都使用默认的，然后单击"下一步"按扭，现在安装安装程序会自动完成全过程，安装过程和安装 Windows 7 相似。

步骤 7　安装完成重启后，计算机屏幕就出现了一个双系统选择界面，如图 9-21 所示。用户根据需要选择相应选项即可进入到相应的操作系统中。

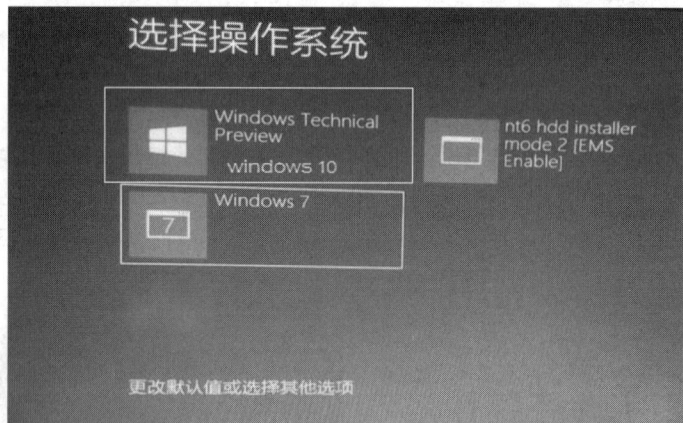

图 9-21　双系统开机选择界面

9.3　安装硬件驱动程序

驱动程序是连接硬件与软件的接口，是一种让计算机和设备通信的特殊程序，操作系统只有通过这个接口，才能控制硬件设备的工作。

硬件驱动程序对硬件性能的发挥起着至关重要的作用，所有硬件都需要驱动程序的支持才能正常工作。

一般安装硬件驱动程序的途径有两种：一种是通过官网下载相关驱动程序安装；另一种是用驱动精灵软件来安装。

9.4　安装应用软件

在安装了操作系统后，还应根据工作和学习的需要，安装其他应用软件与常用工具软件，让计算机发挥最大功能。

9.4.1　应用软件分类

应用软件有很多种，主要分为：文字处理类、图形图像类、多媒体制作类、程序设计类、工具软件类，以及机械和建筑设计类等。

1. 文字处理类

文字处理类软件有 WPS、Microsoft Office 等办公软件，主要包括文字处理、电子表格、演示文稿和数据库管理等组成部分。在安装时要求完全安装，才能实现这些办公软件的功能。

2. 图形图像类

图形图像类应用软件有 CorelDRAW、Photoshop、Fireworks 和 ACDSee 等，从事图形图像设计工作的用户常要使用它们，如平面广告宣传、商品包装设计等。可根据不同需求使用不同的图形图像类软件。

3. 多媒体制作类

多媒体制作类软件有 Authorware、3ds Max、Flash 和 Premiere 等，可以用它们制作影视或动画及游戏等。该类软件专业性要求较高。

4. 程序设计类

程序设计类应用软件主要有 Visual Basic、Visual C++、Visual FoxPro、Java 等。其作用是在计算机中进行程序编辑、控件制作和数据库制作等。

5. 工具软件类

工具软件常分为压缩工具、汉化翻译工具、磁盘工具、网络工具和病毒防护工具等。这些工具软件主要是让计算机功能更强大，能更好地为工作和学习服务。

6. 机械和建筑设计类

随着建筑设计信息化的发展，机械或建筑设计基本都可以用软件来协助完成，机械和建筑设计类软件让设计师和建筑师们天马行空的创意得以实现，让一个个奇特的建筑成为现实。常见的机械和建筑设计类软件有 Sketchup、3ds Max、Revit、ArchiCAD、Solidworks 等。

9.4.2　安装应用软件

光盘类：如果应用软件是光盘版，将光盘放入光驱时若能自动弹出安装窗口，则根据提示进行安装即可；将光盘放入光驱时若不能自动播放，则要打开光盘目录，找到软件的安装文件（扩展名为.exe），双击运行它，再根据提示进行安装。

压缩文件类：如果应用软件是压缩文件，则应先解压该压缩文件，再在解压的压缩文件目录中找到安装文件（扩展名为.exe），双击运行它，根据提示进行安装即可。

应用软件的安装方法都很相似，一般要注意：

（1）要找到安装文件 setup.exe 和 install.exe，双击该安装文件以启动安装程序。

（2）在安装过程中有时会要求填写软件的安装序列号，因些在安装前应找到该软件的序列号，否则无法安装。

（3）在"软件许可协议"窗口中，要单击"是"或者"同意"按钮，才能继续安装软件。

（4）有的软件在安装时会要求选择"安装类型"，如"典型安装""完全安装""最小安装"和"自定义安装"等。一般根据需要来选择安装类型，如果对软件功能要求不高，则建议选择默认选项；如果对软件功能要求较高，则建议选择"完全安装"。

9.4.3 卸载应用软件

软件的卸载，一般分两种方法。一是软件本身自带了"卸载"程序，则可以通过软件自带的"卸载"程序进行卸载；二是软件本身没有自带"卸载"程序，则可以通过选择"开始"|"控制面板"|"程序和功能"命令来进行卸载。如要卸载"百度云盘"软件，可用"程序和功能"命令的方法来卸载。打开"程序和功能"窗口，选中"百度云盘"程序，如图 9-22 所示，单击上方的"卸载/更改"按钮即可完成卸载。

图 9-22 卸载"百度网盘"程序

9.5 使用分区助手 PAServer 调整分区

随着硬盘制作工艺的不断提高，硬盘的容量也越来越大，为了使用和管理上的方便，一般都会将整个硬盘划分为几个分区，并对这些分区进行格式化后才能存放文件。为便于管理，一般不同的分区存放不同的文件。如果发现现有的分区容量小了，希望增加容量，但又不想重装系统，不损坏原来的数据，则可使用分区助手 PAServer 软件来完成。

PAServer 软件是目前比较好用的一款磁盘分区管理软件，可以在不损坏硬盘中原有数据的情况下，对硬盘进行重新分区、合并分区和转换分区格式等操作。

> **小贴士**
>
> 　　硬盘需要经过低级格式化、分区和高级格式化 3 个过程后才能使用，而分区后的格式化属于高级格式化。硬盘要先低级格式化才能高级格式化，而刚出厂的硬盘已经经过了低级格式化，无需用户再进行低级格式化了。
>
> 　　高级格式化主要是对硬盘的各个分区进行磁道的格式化，在逻辑上划分磁道。而低级格式化是物理级的格式化，主要用于划分硬盘的磁柱面、建立扇区数和选择扇区间隔比。低级格式化多了会损坏硬盘，尽量少用。
>
> 　　一般，只有在十分必要的情况下，用户才需要进行低级格式化，如硬盘坏道太多，经常导致存取数据时产生错误，甚至操作系统根本无法使用，那么就需要进行低级格式化了。另外，如果硬盘上的某些和低级格式化有关的参数被病毒破坏了，如硬盘间隔系数等，那么只有进行低级格式化才能重新建立这些参数。
>
> 　　特别提醒：不要将重要数据存放在第一分区即操作系统安装盘（C 盘）上。如果系统损坏或感染病毒需要重装，则 C 盘上的数据会全部丢失。因此，C 盘一般只存放系统文件。

9.5.1　创建新的硬盘分区

创建新的硬盘分区操作步骤如下。

步骤 1　选择相关命令按钮。启动 PAServer，左侧为各种命令图标，右侧为各磁盘分区信息。选择要创建新分区的硬盘（如 I 盘），在左侧列表中，单击"分区操作"列表选项中的"创建分区"按钮，其界面如图 9-23 所示。。

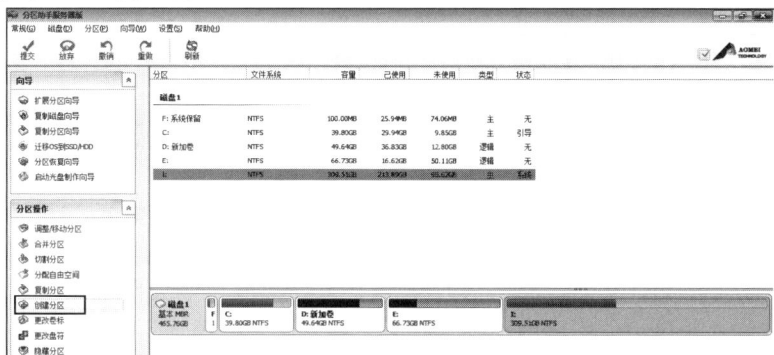

图 9-23　创建分区设置

步骤 2　设置新分区容量大小。在弹出的"创建分区"对话框中，为创建的新分区指定大小和盘符，如图 9-24 所示，再单击"确定"按钮。

图 9-24　设置新分区的大小和盘符

步骤3 显示新分区并确认新分区。单击"确定"按钮后，在右侧磁盘信息窗口中就增加了一个分区为"K:"的新分区，如图9-25所示。分区设置好后单击图9-25所示的"提交"按钮。若对新分区的设置还需要更改，则可单击"放弃"按钮，重新设置新分区的大小和盘符。

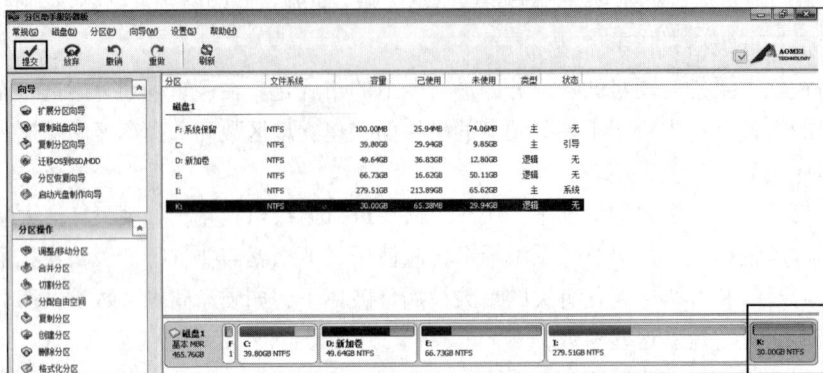

图9-25　确认提交

步骤4 应用更改并执行。在弹出图9-26所示的"等待执行的操作"对话框中，如果要确定分区，则单击"执行"按钮，否则就单击"取消"按钮。单击"执行"按钮后，按软件提示进行重启，重启成功后即可完成新分区的创建。

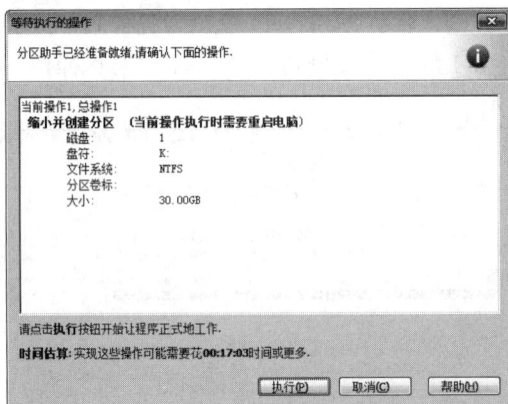

图9-26　确认提交

📝 **小贴士**

常用文件系统类型有如下4种。

FAT32：微软从Windows 95 OSR2（Windows 97）起推出了一种新的文件分区模式，突破了FAT16对磁盘分区容量的限制，达到了2000GB，单个文件最大为4GB。

NTFS：NTFS文件系统与FAT文件系统相比最大的特点是安全稳定，不易产生碎片，单个文件最大支持16TB（1TB=1024GB）。但只有基于NT构建的操作系统，如Windows XP，Windows 2000等，才能支持。Windows Vista操作系统的文件类型必须是NTFS。

Ext4：Linux所使用的分区格式，安全性及稳定性较好，但不兼容Windows系列操作系统。

HFS：分层文件系统Hierarchical File System，HFS是一种由苹果电脑开发，并使用在Mac OS上的文件系统。

9.5.2 调整分区大小

如果发现硬盘空间分配不合理,或者想增加某一分区的容量大小时,可以利用 PAServer 软件,在不影响硬盘数据的情况下重新调整分区大小。

步骤 1 选择磁盘。启动 PAServer 程序,在打开的软件窗口中选择要调整大小的硬盘分区,如选择"I:"分区。

步骤 2 选择命令按钮。单击左侧"分区操作"列表中的"调整/移动分区"命令按钮,如图 9-27 所示。

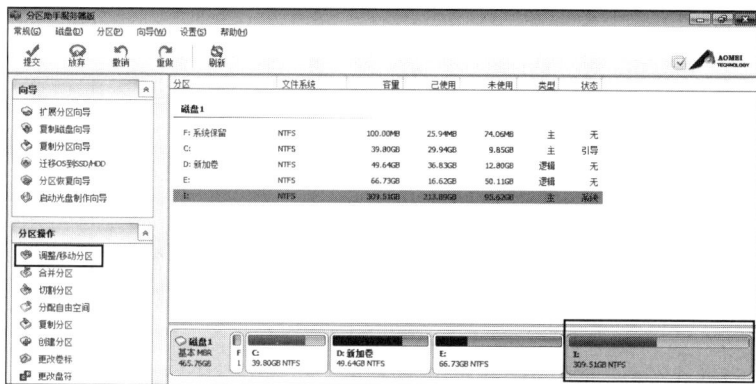

图 9-27 选择"调整/移动分区"命令

步骤 3 设置分区的新容量。在弹出的"调整并移动分区"对话框中,设置分区的新容量,如将 I 盘设置为"280.61GB",如图 9-28 所示,设置完成后单击"确定"按钮。

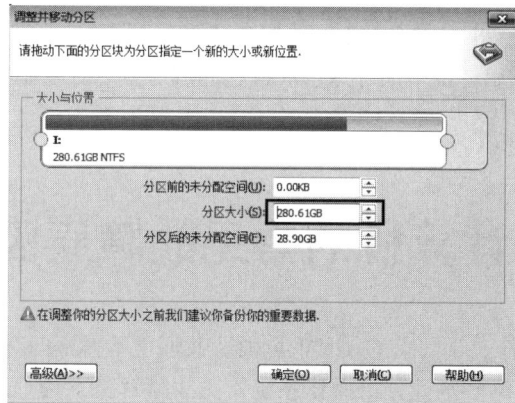

图 9-28 调整分区大小

步骤 4 显示分区信息并完成应用。返回到软件主界面后,可以看到调整后的分区信息。如果调整的分区容量无误,要确认调整,则单击左下角"应用"按钮,根据提示一一确认,重启后即可完成分区大小容量的调整。

9.5.3 合并硬盘分区

合并分区就是将硬盘上已有的两个分区合并成一个分区。

　　步骤1　选择链接。启动 PAServer 程序，单击左侧"分区操作"列表中的"合并分区"命令按钮。打开"合并分区"对话框。

　　步骤2　选择要合并的分区。在弹出的"合并分区"对话框中，如图 9-29 所示，选择要进行合并的分区，如勾选"I:"和"K:"分区，并设置目标分区，设置完成后单击"确定"按钮。

图 9-29　选择第一分区

　　步骤3　确认合并分区。在返回到软件主界面后，查看所显示的信息，确认无误后，单击"提交"按钮完成分区合并操作，再根据软件提示进行重启，重启完成后即可合并。

> **小贴士**
>
> 　　分区操作时要根据磁盘显示的颜色条（深色部分表示是数据区域，浅色部分是空白区域）来进行分区大小设置，分区大小设置不能小于数据区域的大小，否则，分区上保存的数据会丢失。
> 　　执行分区后计算机重启过程中须等待重启过程完成，重启时不能关机等有其他操作，否则硬盘数据都会损坏。

9.6　计算机的常见故障原因分析

　　在使用计算机享受工作、学习上的便利的同时，我们也不得不面对计算机出现的各种各样怪异的故障，今天一起来了解一些计算机操作系统常见故障解决方法。这些问题在 Windows 7、Windows 8 和 Windows 10 上都可能出现。

9.6.1　计算机软件故障原因分析

　　软件故障是指由于计算机系统配置不当、计算机感染病毒或操作人员对软件使用不当等因素引起的计算机不能正常工作的故障。计算机软件故障大致分为：软件兼容故障、系统配置故障、病毒故障和操作系统故障。

1. 软件兼容故障

　　软件兼容故障是指应用软件与操作系统不兼用造成的故障，修复此类故障通常需要将不兼容的软件卸载，故障即可消除。

2．系统配置故障

系统配置故障是指由于修改操作系统中的系统设置选项而导致的故障，修复此类故障通常恢复修改过的系统参数即可。

3．病毒故障

病毒故障是指计算机中的系统文件或应用程序感染病毒而遭破坏，造成计算机无法正常运行的故障，修复此类故障需要先杀毒，再将破坏的文件修复即可。

4．操作系统故障

操作系统故障是指由于误删除文件或非法关机等不当操作造成计算机程序无法运行或计算机无法启动的故障，修复此类故障只要将删除或损坏的文件恢复即可。

9.6.2　案例分析

软件故障产生的虽然有上述原因以及解决方法，但是，针对具体问题还得具体分析，本小节将对一些常见的系统软件故障和应用软件故障进行分析并介绍排除故障的方法。同时也要养成对重要数据经常备份的习惯。

【例 9-1】Windows 7 系统不能正常关机。

【故障描述】在关闭计算机时，计算机没有响应或者出现有一个闪烁光标的空白屏幕。

【故障分析】引起 Windows 系统出现关机故障的主要原因有：退出 Windows 系统时播放的声音文件损坏；不正确的参数配置或硬件损坏；CMOS 设置不当；在 BIOS 中的"高级电源管理"或"高级配置和电源接口"设置不当；没有在实模式下为视频卡分配一个 IRQ；某一个程序或 TSR 程序可能没有正确地关闭；加载了一个不兼容的、损坏的或冲突的设备驱动程序等。

【故障排除】

（1）因退出 Windows 时播放的声音文件损坏的解决方法：重新设置 Windows 关机声音。

（2）因高级电源管理设置不当的解决方法：重新正确配置"高级电源管理"选项。注意：有些操作系统的"系统设备"选项中可能并无"高级电源管理"选项，这是因为只有在主板 BIOS 中，将"Power Management Setup"的"ACPI Function"选项设为"Enabled"时，操作系统中才会有此选项。若无此选项则证明不是由此原因引起的故障。

（3）因 Config.sys 文件或 Autoexec.bat 文件冲突的解决方法：从配置相同的设备上复制对应的文件。

（4）因 CMOS 设置不当的解决方法：重新设置正确的 CMOS 参数。

【例 9-2】Windows 7 系统运行时出现蓝屏。

【故障描述】计算机在运行时，突然出现蓝屏现象。出现此类故障的表现方式多样，有时在 Windows 系统启动时出现，有时在 Windows 下运行一些软件时出现，出现此类故障一般是由于用户操作不当促使 Windows 系统损坏造成。

【故障分析】Windows 系统检查到一个非法或者未知的进程指令，这个停机码一般是由有问题的内存造成的，或者是由有问题的设备驱动、系统服务或内存冲突和中断冲突引起。

【故障排除】

（1）内存原因：由于内存原因引发该故障的现象比较常见，出现此类故障一般是由于芯片质量不佳所造成，但有时我们通过修改 CMOS 设置中的延迟时间 CAS（将其由 3 改为 2）可以解决该问题，倘若不行则只有更换内存条。

（2）因设备驱动问题的解决方法（显卡驱动程序）。

（3）因远程控制软件问题的解决方法。

（4）因其他问题引起蓝屏的解决方法：在安装 Windows 系统后第一次重启时即出现蓝屏，则最大可能是系统分区的磁盘空间不足或 BIOS 兼容有问题。如果是在关闭某个软件时出现的，很有可能是软件本身存在设计缺陷，请升级或卸载该软件即可。

【例 9-3】内存不能为 "read" 的故障。

【故障描述】在使用程序或 IE 浏览器时，有时会弹出 "应用程序错误" 提示对话框，如图9-30 所示，显示 "0x70dcf39f" 指令引用的 "0x00000000" 内存（或者 "0x0a8ba9ef" 指令引用的 "0x03713644" 内存）不能为 "read"。单击 "确定" 按钮后，又出现 "发生内部错误，您正在使用的其中一个窗口即将关闭" 的提示对话框，关闭该提示信息后，相应的程序也被关闭。

【故障分析】内存不能为 "read" 的故障主要由内存分配失败引起的，造成这种问题的原因很多，内存不够、系统函数的版本不匹配等都可能导致内存分配失败。这种问题多见于操作系统使用很长时间，安装了多种应用程序（包括无意中安装的病毒程序），更改了大量的系统参数和系统档案之后。

【故障排除】在 "运行" 对话框中输入 "regsvr32 actxprxy.dll" 命令，如图 9-31 所示，单击 "确定" 重新注册该 DLL 文件。

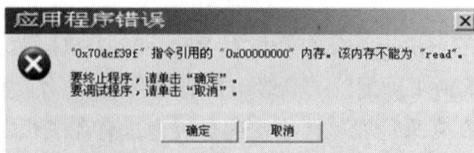

图 9-30 内存 "read" 错误提示信息

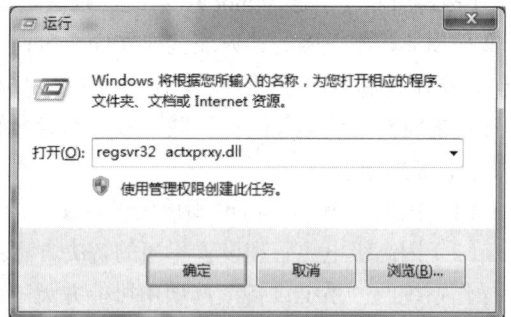

图 9-31 "运行" 对话框

【例 9-4】忘记 Windows 7 系统开机密码或登录密码。

【故障描述】忘记 Windows 7 系统开机密码或登录密码，导致用户无法进入操作系统。

【故障分析】开机密码是通过 BIOS 进行设置的，它保存在主板 CMOS 的存储器中，这种存储器在长时间掉电后内容会消失，因此密码也随之消失。Windows 7 系统可以通过登录超级用户来修改本地用户密码。

【故障排除】

（1）清除开机密码，取出主板上的钮扣电池，如图 9-32 所示。

（2）修改登录密码。开机后进入安全模式，在命令行模式中添加一新用户（如用户名为 "dgxh"，口令为 "123456"），请键入 "net user dgxh 123456 /add"，添加后可用 "net localgroup administrators dgxh /add" 命令将用户提升为系统管理组 "Administrators" 的用户，并使其具有超级权限。

图 9-32 取主板电池

本章小结

本章介绍了计算机的一些基础知识，以及在计算机中安装操作系统和双操作系统、计算机驱动程序和应用软件、PAServer 工具软件的操作，还介绍了计算机常见的软件故障及排除方法，使用户在计算机需要重装系统时能自己解决相关问题，让计算机发挥更大功能，更好地为工作、学习服务。

习 题 九

一、单项选择题

1. 下列设备都是输入设备的一组是（　　）。
  A. 扫描仪、打印机、鼠标　　　　　　B. 键盘、RAM、触摸屏
  C. 光笔、绘图仪、话筒　　　　　　　D. 键盘、数码相机、扫描仪

2. 计算机的软件系统分为（　　）。
  A. 程序和数据　　　　　　　　　　　B. 工具软件和测试软件
  C. 系统软件和应用软件　　　　　　　D. 系统软件和工具软件

3. 下列软件都属于系统软件的一组是（　　）。
  A. Winodws、Word　　　　　　　　　B. VFP、VB
  C. Photoshop、DOS　　　　　　　　　D. Linux、Frontpage

4. 目前，计算机的常用的启动方式有（　　）3 种。
  A. 硬盘启动、光驱启动、U 盘启动　　B. 软驱启动、加电启动、硬盘启动
  C. 硬盘启动、软驱启动、光驱启动　　D. 网卡启动、软驱启动、光驱启动

5. 没有安装软件的机器常被称为（　　）。
  A. 计算机　　　　B. PC　　　　　　C. 裸机　　　　　D. 台式机

6. 全新安装 Windows 操作系统应设置（　　）为第一启动顺序。
  A. 光驱启动　　　　B. 硬盘启动　　　C. 软驱启动　　　D. U 盘启动

7. （　　）主要是对硬盘的各个分区进行磁道的格式化，在逻辑上划分磁道。
  A. 分区　　　　　　B. 高级格式化　　C. 低级格式化　　D. 备份分区表

8. （　　）软件可以在不损坏硬盘原有数据的情况下，对硬盘进行重新分区等操作。
  A. FDISK　　　　　B. GDISK　　　　C. DISK Manager　　D. PAServer

9. Windows 7 操作系统的安装分区格式必须是（　　）格式。
  A. FAT16　　　　　B. FAT32　　　　C. NTFS　　　　　D. Ext2

10. 正确的开机顺序是（　　）。
  A. 先开外设电源→显示器电源→主机电源
  B. 先开显示器电源→主机电源→外设电源
  C. 先开主机电源→显示器电源→外设电源
  D. 先开外设电源→主机电源→显示器电源

11. 为保证公司网络的安全运行，预防计算机病毒的破坏，可以在计算机上采取以下哪种方法（　　　）。

    A. 磁盘扫描　　　　　　　　　　　　B. 安装浏览器加载项

    C. 开启防病毒软件　　　　　　　　　D. 修改注册表

12. 1MB 的存储容量相当于（　　　）。

    A. 一百万个字节　　　　　　　　　　B. 2 的 10 次方个字节

    C. 2 的 20 次方个字节　　　　　　　D. 1000KB

13. 软件按功能可以分为：应用软件、系统软件和支撑软件（或工具软件）。下面属于应用软件的是（　　　）。

    A. 编译程序　　　B. 操作系统　　　C. 教务管理系统　　　D. 汇编程序

14. Java 属于（　　　）。

    A. 操作系统　　　B. 办公软件　　　C. 数据库系统　　　D. 计算机语言

二、填空题

1. 软件是_____、_____和_____的总称。

2. 操作系统是_____的基础部分，是用户和裸机之间的接口。

3. 装机时，首先应安装_____，其次才安装各种_____。

4. 安装硬件驱动程序的途径一般有两种，一种是_____；另一种是_____。

5. 软件卸载的两种方法是：_____和_____。

6. _____是连接硬件与软件的接口。

7. 如果不想损坏硬盘原有的数据而要进行分区，则应选择_____软件。

8. _____是物理级的格式化，主要用于划分硬盘的磁柱面、建立扇区数和选择扇区间隔比。

9. 若要安装 Windows 7 和 Windows 10 双操作系统，安装顺序一般为先安装_____，再安装_____，分区格式应选择_____格式。

三、上机操作题

1. 根据需要，利用 PAServer 软件调整 E 盘大小。

2. 根据需要，利用 PAServer 软件无损分割 D 盘，将其分为两个区。

第 10 章
常用办公设备的使用和维护

随着计算机的普及，办公节奏的加快，办公自动化理念的不断深入，打印机、复印机、扫描仪及传真机等已成为办公所必需的辅助工具，这些硬件设施配合计算机实现许多不同的办公功能。本章就将介绍其中比较常用的一些计算机办公辅助工具的使用与维护。

10.1 打印机的使用

打印机是办公自动化中重要的输出设备之一，主要用于将计算机运算、处理的结果输出到纸张上。用户可以通过简单的操作，利用打印机把制作的各种类型的文档适时地输出到纸张或有关介质上，从而便于在不同场合传送、阅读和保存。

打印机通常有两种打印方式，即文本方式和图形方式。西文均采用文本方式打印，汉字可采用文本和图形两种打印方式处理。

目前，办公常用的打印机按工作方式分类，有针式打印机、喷墨打印机和激光打印机。

10.1.1 针式打印机

用打印针和色带以机械冲击的方式在纸张上印字的打印机称为针式打印机。针式打印机是一种典型的击打式点阵打印机，如图 10-1 所示。它包括印字机构、横移机构、走纸机构和色带机构 4 部分。针式打印机常用于办公票据的打印和复写打印。

图 10-1　针式打印机

针式打印机的特点是：结构简单、技术成熟、性能价格比高、消耗费用低。

10.1.2 喷墨打印机

喷墨打印机是一种经济型非击打式的高品质彩色打印机，是一款性能价格比较高的彩色图像输出设备，在办公应用中普及率较高。

喷墨打印机是一种把墨水喷到纸张上形成点阵字符或图像的打印机。如图 10-2 所示，它主要由喷头和墨盒、清洁单元、小车单元、送纸单元 4 个部分组成，具有打印速度快、工作噪

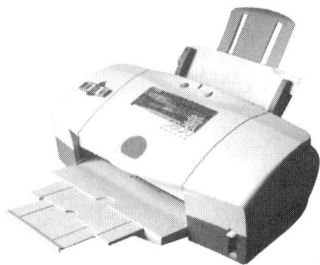

图 10-2　喷墨打印机

音低和高分辨率等特点。

喷墨打印机的特点是：体积小，操作简单方便，打印噪声低等。

10.1.3　激光打印机

激光打印机是现代高新技术的结晶，其打印速度和打印质量是 3 种打印机中最好的，已成为现代办公中不可缺少的办公设备，如图 10-3 所示，主要由感光鼓、墨粉、盒组件和精密机械等组成。

图 10-3　激光打印机

10.1.4　打印机的组装与使用

打印机的接口有 USB 接口、LPT（并口）接口、RJ-45 网络接口 3 种。目前针式打印机一般使用 LPT 接口和 USB 两种，激光打印机一般采用 USB 或网络接口。本小节主要介绍 USB 接口。

USB 接口又称为通用串行接口，其特点是即插即用，支持热插拔（即无需重新启动即可使用所连接的设备），如图 10-4 所示。

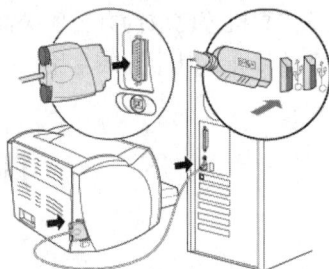

打印机组装的操作步骤如下。

把打印机与计算机连接好之后，打开打印机电源开关，然后启动 Windows 系统，则系统会自动检测到新硬件，然

图 10-4　USB 接口

后按照向导提示进行安装，安装过程中指定驱动程序位置就可以了。如果没有检测到新硬件，则按以下步骤执行。

步骤 1　选择"开始"|"控制面板"命令，打开"控制面板"窗口，如图 10-5 所示，双击"设备和打印机"选项，打开"设备和打印机"窗口。或者选择"开始"|"设备和打印机"命令。

图 10-5　"控制面板"对话框

步骤 2　在"打印机和传真"窗口左上方选择"添加打印机"项，打开图 10-6 所示的向导窗口。

步骤 3　单击"下一步"按钮，打开打印机类型设置界面，如图 10-7 所示。在这一步，可以选择设置连接到"本地打印机"或"网络打印机"，可以选择让系统自动检测并安装即插即用打印机。然后单击"下一步"按钮。

图 10-6　"添加打印机向导"对话框

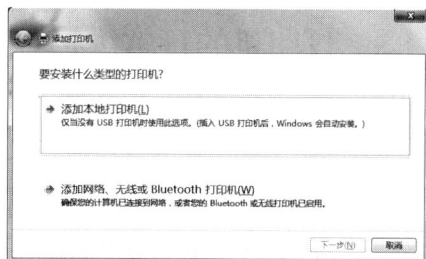

图 10-7　选择"本地"还是"网络"打印机

步骤 4　在打开图 10-8 所示的端口选择界面，选择所采用的打印机端口。根据打印机的接口方式选择端口，如果是并行接口，可直接在"使用以下端口"下拉列表框中选择 LPT1。如果是 USB 接口，则选择 USB 端口。选择完毕单击"下一步"按钮。

步骤 5　在弹出图 10-9 所示的安装打印机软件窗口中可选择所使用打印机的厂商，以及打印机型号。如果没有找到需要的打印机型号，可单击"从磁盘安装"按钮，可从本地磁盘或光驱安装打印机安装文件。选择完毕单击"下一步"按钮。

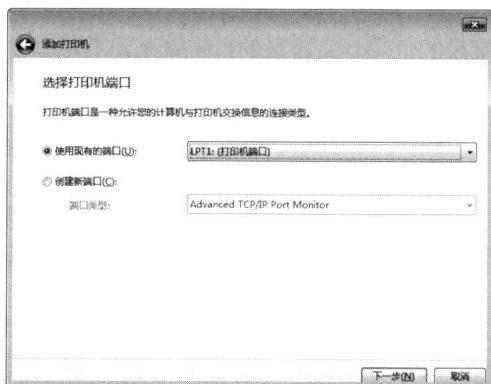

图 10-8　选择打印机的适用端口

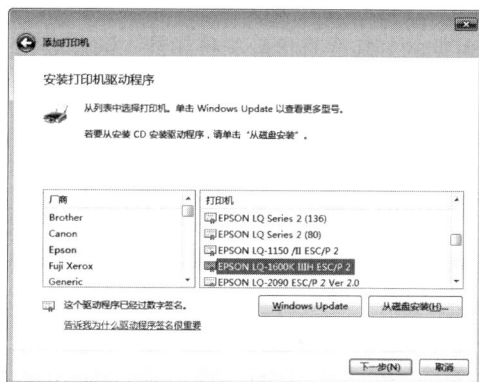

图 10-9　选择打印机厂商及打印机名

步骤 6　如果是第一次安装驱动程序，会弹出打印机命名窗口，如图 10-10 所示。在"打印机名"栏里输入自己设定的打印机名，也可以设置这台打印机是否为默认打印机。设置完毕后单击"下一步"按钮打开打印机共享窗口，为打印机设置是否共享。

步骤 7　继续确认单击"下一步"按钮，向导会提醒是否需要打印测试页，如图 10-11 所示。选择完毕后单击"下一步"按钮，进入确定页面，信息确认无误之后，单击"完成"按钮，等待驱动程序文件复制完毕，即完成打印机的安装。

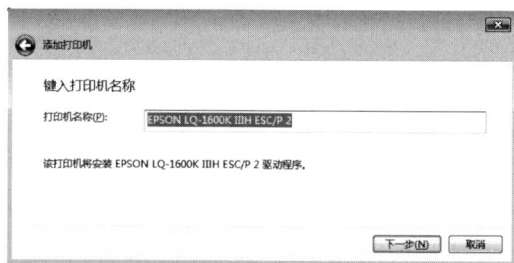

图 10-10　"添加打印机名"操作

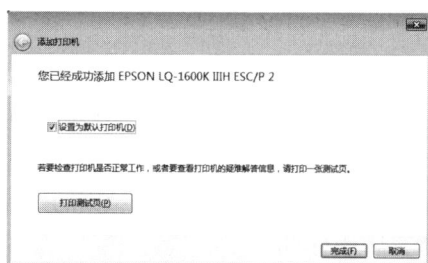

图 10-11　选择是否打印测试页

10.1.5　打印机的日常维护

1. 针式打印机维护

在针式打印机的使用中，由于使用不当造成的故障的情况很多。要延长打印机使用寿命，就必须了解针式打印机的正确使用方法和注意事项，加强日常维护管理。

（1）保证打印机的正常工作环境

针式打印机工作的正常温度范围是 10℃～35℃，正常湿度范围是 30%～80%，工作环境应保持相当的清洁度，打印机应远离电磁场振源和噪音。要特别注意打印机的温度，打印一段时间后，若打印头的温度太高，应休息一会儿，以保护打印针。也有的打印机有自动保护功能，在打印头达到一定温度时会自动停止打印，待其冷却后再继续工作。

（2）保持清洁

经常用在稀释的中性洗涤剂（尽量不要使用酒精等有机溶剂）中浸泡过的软布擦拭打印机机壳；定期用真空吸尘器清除机内的纸屑、灰尘等；用软布擦拭打印头字车导轨并抹适量的润滑油（如缝纫油、钟表油等）；在打印机开机时，不能用手拨动打印头字车，不要让打印机长时间连续工作。

（3）选择高质量的色带

色带的好坏会直接影响打印针，因此要使用高质量的色带。高质量的色带带基没有明显的接痕，其连接处是用超声波焊接工艺处理的，油墨均匀；而低质量的色带带基则有明显的双层接头，油墨质量差。定期检查色带，发现色带起毛后就要更换，避免损坏打印针。

（4）定期清洗打印头

打印机使用久了，打印头会残留部分纸屑、灰尘等赃物，在打印时容易断针，因此应定期清洗打印头，最好 3 个月左右清洗一次。方法是：拆下打印头后，将打印头前端 1cm～2cm 处放在 95%无水酒精中浸泡 5 分钟后，再用小软毛刷清洗针孔，洗净后晾干，再装上即可。

（5）减少打印机空转

在不需要时要关闭打印机，减少打印机空转，延长打印机的寿命。

（6）避免打印蜡纸

因为石腊会让打印机胶辊上的橡胶膨胀变形，且石腊也会进入打印机导孔，易造成断针。

（7）避免大量使用制表符打印表格造成断针

因为表格横线对应的一根或几根针使用频率过于频繁，负荷大，容易使打印针复位弹簧疲劳，导致弹性变长，打印久了容易断针。

另外，使用打印机时应尽量用质量好的纸张，经常检查打印头前端和字辊之间的间隙是否符合要求，还要尽量避免人为转动字辊，防止打印机突然断电等。

2. 喷墨打印机维护

（1）保证工作环境清洁

因为灰尘的长期积累会导致打印喷头及其他运动部件的移动受阻或不畅，造成打印出的图像、文字的畸形，甚至无法打印，还会使打印机损坏。

（2）工作平台稳固

喷墨打印机必须摆放在一个稳固的平台上工作，不要在打印机上放置任何物品，以防止掉入一些物品阻碍打印。

（3）使用质量好的打印介质

若使用质量较差的普通打印纸，时间长了打印头很容易粘附普通纸上的杂质和细小纤维，造成打印机喷头的堵塞。

（4）使用高质量墨水

由于喷头的直径很小，劣质墨水中的杂质会导致喷头阻塞，并尽量选用同一牌子高质量的墨水。

（5）避免长时间打印

长时间打印会使打印喷头过热，影响打印质量和精度，减少打印机寿命。打印量过大时最好能让打印机适当休息。

3. 激光打印机维护

激光打印机自身吸附灰尘的能力很强，不可避免地会有粉尘残留在激光打印机内的部件上，而激光打印机热量会将这些粉尘变成固体，影响激光打印机的正常使用，甚至使激光打印机发生故障。

（1）正确选用复印纸，并防止回潮

选择激光打印机用的纸张很重要，最好选择静电复印机，纸张克重范围在 $60\sim105g/m^2$ 之间，一般常使用 $70g/m^2$ 复印纸，太厚或太薄的纸张容易卡纸，甚至损坏镀膜。复印纸回潮会严重影响复印效果。

（2）正确选用碳粉盒

碳粉盒是激光打印机中最常用的耗材，要选择与打印机相匹配的碳粉盒，使用前最好将其摇动使碳粉均匀。

（3）定影辊的维护

定影辊在长期使用后可能会粘上一层墨粉等，在打印时会出现黑块、黑条，可用脱脂棉蘸无水酒精小心将其擦拭干净。

（4）硒鼓的维护

硒鼓的好坏直接影响打印质量，硒鼓存在工作疲劳问题，其连续工作时间不宜过长，在工作一段时间后应让打印机休息一下。

10.1.6　打印机耗材维护

打印机属于消耗产品，当色带、墨盒、硒鼓等耗材使用完了，就应更换新耗材继续使用。

1. 针式打印机更换色带

步骤 1　将打印机面盖打开，用双手握紧色带盒两边上的两个把柄，稍稍用力握紧，将色带盒取出，如图 10-12 所示，并将色带盒的上盖打开。

步骤 2　从色带盒取出旧色带，顺便观察旧色带在色带盒里的放置方法。新色带去掉包装，按旧色带放置方法放入色带盒内，盖上色带盒上盖，再顺时针转动色带盒上的色带旋钮几圈，以保证色带拉紧，如图 10-13 所示。

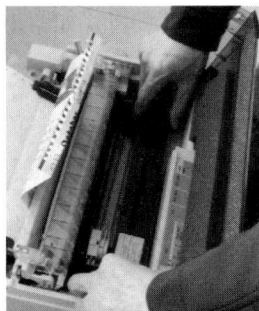

图 10-12　取出色带盒　　　　图 10-13　装好色带并拉紧

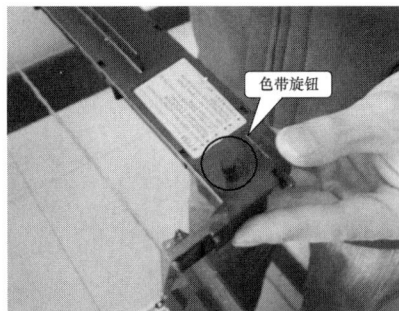

步骤 3 将色带盒安装在字车座上并卡紧，通过打印头的部分应安装在打印头和打印头保护片中间，如图 10-14 所示。

步骤 4 顺时针转动色带盒上的旋钮，以保证色带拉紧，如图 10-15 所示。

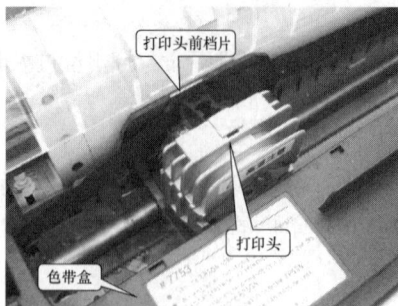

图 10-14 安装色带盒

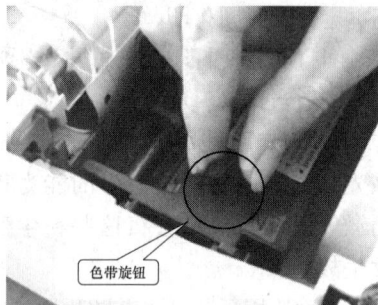

图 10-15 转动旋钮拉紧色带

2. 喷墨打印机墨盒灌墨

有的打印机灌墨后需要用一种称为"重置器"的设备对墨盒进行清零重置。将墨盒的金属部分与"重置器"的金属部分重合，指示灯变绿即可清零重置。

步骤 1 从打印机上取下原装墨盒，并准备好解码器、墨水，如图 10-16 所示。最好准备一次性手套和一些纸垫等，防止墨水将手和办公桌弄脏。

步骤 2 将墨水插入墨盒注墨孔，轻轻挤压墨水盒进行慢慢灌墨，并注意上面的两个透气孔是否进墨，或看看灌口是否要溢出，快溢出时就不要继续灌墨水了，如图 10-17 所示。

图 10-16 准备灌墨前的物品及墨水

图 10-17 向墨盒灌墨

步骤 3 灌好墨后让墨水盒里的海绵慢慢吸收墨水，达到饱和的状态。

步骤 4 为了不让墨盒干燥，并透气，原装墨盒密封口采用塑料封皮，灌好墨后，应用透明胶带将注墨孔封闭，如图 10-18 所示。

步骤 5 若喷墨打印机的墨盒是采用加密与计量方式计算的，要用重置器对其设置进行重置后才能使用，重置就是将重置器针脚插到墨盒的接口上，指示灯变绿即可，如图 10-19 所示。

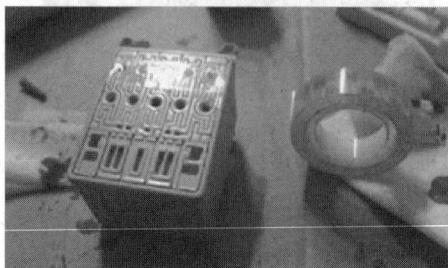

图 10-18 用透明胶带封注墨孔

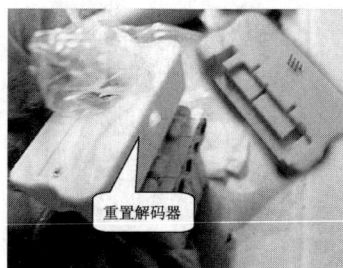

图 10-19 重置墨盒

步骤 6　最后将灌好墨水的墨盒装入打印机即可开始使用，如图 10-20 所示。

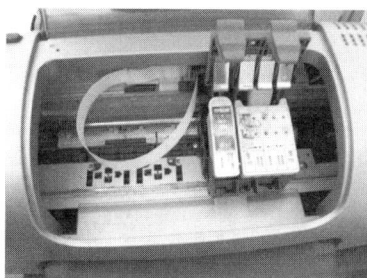

图 10-20　将灌好墨水的墨盒装入打印机

3. 激光打印机硒鼓灌粉

硒鼓墨粉用完后，可以再加上墨粉重新使用。

准备好相关工具（斜口钳、十字螺丝刀、一字螺丝刀和皮吹）和一瓶碳粉。

步骤 1　左手拿起硒鼓，右手用斜口钳把鼓芯有齿轮一头的定位销拔出，如图 10-21 所示。
小提示：用斜口钳时力要适当，不能太用力，否则会损坏定位销。

步骤 2　取出鼓芯定位销后，抓住鼓芯的塑料齿轮可以顺利地拔出鼓芯，如图 10-22 所示。
小提示：鼓芯表面有特殊涂层，请不要用硬物刮伤，不宜直接暴露在阳光下。

图 10-21　撬开硒鼓

图 10-22　取出鼓芯

步骤 3　取出鼓芯以后，用一字螺丝刀轻轻向上挑出充电辊的一头，将它轻轻抽出，在充电辊的下面有一个销子，用一字螺丝刀向外顶出小铁销，如图 10-23 所示。注意：不要划伤硒鼓。

步骤 4　用十字螺丝刀拧开硒鼓两头的螺丝，如图 10-24 所示。

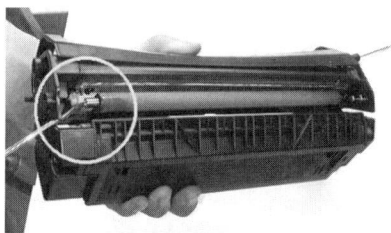

图 10-23　取出充电辊

图 10-24　将墨盒安装回打印机

步骤 5　分开显影仓和废粉仓，用十字螺丝刀，把图 10-25 所示中圆圈内的两个螺丝拧下，取出废粉仓内的鼓芯刮板，并清洁鼓芯刮板。

步骤 6　倒干净废粉仓内的残留碳粉，用一个袋子整个装起来，以防污染。用干净的软布对充电辊进行清洁，清洁充电辊后，进行充电辊和鼓芯的安装，对于鼓芯有划伤也可以进行更换。

步骤7 取出显影仓上的磁辊，用干净软布擦掉磁辊上碳粉，避免所加碳粉和原碳粉的不兼容，如图10-26所示。

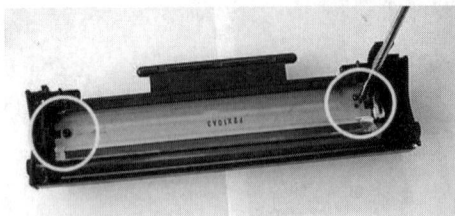

图10-25　取出并清洁鼓芯刮板

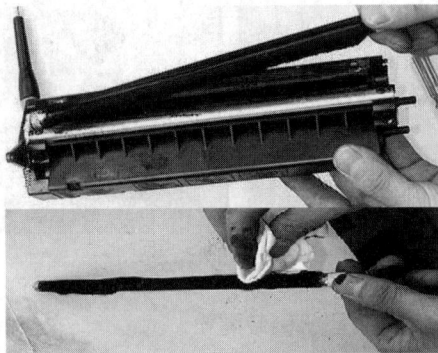

图10-26　取出并清显影仓磁辊

步骤8 用一张废纸叠成槽口形状，用碳瓶瓶口左右来回移动，以便碳粉均匀地加入粉仓中，完成后安装磁辊合上齿轮盖，注意齿轮不要丢失或者反装。最后，合上清洁过的废粉仓和加好碳粉后的显影仓，从外面插入小铁销即可。

10.2　传真机概述与使用

传真机是现代图像通信设备的重要组成部分，它是目前采用公用电话网传送并记录图文真迹的唯一技术手段。所谓传真通信是把记录在纸上的文字、图表、相片等静止的图像变换成电信号，经传输线路传递到远处，在接收方获得与发送原稿相似的记录图像的通信方式。

传真机就是指通过电话网络来传输文件、报纸、相片、图表及数据等信息的通信设备，如图10-27所示，包括热敏纸传真机（也称为卷筒纸传真机）、热转印式普通纸传真机、激光式普通纸传真机（也称为激光一体机）、喷墨式普通纸传真机（也称为喷墨一体机）4种，而市场上最常见的就是热敏纸传真机和喷墨/激光一体机。

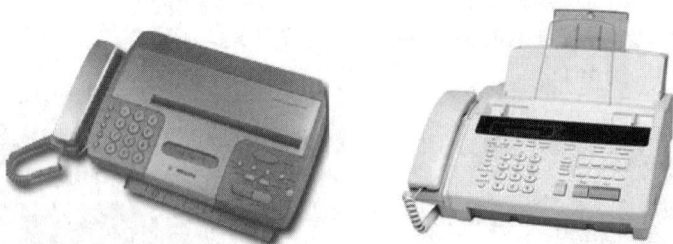

图10-27　传真机

10.2.1　传真机的基本工作原理

传真通信和其他通信系统一样，由发送、接收以及通信线路3部分组成。要将一张原稿完整地由发送方传送到接收方，首先就要将传真图像经发送方进行图像扫描、数字化处理、编码及调制成模拟信号后，送往传输线路，经线路传送到接收方后，经过解调、译码、记录转换以及接收扫描，最后还原出与发送图像一致的图像信息。

传真机的基本工作原理可以归纳为 5 个环节：发送扫描、光电变换、传真信号的调制解调、记录变换和接收扫描。

10.2.2 传真机的使用

1. 发送传真

步骤 1 传真机的安装连接如图 10-28 所示，检查传真机的工作状态。

步骤 2 向上打开原件托板，调整原件导纸架，将文稿正面向下放在原件导纸架上，若有需要，可按"清晰度"键选择发送的质量，有"标准""精细"和"半色调"3 个选项，默认状态是"精细"。然后拿起电话机的听筒开始拨号（和平时打电话时一样），如图 10-29 所示。

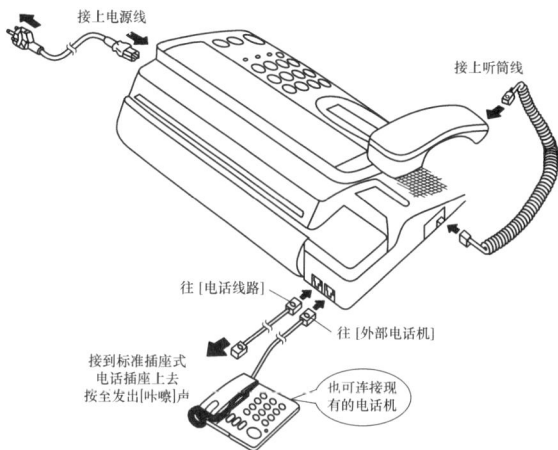

图 10-28 传真机的连接图

图 10-29 使用传真机传真文件

步骤 3 拨号后，一般传真机的接收方会有两种应答方式：一种是自动应答，另一种则是人工应答。如果是自动应答，那么就会听到"嘀……嘀……"的声音；如果是人工应答的话，让对方给予传真信号即可，这时会听到同样的传真声。当听到对方的应答后，就可以按下"开始"键，如图 10-30 所示，传真机开始工作，会自动将传真件扫描并将内容发送给对方。

步骤 4 传真件传好后，就会自然地从传真机下方出来，如图 10-31 所示。

图 10-30 按下"启动传真"按钮

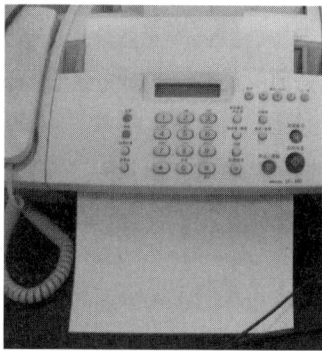

图 10-31 传真完成

2. 接收传真

传真机的接收方式可由用户按"功能"键进行设置，共有 4 种接收方式。

（1）"电话优先"方式。电话铃响时，拿起话筒，传真机发现收到的是传真而不是电话时，会给出"请放下电话开始接收"或"开始接收"等语音提示，系统自动开始接收传真。若电话铃响15声没人接听，传真机将自动转为接收传真方式开始接收传真。

（2）"传真优先"方式接收传真。当对方选用自动发送传真时，电话铃响3声后传真机就开始自动接收传真；当对方选用手动发送传真时，电话铃第二次铃响3声后传真机就开始自动接收传真了。

（3）"传真专用"方式。电话铃响一声后传真机开始自动接收传真。此方法在接收传真时还能向外打电话，但不能接电话，也不能使用录音电话功能。还可用此方式设置只接收电话簿上登录的对方发来的传真，可防止垃圾传真，还可为此方式设置指定时间段响铃或不响铃接收。

（4）"传真录音"方式。电话铃响两声后电话接通，开始播放录音留言，录音留言播放完毕后自动切换为传真接收方式或电话录音方式。

随着科技的不断发展，目前市场上还出现了集打印、传真、复印、扫描为一体的多功能打印传真机。

3. 复印

传真机除了能传真之外，还可以进行复印。传真机复印操作步骤如下。

步骤1 将要复印的原稿字面向上放在原稿台导板上。

步骤2 选择扫描线密度的档次。一般置于"精细"级。

步骤3 原稿灰度调整。根据原稿图文灰度来调整"原稿深浅"，原稿图文灰度暗，则将"原稿深浅"设置为"浅色"，否则设置为"深色"。

步骤4 按复印（COPY）键即可开始复印。

10.2.3 传真机的日常维护和保养

传真机在日常维护和保养时应注意以下7点。

（1）使用环境。要避免受到阳光直射，不要在高温、高湿、强磁、强腐蚀气体的环境下工作。要防止水类或化学液流入传真机。使传真机记录纸的印字质量严重下降和图像失真，还会对电子线路造成不良影响或损坏。不要与容易产生噪音的电器，如空调共用一个电源。为安全起见，在遇有闪电、雷雨时，应立即暂停使用传真机，并且要拔掉电源和电话线，以免雷击造成传真机的损坏。

（2）不要频繁地开机。每次开关传真机都会使机内的电子元器件发生冷热变化，频繁的冷热变化容易导致机内元器件提前老化。每次开机的冲击电流也会缩短传真机的使用寿命。因此长时间保持通电是传真机最好的保养方法。

（3）放置位置。传真机应当放置在室内的平台上，保持通风条件良好，周围与其他物品保持一定的空间距离，以免造成电磁干扰和方便传真操作。

（4）定期清洁。要经常使用干净柔软的干布清洁传真机的外部。对于传真机的内部，除了每半年将合纸仓盖打开用干净柔软的干布或使用纱布蘸上酒精擦拭打印头外，滚筒与扫描仪等部分也还需要清洁保养。

（5）要使用标准传真纸。非标准传真纸光洁度不够，会对感热记录头和输纸辊造成磨损。

（6）检查原稿是否规范，否则会在传真过程中出现卡纸、轧纸、撕纸等故障，严重的还会损坏设备。凡出现以下情况之一的原稿都不能使用：一是大于技术规格规定的最大幅面的原稿；二是小于最小幅度（两侧导纸板之间的最小距离），或小于文件检测传感器所能检测到的最小距离的原稿；三是有严重皱折、卷曲、破损或残缺的原稿；四是过厚（大于0.15mm）、过薄（小于0.06mm）

的原稿；五是纸上有大头针、回形针或其他硬物的原稿。

（7）使用传真机应做到"四不要"。

① 不要过多地复印稿件。传真机完成复印功能的重要部件是感热记录头，长时间使用容易老化；另外，传真纸上的化学染料不稳定，时间长了或受强光照射后，传真纸上的字会褪色。

② 关闭纸仓盖时不要用力过猛。若用力过猛，轻则使纸仓盖变形，重则造成感热记录头破裂损坏。

③ 传真的文件上不要有硬物。如订书针、大头针之类容易划伤扫描玻璃或其他装置，造成故障。

④ 不要发送墨迹或胶水未干的文档。未干的墨迹或胶水容易弄脏扫描玻璃，影响传真机发送质量。

10.3　扫描仪的使用

扫描仪是除键盘和鼠标之外被广泛应用于计算机的输入设备，是一种捕获图像并将之转换为计算机可以显示、编辑、储存和输出的数字化输入设备，如图 10-32 所示。

图 10-32　扫描仪

根据工作原理的不同，扫描仪可分为两种：滚筒式扫描仪和平板式扫描仪。

扫描仪的主要性能指标有分辨率、色彩数、扫描幅面和接口方式等。一般的扫描仪都标明了它的光学分辨率和最大分辨率等。

10.3.1　扫描仪组装与设置

扫描仪组装与设置操作步骤如下。

步骤 1　硬件的连接。目前，一般都是 USB 接口扫描仪，连接时只需要用 USB 接口数据线将扫描仪和计算机相连接即可。连接好扫描仪后，系统会自动检测到该设备，并弹出"找到新的硬件向导"对话框。

步骤 2　安装驱动程序。扫描仪各线路都接好后，在计算机机就可以安装对应的驱动程序，驱动程序安装完成后，就可以打开扫描仪设备电源，正常使用扫描仪了。

10.3.2　扫描仪的使用

安装好扫描仪驱动程序后，就可以用它扫描图片了。有些扫描仪本身自带扫描程序，但在功能上不如 Photoshop 等专业软件完备。

步骤 1　启动 Photoshop 程序，选择"文件"|"导入"|"扫描仪名称"，打开扫描窗口，如图 10-33 所示。

步骤 2　将要扫描的照片或文档放入扫描仪中，在扫描窗口单击"Preview"按钮，进行扫描预览，如图 10-34 所示。

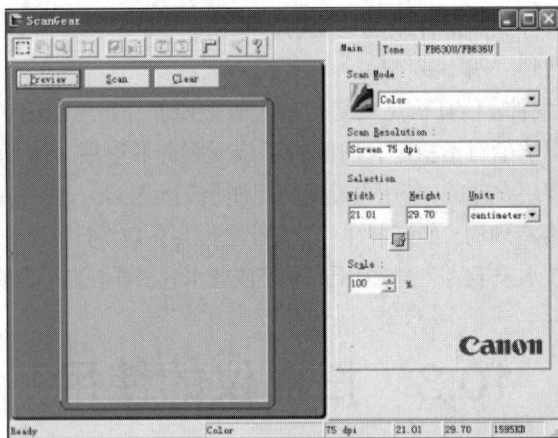

图 10-33　打开扫描仪窗口

图 10-34　扫描预览并设置扫描区

步骤 3　单击"Scan"按钮，开始扫描，扫描完成后，即可关闭扫描窗口。此时在 Photoshop 看到扫描的图片。保存该图片，若没有选择保存类型，则图片文件将以.bmp 格式被保存。

10.3.3　扫描仪的日常维护

扫描仪的日常维护注意事项如下。

（1）要定期保洁

扫描仪中的玻璃平板、反光镜片及镜头，如果落上灰尘或杂质，会使扫描仪的反射光线变弱。不要在靠窗位置使用扫描仪，扫描仪在工作中会产生静电，会吸附灰尘进入机体内部，影响镜组的工作。特别要注意使用环境的湿度，减少浮尘对扫描仪的影响。

（2）不要经常插拔电源线和扫描仪的接头

经常插拔电源线和扫描仪的接头，会造成连接处的接触不良，导致电路不通。切断电源应直接拔掉电源插座上的电源变压器。

（3）不要随意热插拔数据传输线

若扫描仪采用的是 EPP 接口，在通电后随意热插拔数据传输线会损坏扫描仪或计算机接口。

（4）不要中途切断电源

由于镜组在工作时运行速度较慢，若中途切断电源会损坏镜组器件。扫描完成后，就将扫描仪背面上的安全锁锁上，保护光学部件。

（5）长时间不用时要切断电源

长时间开着扫描仪，会使扫描仪灯管降低亮度，影响扫描质量。也不要频繁地开关扫描仪。

（6）放置物品时要一次定位准确

在扫描过程中，不要随意移动扫描物品，会导致无法扫描出准确图像。

（7）不要在扫描仪上放置物品

长期在扫描仪上放置物品，会影响扫描仪的遮板变形，并影响扫描使用。

（8）定期进行机械部分保养

定期的机械保养会延长扫描仪的使用寿命。

10.4　复印机的使用

复印机是比较常见的一种办公设备，它主要用来复印文件、书刊等稿件。复印机有静电复印机和数码复印机之分。

目前复印机中使用最广泛的是静电复印机（即模拟复印机），如图 10-35 所示。

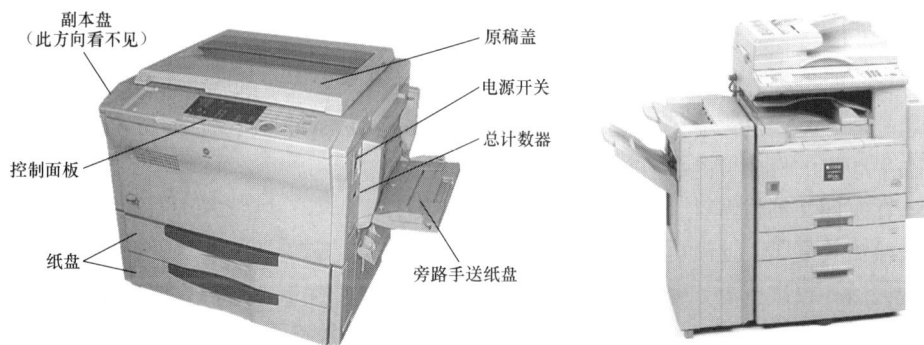

图 10-35　静电复印机外形

10.4.1　基本工作原理

复印技术是将纸或其他媒介上的内容转印到另外一个媒介上的技术。用电摄影方式对原稿进行摄影，将原稿上的图文内容投影在某种光导材料制成的光导体鼓面上，利用静电效应，在导体表面带上电荷，形成与原稿图文内容一样的潜像，由这些电荷吸引带有异性电荷的色粉微粒，这样在光导体表面就会显示出色粉图经过转印，将光导体表面的色粉图像印影到复印纸上，再经某种定影方法，即可得到所要复印品。即通过曝光、扫描方式将原稿的光学模拟图像投射到已被充电的感光鼓上，产生静电潜像，再经过显影、转印、定影等步骤，完成整个复印过程。

10.4.2　基本组成

复印机主要由曝光系统、成像系统、输纸系统、控制系统、机械驱动系统组成。

10.4.3　静电复印机的使用

静电复印机的使用操作步骤如下。

步骤 1 全面检查。复印前检查复印纸盒是否有纸，纸质是否合格，复印的送纸方式及电源是否接通。

步骤 2 开机预热。复印机每次工作之前，都要花很长的时间来预热。要等预热后才能进行复印。打开电源开关，操作面板上红灯亮，此时复印机进入预热状态，预热时间到了，操作面板上红灯变绿灯，预热完成。

步骤 3 检查机器的指示信号和原稿。预热完毕后检查操作面板上各项功能的显示情况，并将原稿不清楚的字迹或线条描写清楚，按要求放置稿件。原稿正面向下放置在原稿台玻璃板上，扣上复印机机盖，盖严原稿，以防漏光出现黑边。放置原稿位置视复印要求而定，一般原稿是放置在稿台的中间或是靠边放置在定位线上。

步骤 4 选择复印倍率。倍率的选择有两种，一种是以纸型尺寸表示，如放大时为 B5-A4，缩小时为 A3-A4；另一种是以百分比表示，如放大时为 1.4%，缩小时为 0.6%。

步骤 5 选择复印纸尺寸。根据原稿的大小或需要缩小、放大的尺寸，选取合适的复印纸。

步骤 6 预置复印数量。按数字键设定复印份数。

步骤 7 调节复印浓度。按需要可设定复印品所要求的浓度。

步骤 8 开始复印。

小贴士

（1）复印的份数很少时，就将不同的任务搜集起来，集中进行复印。如果是即用即印的话，不要频繁地启动复印机，因为每次启动复印机，都会在一定程度上损伤复印机内部的光学器件，长期下去复印机的寿命可能会缩短。

（2）在复印文档材料时，如果有一些紧急的复印任务，如在连续复印的过程中，突然有一份加急文稿需要复印，这时可以按下复印机控制面板中的"暂停"按钮，处理加急文稿，紧急任务处理完后，再次按下"暂停"按钮，就能继续工作。如果需要取消当前的复印任务时，可以按"停止"按钮。

（3）有些复印机设有定影温度调节旋钮或按钮，一般分为厚纸和薄纸两档。复印纸较厚时，应选在复印厚纸高温位置，薄纸置置于复印薄纸的低温位置，否则会出现定影过度或定影不牢的现象。

10.4.4 静电复印机的日常维护

复印机在复印达到一定数量后，或复印副本质量明显下降时，就需要对复印机进行维护和保养了。对复印机进行定期保养维护，可排除故障隐患，确保复印机运转的可靠性，延长机器的使用寿命。

（1）选择合适的地方安置复印机，要注意防高温、防尘、防震、防阳光直射，同时要保持室内通风顺畅。平时尽量减少搬动，若要移动一定要水平移动，不可倾斜或倒立。

（2）使用稳定的交流电。

（3）每天打开复印机预热半小时左右，使复印机内保持干燥。

（4）要保持复印机玻璃稿台清洁，无划痕、无涂改液、手指印之类的斑点。否则会影响复印效果。

（5）在复印机工作过程中，一定要盖好上面的挡板，以减少强光对操作者眼睛的刺激和副本产生黑边。

（6）保持清洁。用柔软的湿布来擦拭原稿台玻璃板、原稿盖板、送稿机皮带等，再用干布擦干。

10.4.5　数码复印机

数码复印机是指采用数码原理,以激光打印输出方式进行扫描、复印的文件复制设备, 如图 10-36 所示。具有一次扫描、多次复印的特性;配备高内存、大硬盘, 可长期储存大量文件;可根据需要将图像、文字进行方向性缩放、黑白转换、加注水印等编辑;还可进行电子分页操作, 且不受份数限制。

数码复印机采用了先进的数码技术,所有原稿经数码一次性扫描存入复印机存储器中, 使其可进行复杂的图文编辑,提高了复印机的工作效率和复印质量,降低了复印机的故障发生几率。数码复印机还具有体积小、工作噪声低的特点。

图 10-36　数码复印机

10.5　多功能一体机简介

多功能一体机就是同时具有打印、复印、扫描、传真等其中的两种或多种功能的办公设备, 如图 10-37 所示。

应根据需求选购多功能一体机,最大限度地发挥出产品的功能优势。

目前, 对多功能一体机的理解是:一种是将传真、打印、复印、扫描功能和其他功能中的两种或两种以上功能结合在一起,并可直接或间接地与计算机相连的设备。主要有 5 种分类。

图 10-37　多功能一体机

（1）打印主导型一体机。主要以打印机和扫描仪为基础,主要表现为打印质量高、输出速度快,并有很好的纸张处理功能。

（2）复印主导型一体机。通常是在中高端数码复印机上增加附件构成的, 具有出色的扫描和打印速度、连续复印、缩放尺寸调整、纸张板式设定等功能, 并能全部脱离计算机,在一体机的控制面板上独立操作。

（3）传真主导型一体机。主要用于传真的一体机具有完善的控制面板,并且能在没有和计算机连接的情况下正常工作。

（4）照片主导型一体机。主要是基于 6 色喷墨一体机的产品, 其显著特征是配有多功能读卡器,可以进行数码照片的直接打印,并提供基本的照片处理功能等。

（5）全功能一体机。全功能一体机的特点是它的功能配置齐全,打印、复印、传真和扫描缺一不可。

多功能一体机不但功能多,且功能配置也多,在性能上有高、中、低档,在输出能力上有彩色与黑白、高速与低速之分。在配置上有基于传真/打印/复印/扫描/PCFAXR 的, 有基于传真/打印/复印/扫描的,还有基于打印/复印/扫描的和基于传真/打印/复印的。应遵循"够用、好用、易用"的原则选择多功能一体机。

10.6　一体化速印机

一体化速印机是指通过数字扫描，热敏制版成像的方式进行工作，从而实现高清晰的印刷质量，印刷速度在每分钟100张以上的印刷设备。同时它还具有对原稿缩放印刷、拼接印刷、自动分纸控制等多种功能，绝大多数的机型还可以支持计算机打印直接输出的功能，如图10-38所示。

从外形上看，一体化速印机和复印机非常相似，尤其是在制板时，同样也是将原稿放在玻璃稿台上。而在功能上它与复印机也有许多相似之处。但是一体化速印机的工作原理和复印机是有着本质差别。一体化速印机的印刷首先需要通过光学和热敏制板的原理，把需要印刷的内容制成在印板上（在日常的应用中许多

图 10-38　一体化速印机

用户把这种印板叫作蜡纸，当然它和传统的钢板蜡纸是有很大区别的），然后再通过印板进行印刷，而在完成印刷后，这张印板也就报废了，无法反复使用。而复印机的印刷则主要是通过光学和半导体感光成像的原理来进行复印的，在复印结束之后，通过放电等手段可以消除感光板上的印象，从而可以反复地使用。

一体化速印机的印刷速度可以达到每分钟100张以上，有的甚至可以更高，而复印机是很难达到这种速度的。同时一体化速印机的印刷成本也比复印机低得多。目前，在学校、机关中一体化速印机已经被广泛使用了。绝大多数一体化速印机都可以支持计算机打印直接输出功能。

10.7　投影仪

投影仪是一种用来放大显示图像的投影装置，随着数码技术迅猛发展，投影仪作为一种高端光学仪器，已成为教学、移动办公、讲座演示、商务活动等不可缺少的标准配置。为满足不同办公方式的需求，投影仪可与计算机、笔记本、电视、影碟机等设备连在一起使用。投影仪又分为移动便携式投影仪和吊装式投影仪，如图10-39所示。

图 10-39　便携式投影仪（左）和吊装式投影仪（右）

10.7.1　投影仪的使用

投影仪的使用操作步骤如下。

步骤 1　安放投影仪。吊装式投影仪要由专业技术人员来安装；便携式投影仪可由用户自行

安放位置。便携式投影仪安装时要注意桌面与电源的连接，避免造成非正常关机；若出现投影画面倾斜或变形时，可高速投影仪支架并固定位置使画面正常；投影仪工作时，不要遮挡住通风口，以免影响机器散热。

步骤 2　连接投影仪与计算机。在投影仪附带的连接线中，VGA 信号线和控制线用来直接和计算机连接。VGA 信号线连接计算机的视频输出接口和投影仪的 VGA 输入接口，信号控制线则连接投影仪的主控制端口与计算机的 COM 口。为方便计算机与投影仪的屏幕切换，常使用视频分配器进行中转连接。笔记本电脑与投影仪连接时，只需用与投影仪配套的 RGB 视频电缆，将其一头接在笔记本电脑用来外接显示器的 VGA 显示端口上，另一头接在投影仪的 RGB 输入端口上即可。

步骤 3　接通电源，设置好输出方式。完成投影连接并开启投影仪预热后，还要切换输出方式，可同时按住 Windows 徽标键与双屏键（笔记本电脑则同时按下 Fn 键与 F8 键，注意，不同品牌的电脑双屏键的位置也不一样），来选择合适的屏幕输出方式。

步骤 4　对焦及图像调整。通过调整投影仪镜头或遥控器上"对焦"按钮进行对焦，使投影图像尽量充满整个幕布。还可使用投影仪操作面板或遥控器来调整投影仪的图像位置、大小、亮度、对比色和色彩等。

步骤 5　设置分辨率。为了获得最佳的投影效果，根据需要进行分辨率的调整。

步骤 6　关闭投影仪。投影仪在长时间使用的情况下，直接关闭会严重影响投影仪灯泡的使用寿命。正确的关机顺序是：先按下 LAMP 按钮，当投影仪控制面板上的绿色指示灯不亮了，橙色指示灯闪烁，再过两三分钟，投影仪内部散热风扇完全停止转动，橙色信号灯停止闪烁时，可关闭投影仪，再切断电源。

10.7.2　投影仪的维护与保养

投影仪集机械、液晶、电子电路技术于一体，属于高精密仪器，在使用时要做到"两要""三不要"和"三注意"。

（1）要保持投影仪镜头的清洁。可使用专业镜头纸或其他专业清洁剂来清洁投影仪镜头。

（2）要按正确关机顺序关闭投影仪后再切断电源。在没有切断电源前不能去搬动投影仪，否则很容易导致投影仪的周边元器件过热而损坏，更有可能对灯泡寿命产生不良影响。

（3）不要用镜头盖遮挡画面。在演示过程中，有时可能需要暂时遮挡住某些画面，这时正确的做法应该是使用投影仪的"黑屏"功能进行屏蔽，最好不要用镜头盖进行遮挡，因为这样可能造成投影仪内部温度升高，最终导致元器件损坏。

（4）不要带电插拔电缆。有些用户为了省事，经常带电插拔电缆信号线，其实这是很危险的，因为当投影仪与信号源连接不同电源时，两根零线之间可能存在较高的电位差，带电插拔时可能导致插头与插座之间发生打火现象，造成机器损坏。

（5）不要频繁开关机。开机与关机，要保证有 3 分钟左右的间隔时间，目的是让投影仪充分散热。开关机频繁，容易造成投影仪灯泡炸裂或投影仪内部电器元件损坏。

（6）三注意：注意开启和关闭平面反射镜盖时，严禁手指触蹬平面反射镜面；注意调焦旋钮和齿条，当调焦旋钮因螺钉松动时，要用螺丝刀将旋钮侧面圆孔中的小螺钉对槽拧紧，齿条和齿轮咬合过紧或过松时不可生拧硬掰，应抬起镜头臂减轻重力，再用螺丝刀调整螺钉位置，使其咬合复位并拧紧；注意双螺纹镜的清洗。

10.8 刻录机的安装与使用

刻录机一般多用于数据备份等，如图10-40所示。刻录就是将数据从硬盘上转移到光盘上，它需要专门软件来配合完成。

图 10-40 刻录机

刻录机有 3 种类型。第一种是普通的刻录机，第二种是 Combo，第三种是 DVD 刻录机。

注意 外置刻录机直接用 USB 连接到计算机的 USB 端口就可以使用了。

10.8.1 刻录软件

Nero 7 的刻录组件 Nero Express 简化了 Nero Burning ROM 比较烦琐的刻录设置过程，它提供了诸多刻录类型选择，每种类型有其默认的设置，用户只需要选择其中一种刻录类型，而不需要设置该录的多个参数，其主界面如图 10-41 所示。

将计算机中的文件、文件夹刻录进空白光盘中，这张光盘就称为数据光盘。"数据光盘"是指刻录 CD 盘，"数据 DVD"则是刻录数据 DVD 光盘。

步骤 1 将一张空白 CD 刻录盘放入刻录机中，选择"开始"|"所有程序"|"Nero"|"Nero Burning Rom"命令，运行 Nero 刻录软件，如图 10-42 所示。或双击桌面"Nero"快捷键按钮。

图 10-41 选择刻录类型

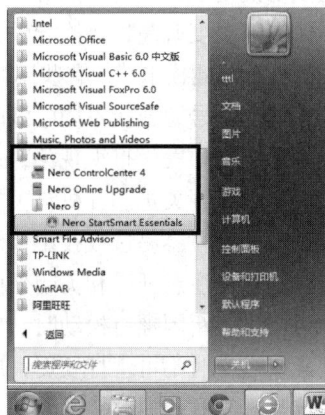

图 10-42 运行刻录命令

步骤 2　在 Nero 启动界面列表框中选择制作数据光盘，弹出图 10-43 所示的对话框。

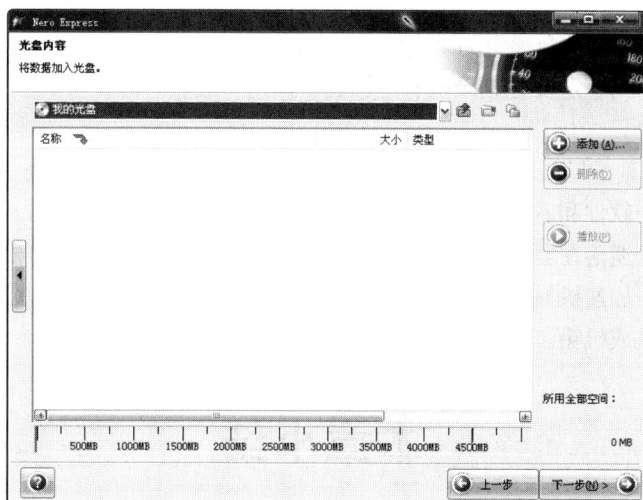

图 10-43　弹出"Nero Express"对话框

步骤 3　单击窗口右侧的"添加"按钮，打开 Nero Burning ROM 文件添加及搜索窗口。将需要刻录的数据文件全部选中，从右侧资源管理器中拖入左侧空白区域即可，如图 10-44 所示。若下方指示灯末端变为红色，表明刻录的文件超出光盘的最大容量，不能刻录。

步骤 4　添加完毕后单击"下一步"按钮，打开最终刻录设置窗口，如图 10-45 所示。在"当前刻录机"中选择所需要使用的刻录机，在左侧弹出一些不常用的刻录设置。确认设置无误后单击"刻录"按钮便可进行刻录。

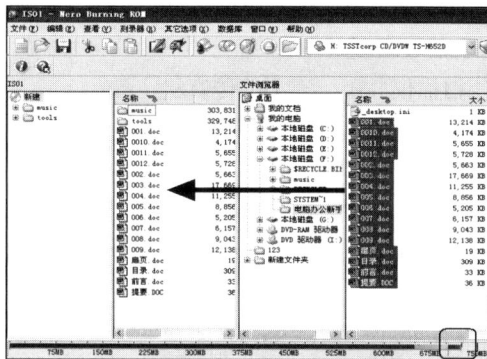

图 10-44　选择刻录文件并拖至指定位置

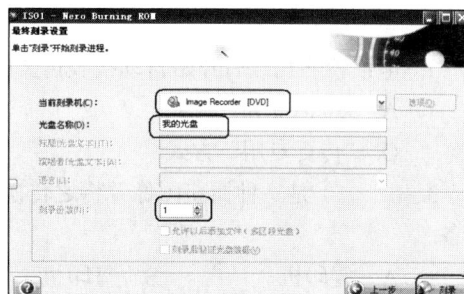

图 10-45　设置刻录软件参数

10.8.2　刻录机的维护与保养

刻录机日常注意维护和保养，可延长刻录机的使用寿命。

（1）防尘。灰尘很容易被吸附到高速旋转的盘片上，在刻录时会发生烧结现象，使光盘上留下划痕，因此尽量不要将弹出的光驱托盘滞留在外太长，以免灰尘进入。

（2）散热。刻录机在刻录时，会产生很高的热量，一定要及时从刻录机内部将这些热量散发出去，以保证刻录机的稳定性。

（3）减少震动。刻录机在刻录时会产生震动现象，因此要保持刻录机水平平稳放置，否则不利于刻录机稳定地刻录资料，并且会损坏读取头。

（4）避免长时间工作，谨防激光头老化。刻录机长时间工作，会导致激光头热量升高，刻录机的温度也随之升高，这样会导致刻录出错甚至损坏光盘，因此，刻录机应尽量避免长时间工作，若需要长时间工作，则一定要让刻录机有足够的"休息"散热时间，否则激光头会容易老化，影响刻录机的使用寿命。

（5）刻录专用。刻录机最好只作刻录功能用，以延长刻录机的使用寿命。若有其他功能需要，如读盘、听歌、安装软件和看碟等，则可用 DVD-ROM 光驱来实现。

（6）不要将光盘遗落在驱动器内。不要用手将光盘托盘推进仓门，这样会对光驱的进、出仓机械部件造成损害，加速机械部件的磨损和老化。光盘不用时，不要滞留在驱动器内。刻录机工作时不要移动刻录机或机箱。

本章小结

打印机、复印机、扫描仪等是现代办公中常见办公设备，对于这些设备，我们需要掌握其安装方法和使用操作；掌握一定的简单日常维护和保养知识，能够排查、检测和修复一些常见简单故障，通过学习，用户可以掌握这些常见办公设备的使用方法和技巧。

习 题 十

一、单项选择题。

1. 用于将计算机运算、处理的结果输出到纸张上的设备是（　　）。
    A. 复印机　　　　　B. 打印机　　　　　C. 扫描仪　　　　　D. 传真机

2. 电话铃响几声后开始自动接收传真的方式是（　　）。
    A. "电话优先"方式　　　　　　　　B. "传真优先"方式
    C. "传真专用"方式　　　　　　　　D. "传真录音"方式

3. （　　）是一种捕获图像并将之转换为计算机可以显示、编辑、储存和输出的数字化输入设备。
    A. 复印机　　　　　B. 打印机　　　　　C. 扫描仪　　　　　D. 传真机

4. （　　）是将纸或其他媒介上的内容转印到另一媒介上的技术。
    A. 通信技术　　　　B. 网络技术　　　　C. 复印技术　　　　D. 电路交换技术

5. 绝大多数一体化速印机支持（　　）功能。
    A. 扫描图像　　　　　　　　　　　B. 发送传真
    C. 计算机打印直接输　　　　　　　D. 纸型转换

6. 在发生了异常情况时能自动发送 E-mail 通知用户的功能是数码摄像头的（　　）。
    A. 拍照功能　　　　B. 录像功能　　　　C. 监控功能　　　　D. 打印功能

7. 下面关于打印机的保养与维护叙述错误的是（　　）。
    A. 要使用干净的纸巾对喷墨打印机内部进行除尘
    B. 不能使用挥发性液体清洁打印机，以免损坏打印机表面

C. 墨水盒应避光保存在无尘处，保存温度应在–10℃～+35℃之间

D. 不能在带电状态下拆卸、安装喷头，不要用手或其他物品接触打印字车的电气触点

8. 下面关于扫描仪的保养与维护叙述错误的是（　　　）。

A. 扫描仪在使用过程中要注意防高温、防尘、防湿、防震、防倾斜

B. 扫描仪的清洁维护工作主要是对扫描的镜头组件、机械部件进行清洁、维护

C. 在一些积垢很厚的地方，可以蘸一些酒精擦拭

D. 如果发现扫描仪在使用过程中有噪音出现，则可能是滑动杆缺油或是积垢了

9. 下面关于复印机的保养与维护叙述正确的是（　　　）。

A. 摆放复印机时，将机器放于阴暗处

B. 加入墨粉前应保持墨粉瓶或筒平稳放置，避免大幅度摇晃

C. 每天早晨上班后，打开复印机预热，可以烘干机内潮气

D. 复印过程中一旦卡纸即说明复印机出了较大问题

10. 下面关于传真机的保养与维护叙述正确的是（　　　）。

A. 要将传真机摆放在干燥的环境中，以避免潮湿，如将其摆放在有充足阳光的窗口旁

B. 在传真过程中如果有需要，可以开合纸舱盖

C. 纸张的好坏并不影响传真的效果

D. 在使用传真机时，应注意不要频繁开关机

二、填空题

1. 打印机按输出信息方式的不同分为＿＿＿＿和＿＿＿＿两大类。

2. 根据工作原理的不同，扫描仪可分为两种，即＿＿＿＿扫描仪和＿＿＿＿扫描仪。

3. 传真机是集＿＿＿＿、＿＿＿＿、＿＿＿＿与＿＿＿＿于一体的通信设备。

4. 复印技术是＿＿＿＿＿＿＿＿的技术。

5. 一体化速印机具备对原稿＿＿＿＿、＿＿＿＿、＿＿＿＿等多种功能。

三、上机操作题

1. 安装一台打印机，并打印测试页。

2. 将扫描仪和电脑连接，并安装好驱动，扫描一张图片。

3. 使用传真机发送一份传真。

4. 利用复印机，将自己的身份证正反面复印到一张复印纸上。

部分习题参考答案

习题一

一、单项选择题

1. D 　 2. A 　 3. C 　 4. D 　 5. B 　 6. A 　 7. B 　 8. A

二、填空题

1. 办公自动化　　工厂自动化　　家庭自动化 　　　 2. 管理型

3. 管理学　　通信 　　　　　　　　　　　　　　　　 4. 知识管理

5. 办公过程中网络技术的普遍使用 　　　　　　　　 6. Office　　　WPS

习题二

一、单项选择题

1. B 　　　　 2. B 　　　　 3. D 　　　　 4. C 　　　　 5. A

6. A 　　　　 7. A 　　　　 8. C 　　　　 9. B 　　　　 10. D

11. B 　　　 12. B

二、填空题

1. Insert 　　　　　　　 2. 两个 Enter 键 　　　　　 3. 选定文本

4. Normal 模板 　　　　 5. 纵向　　A4

习题三

一、单项选择题

1. A 　　　　 2. A 　　　　 3. D 　　　　 4. B 　　　　 5. A

6. C 　　　　 7. C 　　　　 8. B 　　　　 9. B 　　　　 10. D

二、填空题

1. 功能组 　　　　　　　 2. 添加到模板 　　　　　 3. 扩展

4. 插入 　　　　　　　　 5. 所有样式 　　　　　　 6. 单独

习题四

一、单项选择题

1. C 　　　　 2. C 　　　　 3. A 　　　　 4. B 　　　　 5. B

6. D 7. A 8. A 9. C 10. A

11. A 12. A 13. D 14. A 15. D

二、填空题

1. = 2. 132 3. 3

4. 也随之改变 5. xlsx 6. VLOOKUP

7. Ctrl 8. 0 9. 编辑自定义列表

习题五

一、单项选择题

1. D 2. B 3. A 4. D

5. A 6. C 7. C 8. D

二、填空题

1. 假设分析工具 2. 包含两组输入值的行和列相交的单元格

3. 二维区域数组 4. 模拟运算表

5. 区域数组 常量数组 6. 贷款本金

习题六

一、单项选择题

1. A 2. D 3. A 4. C 5. D

6. A 7. A 8. B 9. A 10. C

二、填空题

1. PPTX 2. ESC 3. 自定义动画

4. 排练计时 5. 打印内容选项 6. 占位符

7. 配色方案 8. 创建好幻灯片

习题七

一、单项选择题

1. A 2. C 3. D 4. B

5. A 6. D 7. D 8. B

二、填空题

1. Portable Document Format 2. 阅读和打印

3. Shift 4. 油漆桶工具

5. 解压到 6. EasyRecovery

习题八

一、单项选择题

1. A 2. B 3. A 4. B

5. B 6. D 7. B 8. C

9. C 10. D 11. C 12. C

13. A

二、填空题

1. 服务器　　客户端　2. 可用性　　　　3. 分布式拒绝服务攻击

4. 防火墙　　　　　　5. 防火墙技术　　网络安全扫描技术　　入侵检测技术

6. 服务功能　　综合网络管理功能　7. 保密性　　完整性　　可用性　　可控性

8. 网络安全

习题九

一、单项选择题

1. D　　　　2. C　　　　3. B　　　　4. A　　　　5. C

6. A　　　　7. B　　　　8. D　　　　9. C　　　　10. A

11. C　　　12. C　　　13. C　　　14. D

二、填空题

1. 程序　　数据库　　文档资料　　2. 系统软件

3. 操作系统　　应用软件　　　　　4. 驱动光盘安装　　网站下载安装

5. "卸载"程序　　添加或删除程序　　6. 驱动程序

7. Partition Magic　　　　　　　　8. 低级格式化

9. Windows 7　Windows 10　NTFS

习题十

一、单项选择题

1. B　　　　2. B　　　　3. C　　　　4. C　　　　5. C

6. C　　　　7. B　　　　8. D　　　　9. D　　　　10. D

二、填空题

1. 击打式　　非击打式

2. 滚筒式　　平板式

3. 计算机技术　　通信技术　　精密机械　　光学技术

4. 将纸或其他媒介上的内容转印到另外一个媒介上

5. 缩放技术　　拼接技术　　自动分页控制